오늘날 생불(生佛)이 해설(解說)한
묘법연화경(妙法蓮華經)

법화경 해설서

法華經解說書

본서는 지금까지 법화경(묘법연화경)속에 감추어져 있던 화두(話頭)의 비밀과 무명(無明)의 중생들이 삼승(三乘)을 통해 해탈(解脫)하여 성불(成佛)하는 길을 보다 확실하게 알려주고 있습니다.

진리의샘터 의증서원

법화경 해설서

法華經解說書

머리글

　부처님의 말씀이 기록된 법화경(法華經)은 불자들이 가장 많이 수지독송(收支讀誦)하고 있는 경(經)입니다. 법화경(法華經)의 원 이름은 묘법연화경(妙法蓮華經)이며 이 경(經)은 무엇보다 맑고 밝은 연꽃과 같이 심오(深奧)한 가르침이란 뜻을 담고 있습니다. 그러나 묘법연화경(妙法蓮華經)속에 담긴 진정한 뜻은 물밑 진흙 속에서 나온 줄기가 구정물을 헤치고 올라와 연꽃이 피어나는 과정과 같이 무명(無明)의 중생이 육바라밀(六波羅蜜)의 과정을 통해서 해탈(解脫)하여 성불(成佛)하는 길을 화두(話頭)로 말씀하고 있는 것입니다.

　이렇게 묘법연화경(妙法蓮華經)은 불자들에게 성불(成佛)의 길을 가르쳐주는 희유(稀有)하고 묘(妙)한 법(法), 즉 무상심심미묘법(無上甚深微妙法)으로 법화경(法華經)은 진리이며 법신불(法身佛)이신 석가모니(釋迦牟尼) 부처님께서 무명(無明)의 중생들을 제도(濟度)하기 위해 설(說)하신 고귀(高貴)한 말씀이 담겨있습니다. 이 묘법연화경(妙法蓮華經)에서 가장 중요한 사상(思想)은 회삼귀일(會三歸一) 사상으로 삼승(三乘)은 결국 일불승(一佛乘)으로 귀일(歸一)한다는 것입니다.

　즉 이 사상(思想)은 부처님이 이 세상에 오셔서 삼승(三乘),

즉 성문(聲聞), 연각(緣覺), 보살(菩薩)들을 각기 그들의 차원과 수준에 맞추어 여러 가지 방편(方便)으로 법문을 설(說)하셨지만 부처님의 진정한 뜻은 오직 부처님의 말씀을 가르치고 깨닫게 하여 모두 부처님과 동일한 부처님을 만드시겠다는 것이며 또한 부처가 되는 길은 누구에게나 열려있다는 것을 천명(天命)한 것입니다. 이와 같이 묘법연화경(妙法蓮華經)은 중생들이 본래 부처님의 성품(性品), 즉 불성(佛性)을 가지고 있음을 스스로 깨닫게 하여 모두 성불(成佛)하여 부처가 될 수 있도록 가르쳐주는 말씀들입니다.

묘법연화경(妙法蓮華經)은 화엄경(華嚴經)과 함께 한국의 불교사상(佛教思想)을 확립하는데 중추적(中樞的) 역할을 하였기 때문에 불자들은 법화경(法華經)을 모든 경전(經典)의 왕이라 말하고 있습니다. 그러나 법화경(法華經)이나 화엄경(華嚴經)이나 금강경(金剛經)이나 모두 부처님의 말씀이 기록된 동일(同一)한 경(經)입니다. 때문에 부처님의 말씀이 담겨 있는 경(經)이라면 모두가 소중한 말씀들입니다. 부처님께서는 말씀이 담겨있는 경(經)뿐만 아니라 우주삼라만상(宇宙森羅萬象) 모두가 중생들을 깨우치는 법문(法門)이요 경(經)이라 말씀하고 있습니다. 문제는 최고의 법문(法門)이 담긴 법화경(經)이라 해도 나를 깨우치지 못한다면 아무런 소용이 없다는 것입니다. 그런데 만일 내가 아기의 울음소리나 혹은 들

의 새소리나 풀벌레 소리를 듣고 깨닫는다면 그 소리가 내게
는 곧 부처님의 법문(法門)이며 소중한 경(經)인 것입니다. 문
제는 법화경(法華經)에 기록된 부처님의 말씀이 모두 화두(話
頭)로 되어 있기 때문에 불자들이 그동안 법화경(法華經)을
날마다 수지독송(收支讀誦)을 하여도 부처님의 올바른 뜻을
알 수가 없었다는 것입니다. 그런데 무명의 중생들을 위해 부
처님께서 저자에게 혜안(慧眼)을 열어주셔 법화경(法華經) 속
에 감추어져 있던 화두(話頭)의 비밀들을 모두 드러내어 기록
하게 하신 것입니다.

　그러므로 이 법화경(法華經) 해설서(解說書)를 읽어 보신다
면 부처님의 뜻을 아는 것은 물론 불자(佛者)들이 무명(無明)
에서 벗어나 해탈(解脫)하여 성불(成佛)할 수 있는 계기(繼起)
가 될 수도 있는 것입니다. 이 해설서(解說書)는 어느 누구나
볼 수 있고 쉽게 이해할 수 있도록 기록하였습니다. 때문에
이 해설서(解說書)를 읽어 보신다면 지금까지 법화경(法華經)
을 보면서 알 수 없었던 화두(話頭)의 비밀들을 알 수 있는 것
은 물론 불자들의 신앙생활(信仰生活)에도 많은 도움이 될 것
입니다. 저자는 이 해설서를 수지독송(收支讀誦)하는 불자들
이 모두 해탈(解脫)하여 성불(成佛)하기를 바라는 마음에서
기록한 것입니다.

　　　　　　　　　　　　　　　　　　　　도암(道岩)

1

第一 序品(서품)

第一 序品 (서품)

　법화경(法華經)은 화엄경(華嚴經)과 금강경(金剛經)과 함께
대승(大乘) 삼부경(三部經)의 하나로 부르고 있으며 천태종
(天台宗)과 법상종(法相宗)의 소의(所衣) 경전(經典)으로 자리
를 잡고 있습니다. 법화경(法華經)은 한역(漢譯)으로 서진의
축법호(竺法護)가 번역(飜譯)한 정법화경(正法華經)과 요진의
구마라집(鳩摩羅什)이 번역한 묘법연화경(妙法蓮華經)과 수나
라 때 사나굴다가 번역한 첨품묘법연화경(添品妙法蓮華經)이
있습니다. 그런데 중국과 우리나라에서는 주로 구마라집(鳩摩
羅什)이 번역(406년)한 묘법연화경(妙法蓮華經)을 가장 많이
수지(收支) 독송(讀誦)하고 있습니다. 구마라집(鳩摩羅什)은
구자국의 삼장법사(三藏法師)로 인도학 및 베다학에 달통(達

通)한 스님으로 산스크리스트어로 기록된 불교경전(佛敎經典)을 한문(漢文)으로 번역(飜譯)하신 분입니다.

　구마라집(鳩摩羅什)을 삼장법사(三藏法師)라 부르는 것은 삼장(三藏), 즉 경장(經藏) 율장(律藏) 논장(論藏)을 모두 통달(通達)한 스님이라고 하여 붙여진 이름입니다. 삼장법사(三藏法師)는 서유기(西遊記)에 손오공과 저팔계가 함께 등장하여 환상(幻想)의 세계와 같이 그리고 동화(童話)속에 나오는 이야기와 같이 흥미롭게 연출하여 불자들은 물론 불신자들도 잘 알고 있는 스님입니다. 그런데 법화경(法華經) 속에도 불자들이 이해할 수 없는 철학적(哲學的)인 용어(用語)와 신비(神秘)로운 사건들이 종종 등장하여 경(經)을 보는 이로 하여금 현실생활에서 벗어난 불가사의(不可思議)한 가르침이란 느낌을 주고 있는 것입니다.

　때문에 불자들이 법화경은 너무 심원(深遠)하여 이해하기가 어렵다고 시작도 하지 않고 배우기를 포기하거나 지금의 현실과는 너무나 동떨어진 환상(幻想)과 같은 이야기라고 외면(外面)하는 사람도 있는 것입니다. 그러나 이것은 불자들이 혜안(慧眼)이 없어 부처님께서 화두(話頭), 즉 방편(方便)이나 비유(譬喩)를 들어서 말씀하시는 진정한 뜻을 모르기 때문에 나타나는 현상입니다.

　이렇게 아직 혜안(慧眼)이 열리지 않은 불자들은 법화경(法

華經)뿐만 아니라 부처님의 말씀이 기록된 모든 경들이 이해할 수 없는 용어(用語)와 신비(神秘)스러운 사건들로 기록된 것처럼 의아스럽게 생각하고 있는 것입니다. 그러나 혜안(慧眼)이 열려 말씀 속에 감추어진 화두(話頭)의 비밀을 깨닫게 되거나 혹은 올바른 해설서(解說書)를 보고 부처님의 뜻을 알게 된다면 부처님의 자비심(慈悲心)과 더불어 그 은혜(恩惠)를 깨닫고 부처님께 무한(無限)한 감사를 하게 될 것입니다. 그런데 문제는 부처님이 입멸(入滅)후 세월이 흐르면서 몰지각(沒知覺)한 사람들의 무지(無知)와 욕심 때문에 부처님의 진정한 뜻과 올바른 가르침을 망각(妄覺)하고 경(經)의 말씀들을 자신의 뜻과 생각에 맞추어 가감(加減)하여 해설(解說)함으로 점차 그 진의(眞意)를 잃어버리게 된 것입니다. 때문에 수행불자들이 아무리 수행을 열심히 하여도 성불이 되지 않는 것은 물론 해탈의 길조차 모르고 있는 것입니다. 그러므로 본 해설서(解說書)는 부처님의 진정한 뜻과 화두(話頭) 속에 감추어 있는 해탈의 길을 누구나 보기 쉽고 알기 쉽게 기록한 것입니다. 법화경(法華經)의 서품(序品)에는 부처님이 계신 기사굴 산에 아라한(阿羅漢)으로부터 시작하여 비구니(比丘尼), 보살마하살(菩薩摩訶薩), 천자(天子 : 낮은 신), 용왕(龍王 : 뱀의왕) 긴다라왕(노래의 신), 건달바왕(요정의 왕), 아수라(阿修羅)왕, 가루라왕(큰 새), 아사세 왕등이 수많은 그의 권속(眷屬)들과 함께 부처님께 예(禮)를 올린 후 부처님의 말씀을 듣기 위해 정중히 앉아 있는 것입니다.

지금 부처님이 계신 기사굴 산은 독수리 형상을 하고 있고 또한 그 산에는 독수리들이 많이 살고 있기 때문에 영추산(靈鷲山)이라 부르고 있습니다. 그런데 본문에서 말씀하고 있는 영추산(靈鷲山)은 일반적인 산이 아니라 수미산(須彌山)과 같은 영적(靈的)인 산, 즉 반야(般若)의 산이며 진리의 산이며 곧 시대신(是大神)의 산을 말하고 있습니다. 그리고 영추산(靈鷲山)에 살고 있는 독수리들은 바로 부처님의 말씀을 양식으로 먹고 살아가는 부처님의 제자들과 수행자(修行者)들을 화두(話頭)로 말하고 있는 것입니다.

때문에 영추산(靈鷲山) 안에 부처님이 계시고 부처님 안에 아라한(阿羅漢)과 왕들이 있고 또한 비구와 천자(天子)들이 권속(眷屬)들과 함께 부처님의 말씀을 듣고 살아가는 것입니다. 그런데 기사굴 산에 모여 있는 수천(數千), 수만(數萬)의 아라한(阿羅漢)과 보살(菩薩) 그리고 왕(王)과 천자(天子)와 그의 권속(眷屬)들은 모두 동일한 존재들이 아니라 각기(各其) 그 신앙의 차원(次元)과 상태(狀態)에 따라 천상계(天上界)의 아라한(阿羅漢)으로부터 시작하여 인간계(人間界)의 보살(菩薩)들 수라계(修羅界)의 수라(修羅)들 축생계(畜生界)의 축생(畜生)들 아귀계(餓鬼界)의 아귀(餓鬼)들 그리고 지옥계

(地獄界)의 미물(微物)과 같은 무명(無明)의 중생들을 각각 분리(分離)하여 말씀하고 있는 것입니다. 그러므로 불자들이 부처님께서 말씀하시는 화두(話頭), 즉 비사(譬辭)와 비유(譬喩) 그리고 방편(方便)의 뜻을 알고 본문(本文)을 접하신다면 법화경(法華經)의 말씀을 이해하는데 많은 도움이 될 것이며 화두(話頭)의 비밀도 깨닫게 될 것입니다.

1.　如是我聞하사오니

　　여시아문

2.　一時에 佛이 住 王舍城耆闍崛山中하사 與大比丘衆

　　일시　불　주　왕사성기사굴산중　　여대비구중

　　萬二千人으로 俱러시니

　　만이천인　　　구

　　皆是 阿羅漢이라 諸漏已盡하야 無復煩惱하며 逮得己利

　　개시 아라한　　제루이진　　　무부번뇌　　　체득기리

　　하야 盡諸有結하고　心得自在러시니

　　　　진제유결　　　심득자재

[번역] 저는 이와 같은 사실들을 보고 들었습니다. 어느 날 부처님께서 왕사성 기사굴 산중에 계셨습니다. 큰스님(大比丘)들 일만 이천 명과 함께 하셨는데, 그들은 모두 아라한의 경

지에 오른 이들로서 모든 누(漏)가 이미 다하고 더 이상 번뇌가 없었습니다.
자신의 진정한 이익을 얻어서 존재의 속박이 다 없어진 상태라 그 마음은 아주 자유로웠습니다.

[해설] 여시아문(如是我聞)은 내가 이와 같이 들었다는 뜻으로 부처님의 말씀은 모두 여시아문(如是我聞)으로 시작하고 있습니다. 왜냐하면 부처님은 스승의 입장에서 언제나 말씀을 능동적(能動的)으로 하시며 불자들은 제자의 입장에서 수동적(受動的)으로 듣기 때문입니다. 그러므로 본문(本文)에 내가 이렇게 들었다는 자들은 부처님의 말씀을 듣고 있는 제자(弟子)들이나 수행(修行) 불자들을 말씀하고 있는 것입니다.

어느 날 부처님께서 인도 왕사성에 있는 기사굴 산에서 큰 비구 대중 일만 이천인과 함께 계셨다고 말씀하고 있는데 이들은 모두가 아라한(阿羅漢)의 경지에 이른 자들로 굳어진 상념(想念)들이 모두 사라져 다시는 번뇌가 없고 마음이 자유로워진 자들이라 말씀하고 있습니다. 그런데 일만 이천 명이나 되는 아라한(阿羅漢)들이 부처님과 함께 있었다는 것은 좀 과장된 표현이라 사료(思料)됩니다.

왜냐하면 아라한(阿羅漢)은 성자(聖子)로 모든 수행을 마치고 생로병사(生老病死)의 윤회(輪廻)에서 벗어나 해탈(解脫)

하여 부처님과 같이 성불(成佛)하신 분들을 아라한(阿羅漢)이라 말하기 때문입니다.

아라한(阿羅漢)은 부처님의 열 가지 명호(名號) 중의 하나로 모든 사람에게 존경받을 성자(聖者) 혹은 여래(如來)나 부처님을 말하고 있습니다. 이러한 부처님 곧 아라한(阿羅漢)은 한 세대에 한 명도 나오기가 힘들고 어려운데 부처님 당대(當代)에 일만 이천 명이나 되는 아라한(阿羅漢)이 있었다는 것은 이해할 수 없는 일입니다. 때문에 여기서 말씀하고 있는 일만 이천의 아라한(阿羅漢)은 지금 부처님을 믿고 따르며 부처님의 가르침을 받고 있는 부처님의 제자들을 말씀하고 있는 것입니다.

이 아라한(阿羅漢)들은 인욕정진(忍辱精進)을 행하면서 고된 수행(修行)의 과정을 모두 마치고 생로병사(生老病死)의 윤회(輪廻)에서 벗어나 마음이 자유로워진 자들이라 말씀하고 있습니다.

3.　其名曰 阿若憍陳如와 摩訶迦葉과 優樓頻螺迦葉과

　　기명왈 아야교진여　마하가섭　　우루빈라가섭

　　伽耶迦葉과 那提迦葉과 舍利弗과 大目犍連과 摩訶迦

　　가야가섭　나제가섭　사리불　대목건련　마하가

旃延과 阿漏樓馱와 劫賓那와 憍梵波提와 離婆多와

전연　아누루타　겁빈나　교범파제　이바다

畢陵伽婆蹉와 薄拘羅와 摩訶俱絺羅와 難陀와

필릉가바차　박구라　마하구치라　난타

孫陀羅難陀와 富樓那彌 多羅尼子와 須菩提와 阿難과

손타라난타　부루나미 다라니자　수보리　아난

羅睺羅와 如是衆所知識인 大阿羅漢等이며

라후라　여시중소지식　대아라한등

[번역] 이들의 이름은 아야교진여, 마하가섭, 우루빈라가섭, 가야가섭, 나제가섭, 사리불, 대목건련, 마하가전연, 아누루타, 겁빈나, 교범파제, 이바다, 필릉가바차, 박구라, 마하구치라, 난타, 손타라난타, 부루나미 다라니자, 수보리, 아난, 라후라이며 여러 사람이 잘 알고 있는 대아라한(大阿羅漢) 들이라는 것입니다.

[해설] 상기에 나열된 자들은 아라한의 경지에 이른 부처님의 제자들로 모든 상념(想念)을 버렸기 때문에 더 이상의 번뇌(煩惱)가 없는 자들이라 말씀하고 있습니다. 또한 이들은 자신의 진정한 이익을 얻어서 존재의 속박이 다 없어진 상태라 그 마음은 아주 자유로운 자들이라는 것입니다. 또한 이들은

많은 사람들이 잘 알고 있는 대아라한 들이라 말씀하고 있습니다. 즉 대아라한은 이미 부처님의 법을 깨달아 성불하여 부처가 된 자들을 말씀하고 있습니다.

이들의 이름은 아야교진여, 마하가섭, 우루빈라가섭, 가야가섭, 나제가섭, 사리불, 대목건련, 마하가전연, 아누루타, 겁빈나, 교범파제, 이바다, 필릉가바차, 박구라, 마하구치라, 난타, 손타라난타, 부루나미 다라니자, 수보리, 아난, 라후라 라고 말씀하고 있습니다.

4. 復有學 無學二千人하며 摩訶波闍波提比丘尼는
    복유학 무학이천인　　마하파사파제비구니
    與眷屬六千人으로 俱하며 羅睺羅의 母
    여권속육천인　　구　　　라후라　모
    耶輸陀羅比丘尼는 亦與眷屬으로 俱하며
    야수다라비구니　　역여권속　　　구

[번역] 또 한창 공부를 하고 있는 이들(學)과 공부를 다 마친 이들(無學) 이천 명도 함께 있었습니다. 그리고 마하파사파제 비구니는 그들의 권속들 육천여 명과 함께 있었으며, 라후라의 어머니인 야수다라 비구니도 역시 그들의 권속들과 함께 있었습니다

[해설] 복유학(復有學) 과 무학(無學) 이천 인은 부처님께 가르침을 받고 있는 사람과 아직 부처님의 가르침을 받지 못한 사람이 모두 이천 명이 있었다는 뜻입니다. 이 가운데에는 라후라의 어머니인 야수다라 비구니(比丘尼)도 권속(眷屬)들과 함께 있었다고 말씀하고 있습니다.

라후라는 석가모니 부처님의 아들이며 라후라의 어머니는 석가모니의 부인을 말합니다. 이렇게 유학(有學)은 부처님을 따라 출가(出家)하여 부처님의 가르침을 받고 있는 라후라의 어머니인 야수다라와 같은 비구니(比丘尼)들을 말하며 무학(無學)은 재가(在家) 불자로 아직 출가(出家)하지 못해 부처님의 가르침을 받지 못한 권속(眷屬)들을 말씀하고 있습니다.

그리고 비구니(比丘尼)는 부처님을 믿고 따르며 가르침을 받고 있는 여자 승려(僧侶)를 말하며 비구(比丘)는 남자승려들을 말하고 있습니다. 문제는 예전이나 지금이나 해탈하여 성불을 하려면 생불(生佛), 즉 살아계신 부처님의 가르침을 받아야 한다는 것입니다. 왜냐하면 무명의 중생들을 생로병사(生老病死)의 윤회(輪廻)속에서 벗어나게 하여 해탈(解脫)을 시킬 수 있는 분은 오직 살아계신 부처님이시기 때문입니다.

5. 菩薩摩訶薩 八萬人이 皆於阿耨多羅三邈三菩提에
   보살마하살 팔만인　　개어아뇩다라삼먁삼보리

不退轉하야 皆得陀羅尼와 樂說辯才하사

불퇴전　　개득다라니　요설변재

轉 不退轉法輪하시며 供養無量 百千諸佛하사와

전 불퇴전법륜　　공양무량 백천제불

於諸佛所에 植 衆德本하야 常爲諸佛之所稱歎하며

어제불소　식 중덕본　　상위제불지소칭탄

以慈修身하야 善入佛慧하며 通達大智하야

이자수신　　선입불혜　　통달대지

到於彼岸하며 名稱이 普聞無量世界하사

도어피안　　명칭　보문무량세계

能度無數百千衆生 하시니

능도무수백천중생

[번역] 또 보살 마하살 팔만여 명이 있었는데 모두들 최상의
깨달음(아뇩다라삼먁삼보리)에서 더 이상 물러서지 않는 이들
이었습니다. 다라니와 말을 잘하는 변재(辯才)를 얻어서 불퇴
전(不退轉)의 법륜(法輪)을 굴리어 무량 백 천만 억 부처님들
께 공양(供養)을 올렸습니다.

　그 모든 부처님들의 처소에서 갖가지 덕(德)의 씨앗을 심어
서 늘 부처님들의 칭찬을 들었습니다. 자비를 실천하여 심신
을 닦고 부처님이 깨달으신 그 지혜를 몸소 체험하였습니다.

또 큰 지혜를 통달하여 피안(彼岸)에 올랐기 때문에 그들의
명성은 한량없는 세계에 두루 알려져서 무수한 백 천만 억 중
생들을 제도(濟度)하십니다.

[해설] 상기의 말씀은 보살마하살(菩薩摩訶薩)이 팔만이나 있
었다고 말씀하고 있습니다. 보살마하살(菩薩摩訶薩)들은 아뇩
다라삼먁삼보리(阿耨多羅三邈三菩提)를 떠나지 않고 정진(精
進)하는 자들로 다라니(陀羅尼 :주문, 진언)와 변재(辯才: 말
재주)를 가지고 퇴전(退轉: 후퇴) 하지 않고 법륜(法輪)을 굴
리는 자들이라는 것입니다.

　보살마하살(菩薩摩訶薩)은 보살(菩薩)이라는 뜻으로 삼승(三
乘)의 위치에서 성불하기 위하여 부처님의 말씀을 듣고 수행
정진(精進)하고 있는 아라한들을 말하고 있습니다. 이들은 무
상정등정각(無上正等正覺)인 아뇩다라삼먁삼보리(阿耨多羅三
邈三菩提)를 깨닫기 위해 정진(精進)하고 있는 자들인데 이들
은 부처님의 법(法)과 말씀을 전하는 재주를 가지고 있는 자들
로 아무리 어렵고 힘든 일이 있어도 절대로 물러서지 않고 부
처님의 법과 말씀을 전하는 자들이라 말하고 있습니다. 법륜
(法輪)이란 "진리의 바퀴"라는 뜻으로 부처님의 말씀을 전
하는 보살(菩薩)들을 화두(話頭)로 말씀하고 있는 것입니다.

　또한 이들은 한량없는 백 천만 억의 부처님께 공양(供養)을

하며 여러 부처님이 계신데서 덕(德)의 근본을 심어 항상 여러 부처님으로부터 칭찬을 받았으며 또한 부처님의 자비(慈悲)로 마음을 깨끗이 닦아 부처님의 지혜로 깊이 들어갔다고 말씀하고 있습니다. 따라서 이들은 부처님의 큰 지혜를 통달(通達)하여 열반(涅槃)에 이르게 되어 이들의 이름이 한량없는 세계에 널리 퍼져서 수없이 많은 중생들을 제도(濟度) 하고 있는 자들이라는 것입니다.

그러므로 오늘날 불자들도 해탈(解脫)하여 성불(成佛)하려면 상기의 보살마하살(菩薩摩訶薩)들과 같이 마음과 생각과 몸을 다하여 수행정진(修行精進)을 하면서 죽어가는 영혼들을 제도(濟度)하기 위해 부처님의 말씀을 가르치며 열심히 전해야 하는 것입니다.

6. 其名曰 文殊師利菩薩과 觀世音菩薩과 得大勢菩薩과
    기명왈 문수사리보살   관세음보살   득대세보살
    常精進菩薩과 不休息菩薩과 寶掌菩薩과 藥王菩薩과
    상정진보살   불휴식보살   보장보살   약왕보살
    勇施菩薩과 寶月菩薩과 月光菩薩과 滿月菩薩과
    용시보살   보월보살   월광보살   만월보살
    大力菩薩과 無量德菩薩과 越三界菩薩과
    대력보살   무량덕보살   월삼계보살

跋陀婆羅菩薩과　彌勒菩薩과　寶積菩薩　과

발타바라보살　　미륵보살　　보적보살

導師菩薩과 如是等菩薩摩訶薩 八萬人으로 俱하며

도사보살　　여시등보살마하살　팔만인　　　구

[번역] 그들의 이름은 문수사리보살, 관세음보살, 득대세보살, 상정진보살, 불휴식보살, 보장보살, 약왕보살, 용시보살, 보월보살, 월광보살, 만월보살, 대력보살, 무량덕보살, 월삼계보살, 발타바라보살, 미륵보살, 보적보살, 도사보살등입니다. 이와 같은 보살마하살 팔만여 명이 함께 하셨습니다.

[해설] 보살마하살(菩薩摩訶薩)들은 부처님의 가르침을 받으며 수행정진(修行精進)을 하여 해탈(解脫)한 보살들이 다시 성불(成佛)하여 부처가 되려고 정진(精進) 하고 있는 부처님의 제자들을 말하는데 이러한 보살마하살들 팔만 명이 기사굴산에서 부처님과 함께 있었다고 말씀하고 있습니다.

　부처님이 계신 기사굴 산은 영추산(靈鷲山)을 말하는데 이 산에 이렇게 많은 아라한(阿羅漢)과 마하파사파제, 비구니(比丘尼)와 권속(眷屬) 그리고 보살들이 수십만이나 모여 있었다는 것은 좀 어폐(語弊)가 있다고 생각됩니다. 그러므로 기사굴 산은 세상에 존재하고 있는 산이 아니라 수미산(須彌山)과 같은 영적(靈的)인 천상(天上)의 산, 즉 시대신(是大神)이 계신 반야(般若)의 산을 화두(話頭)로 말씀하고 있는 것입니다.

7. 爾時에 釋提桓因이 與其眷屬 二萬天子로 俱하며
이시　석제환인　여기권속 이만천자　구
復有 名月天子와 普香天子와 寶光天子와 四大天王이
부유 명월천자　보향천자　보광천자　사대천왕
與其眷屬 萬天子로 俱하며 自在天子와 大自在天子가
여기권속 만천자 구　자재천자　대자재천자
與其眷屬 三萬天子로 俱하며 娑婆世界主 梵天王
여기권속 삼만천자　구　사바세계주　범천왕
尸棄大梵과 光明大梵等이 與其眷屬 萬二千天子로 俱하며
시기대범　광명대범등　여기권속 만이천천자　구

[번역] 그 때 석제환인도 그의 권속 이만 천자(天子)들과 함께 하였으며, 또 명월천자와 보향천자와 보광천자와 사대천왕들이 역시 그들의 권속 일만 천자들과 함께 하였습니다. 또 자재천자와 대자재천자가 그들의 권속 삼만 천자들과 함께 하였으며, 사바세계의 주인인 범천왕과 시기대범천왕과 광명대범천왕이 또한 그들의 권속 일만 이천 천자들과 함께 하였습니다

[해설] 그때 석제환인(釋提桓因)이 그 권속(眷屬) 이만명의 천자(天子)와 함께 있었다고 말씀하고 있습니다. 석제환인(釋提桓因)을 제석천(帝釋天)이라고도 하는데 석제환인(釋提桓因)은 신들의 제왕(帝王)이라는 뜻이며 제석천(帝釋天)은 불법(佛法)의 수호신(守護神)을 말하고 있습니다.

그런데 석제환인(釋提桓因)이나 제석천(帝釋天)은 하늘의 왕을 말하는 것이 아니라 세상의 왕 곧 공중권세를 잡고 있는 귀신들의 왕을 말하고 있습니다. 그리고 석제환인(釋提桓因)과 함께있는 천자(天子)들은 작은 신(神)을 말하기 때문에 천자(天子)는 신(神)의 아들 혹은 석제환인(釋提桓因)을 믿고 따르는 권속(眷屬)들을 말하고 있는 것입니다.

사대천왕(四大天王)은 사천왕(四天王)이라고도 하는데 사대천왕(四大天王)은 제석천(帝釋天)의 신하(臣下)를 말하고 있습니다. 사바세계(娑婆世界)는 이 세상을 말하며 범천(梵天)왕은 보이는 이세상의 왕을 말하고 있습니다.

8.　有 八龍王하니 難陀龍王과 跋難陀龍王과 娑伽羅龍王
　　　유 팔용왕　　　난타용왕　　　발난타용왕　　사가라용왕
　　과 和修吉龍王과 德叉迦龍王과 阿那婆達多龍王과
　　　화수길용왕　　덕차가용왕　　　아나바달다용왕

摩那斯龍王과 優鉢羅龍王等 이 各與若干 百千眷屬

마나 사용왕　우발라용왕등　각여약간　백천권속

으로 俱하며

구

[번역] 또 여덟 용왕이 있으니 난타용왕, 발난타용왕, 사가라 용왕, 화수길용왕, 덕차가용왕, 아나바달다용왕, 마나사용왕, 우발라용왕등이 각기 백천의 권속들과 함께 하였습니다

[해설] 상기의 용왕(龍王)은 용(龍)들의 왕 혹은 뱀들의 왕을 말하고 있는데 용은 실제 존재하는 동물이 아니라 상징적(象徵的)인 동물로 동물의 왕을 말하며 뱀은 용을 보필(輔弼)하는 존재를 말하고 있습니다. 이러한 용이나 뱀들의 존재도 그의 권속들과 함께 부처님의 말씀을 듣기 위해 기사굴산(영추산)에 모여 있는 것입니다.

9.　有 四緊那羅王하니 法緊那羅王과 妙法緊那羅王과

유 사긴나라왕　　법긴나라왕　묘법긴나라왕

大法緊那羅王과 持法緊那羅王이 各與若干百千眷屬으로

대법긴나라왕　지법긴나라왕　각여약간백천권속

俱하며

구

[번역] 또 네 긴나라왕이 있으니 법긴나라왕, 묘법긴나라왕, 대법긴나라왕, 지법긴나라왕 등이 각기 백 천의 권속들과 함께 하였습니다.

[해설] 긴나라왕(緊那羅王)은 아름답고 묘(妙)한 음성을 가지고 춤과 노래를 잘하는 왕을 말하고 있습니다. 즉 긴나라왕은 오늘날 창을 잘하는 국보적 존재나 혹은 성악이나 대중가요를 잘 부르는 가수왕과 같은 존재를 말하고 있는데 긴나라왕은 세상의 노래를 잘하는 분이 아니라 부처님의 법문이나 설법을 잘하는 분을 말하고 있습니다.

10. 有 四乾闥婆王하니 藥乾闥婆王과 藥音乾闥婆王과
　　 유 사건달바왕　　약건달바왕　　약음건달바왕
　　 美乾闥婆王과 美音乾闥婆王이 各與若干
　　 미건달바왕　　미음건달바왕　　각여약간
　　 百千眷屬으로 俱하며
　　 백천권속　　　구

[번역] 또 네 건달바왕이 있으니, 약건달바왕, 약음건달바왕, 미건달바왕, 미음건달바왕이 각기 백 천의 권속들과 함께 하였습니다

[해설] 네 건달바왕(乾闥婆王) 역시 아름다운 목소리로 부처님을 위해서 노래하는 자들을 말하는데 이들은 가수처럼 세상적인 노래를 하는 것이 아니라 중생들을 제도하기 위한 목적으로 불법(佛法)을 목소리나 악기를 통해서 전하는 자들을 말합니다.

11. 有 四阿修羅王하니 婆稚阿修羅王과 佉羅騫馱阿修羅
　　유 사아수라왕　　바치아수라왕　　거라건타아수라

　　王과 毘摩質多羅阿修羅王과 羅睺阿修羅王이
　　왕　비마질다라아수라왕　라후아수라왕

　　各與若干 百千眷屬으로 俱하며
　　각여약간 백천권속　　　구

[번역] 또 네 아수라왕이 있으니, 바치아수라왕, 거라건타아수라왕, 비마질다라아수라왕, 라후아수라왕이 각기 백 천의 권속들과 함께 하였습니다.

[해설] 네 아수라왕(阿修羅王)은 어둔 세상을 장악(掌握)하고

있는 악신(惡神)의 존재로 빛의 존재인 해와 달, 즉 부처님과 보살들을 대적하여 싸우는 귀신과 같은 존재들을 말하고 있습니다. 그런데 이런 자들이 부처님의 법문(法門)을 들으려고 기사굴 산에 그의 권속(眷屬)들과 함께 왔다는 것은 불자들로 서는 이해하기 힘들 것이라 생각합니다. 이것은 선신(善神)이나 악신(惡神)이나 중생이나 짐승들도 살기 위해서 부처님을 믿고 의지 할 수밖에 없다는 것을 말하고 있는 것입니다.

12. 有 四迦樓羅王하니 大威德迦樓羅王과 大身迦樓羅王과
　　유 사가루라왕　　대위덕가루라왕　　대신가루라왕
　　大滿迦樓羅王과 如意迦樓羅王이 各與若干百千眷屬
　　대만가루라왕　　여의가루라왕　　각여약간백천권속
　　으로 俱하며
　　　　구

[번역] 또 네 가루라왕이 있으니, 대위덕가루라왕, 대신가루라왕, 대만가루라왕, 여의가루라왕이 각기 백 천의 권속들과 함께 하였습니다.

[해설] 가루라는 인도의 신화에 나오는 화려하고 거대한 새를 말하는데 양 날개를 펴면 336만리나 된다고 합니다. 그런

데 가루라왕은 큰 새를 말하는 것이 아니라 부처님의 말씀을 가지고 세속의 권속(眷屬)들을 장악하며 왕 노릇을 하고 있는 존재들, 즉 중생(衆生)을 제도(濟度)하는 보살들을 비유(譬喩)하여 말하고 있는 것입니다.

13. 韋提希子 阿闍世王이 與若干百千眷屬으로 俱하사
     위제희자 아사세왕　여약간백천권속　　구
     各禮佛足하고 退坐一面이러시
     각예불족　　퇴좌일면

[번역] 또 위제희(韋提希)의 아들 아사세왕(阿闍世王)도 백 천의 권속들과 함께 각각 부처님의 발에 예를 올리고 물러 나와 한쪽에 가서 앉았습니다

[해설] 또 위제희의 아들 아사세왕은 선신(善神)을 대항하여 투쟁하는 악한 왕을 말합니다. 위제희의 아들 아사세왕은 이 세상에 태어나면서부터 원한을 품고 태어나 후에 제바달다의 꾐에 빠져 부왕을 죽이고 어머니를 옥에 가둔 왕입니다.

14. 爾時에 世尊을 四衆圍繞하와 供養恭敬尊重讚歎이러니
     이시　세존　사중위요　　공양공경존중찬탄

爲諸菩薩하사　說大乘經하시니　名無量義라

위제보살　　설대승경　　　명무량의

敎菩薩法이며　佛所護念이러라

교보살법　　불소호념

[번역] 그 때 세존은 사부대중(四部大衆)에 에워싸여 공양과 공경 및 찬탄을 받으며, 여러 보살을 위하여 대승경을 설하셨다. 즉 그 이름을 무량의(無量義)라 하여 보살을 가르치는 법이었는데, 부처님이 소중히 보호하시는 바이었다.

[해설] 이렇게 사부대중(四部大衆)이 부처님을 에워싸고 공양(供養)하며 공경(恭敬)하는 마음으로 부처님을 존중하고 찬탄(讚歎)하고 있는데 이때 부처님께서 보살(菩薩)들을 위하여 대승경(大乘經)을 설(說)하셨습니다.

　대승경(大乘經)을 무량의경(無量義經)이라고도 말씀하고 있는데 무량의경(無量義經)은 부처님이 보살(菩薩)들을 가르치는 최고의 법이며 부처님이 호념(護念) 하시는 경이라 말씀하고 있습니다. 이렇게 대승경(大乘經)은 곧 금강경(金剛經), 법화경(法華經), 화엄경(華嚴經)과 같은 경을 말하는데 대승경은 이타행(利他行), 즉 하화중생(下化衆生)을 행하는 보살들을 가르치는 경(經)이라는 뜻입니다.

지금 부처님께서 설하신 대승경은 부처님도 아끼며 소중히 보호하시는 경(經)이라 말씀하고 있습니다.

15. 佛說此經已에 結跏趺坐하시고 入於無量義處三昧하사
   불설차경이   결가부좌   입어무량의처삼매
   身心不動이러시니
   신심부동

[번역] 부처님께서는 이 경전을 다 설하시고 나서 가부좌를 맺고 앉으시어 무량의처라는 삼매에 들어가시어 몸도 마음도 조용히 움직이지 않으시었습니다.

[해설] 부처님께서는 사부대중(四部大衆)들에게 이 대승경을 다 설하시고 나서 가부좌(跏趺坐)를 하고 앉아 조용히 무량의처삼매(無量義處三昧)에 들어가셨는데 부처님은 몸도 마음도 전혀 움직이지 않으셨다고 말씀하고 있습니다.

부처님께서 들어가신 무량의처삼매(無量義處三昧)는 무한(無限)하고 의(義)로운 곳, 즉 천상(天上)으로 들어가셨다는 뜻입니다.

부처님은 기사굴 산에 모여 있는 사부대중(四部大衆)들을 교화(敎化)하기 위해 삼매(三昧)에 들어가신 것입니다.

16. 是時에 天雨曼陀羅華와 摩訶曼陀羅華와 曼殊沙華와

   시시   천우만다라화   마하만다라화   만수사화

   摩訶曼殊沙華하야   而散佛上과 及諸大衆하며

   마하만수사화   이산불상   급제대중

   普佛世界가 六種震動이러니

   보불세계   육종진동

[번역] 그 때에 하늘에서는 만다라 꽃과 큰 만다라 꽃과 만수사 꽃과 큰 만수사 꽃을 비 오듯 내리어 부처님과 여러 대중들에게 뿌렸습니다. 그러니 온 세계는 여섯 가지로 진동하였습니다.

[해설] 부처님께서 무량의경(無量義經)을 말씀하시고 나서 결가부좌(結跏趺坐)하시고 무량의처삼매(無量義處三昧)에 드셨을 때 하늘에서 만다라 꽃과 큰 만다라 꽃 그리고 만수사 꽃과 큰 만수사 꽃이 비같이 부처님 위에와 대중들에게 내렸고 따라서 여러 부처님의 세계가 여섯 가지로 진동(振動)하였다고 말씀하고 있습니다.

   만다라는 신성한 그리고 거룩하다는 뜻이며 만수사는 하늘, 즉 천상(天上)이라는 의미를 담고 있습니다. 때문에 하늘에서 만다라와 만수사 꽃이 비와 같이 내렸다는 것은 하늘에서 부처님의 거룩한 말씀이 대중(大衆)들에게 비같이 내렸다는 것을 화두(話頭)로 말씀하신 것입니다.

그리고 부처님의 세계가 여섯 가지로 진동(振動)하였다는 것은 부처님이 말씀하신 육계(六界), 즉 지옥(地獄) 아귀(餓鬼) 축생(畜生) 수라(修羅) 인간(人間) 천상계(天上界)가 부처님의 말씀으로 인해 모두 진동(振動)하였다는 뜻입니다.

왜냐하면 부처님을 믿고 살아가는 육계의 중생들이 부처님의 말씀을 듣고 놀라거나 동요하는 것은 당연지사(當然之事)이기 때문입니다.

17. 爾時會中에 比丘比丘尼와 優婆夷 優婆塞와 天龍夜叉와
　　　이시회중　　비구비구니　　우바새 우바이　　천룡야차
　　　乾闥婆와 阿修羅와　迦樓羅와　緊那羅와
　　　건달바　　아수라　　가루라　　긴나라
　　　摩睺羅伽 人非人과　及諸小王과 轉輪聖王과
　　　마후라가 인비인　급제소왕　　전륜성왕
　　　是諸大衆이 得未曾有하사 歡喜合掌하고
　　　시제대중　　득미증유　　　환희합장
　　　一心觀佛하더니
　　　일심관불

[번역] 그 때에 법회에 함께 있던 비구, 비구니, 우바새, 우바이, 천용야차, 건달바, 아수라, 가루라, 긴나라, 마후라가, 사람인 것, 사람 아닌 것과 여러 소왕, 전륜성왕 등 모든 대중들이 일찍이 없었던 일이라 환희하여 합장하고 일심으로 부처님으로 우러러 뵈옵고 있었습니다.

[해설] 상기의 비구(比丘)와 비구니(比丘尼)는 남승과 여승을 말하며 우바이와 우바새는 여신도와 남신도를 말하며 천용야차는 마귀나 사탄과 같이 악한 역을 감당하는 존재를 말하고 있습니다. 그리고 전륜성왕(轉輪聖王)은 실존(實存) 인물이 아니라 인도의 신화적(神話的)인 존재로 무력(武力)을 사용하지 않고 세계를 통일했다는 전설적(傳說的)인 왕을 말합니다.

　이렇게 모인 존재들이 부처님을 만나 지금까지 보지 못했던 상서(祥瑞 : 불가사의한 일)와 묘(妙)한 법문(法門)을 듣고 기뻐하며 두 손을 합장(合掌)하고 한마음이 되어 부처님을 뵙고 있는 것입니다.

18. 爾時에 佛이 放 眉間白毫相光하사 照 東方萬八千世
　　이시　불　방 미간백호상광　　조 동방만팔천세
　　界하야 靡不周徧하시며
　　계　　미부주편

下至阿鼻地獄하고 上至阿迦尼咤天하며 於此世界에
하지아비지옥　　상지아가니타천　　어차세계
盡見彼土 六趣衆生하며 又見彼土에 現在諸佛하고
진견피토 육취중생　　우견피토　　현재제불
及聞諸佛 所說經法하며
급문제불 소설경법

[번역] 그 때에 부처님께서는 미간(眉間)의 백호상에 광명을 놓아 동방으로 일만 팔천 세계를 골고루 빠짐없이 비추었습니다. 그 빛이 아래로는 아비지옥까지 비추고 위로는 아가니타천까지 비추었습니다. 그리고 또 이 세계에서 그 모든 세계의 육도(六道) 중생들을 모두 볼 수 있었습니다. 또 그 세계에 부처님이 계시는 것을 볼 수도 있고, 부처님이 설하시는 경전(經典)의 말씀도 다 들을 수 있었습니다.

[해설] 부처님이 가부좌(跏趺坐)를 하시고 삼매(三昧)에 드셨을 때 미간(眉間)의 백호상(白毫相)에서 광명(光明)이 나타나 동방(東邦)의 일만 팔천 세계를 두루 비추시었다고 말씀하고 있습니다. 백호상(白毫相)은 부처님만이 소유하고 계신 삼십이상(三十二相)의 하나로 눈썹 사이에 하얗고 부드러운 털이 오른쪽으로 말려 있는 것을 말합니다.

부처님의 백호상을 알려면 먼저 부처님의 32상을 알아야 합니다. 부처님의 삼십이상(三十二相)은 인간들에게서는 찾아 볼 수 없는 기이(奇異)하고 묘(妙)한 부처님의 각종 형상들을 말하고 있습니다. 부처님의 삼십이상(三十二相)은 다음과 같습니다.

삼십이상(三十二相)

1) 두상(頭上)에 머리를 틀어 올린 상투처럼 불룩 불룩 나와 있는 것.
2) 신체(身體)의 털이 모두 오른 쪽으로 말려 있는 것. 혹은 오른 쪽으로 말린 두발(頭髮)을 가지고 있다고 함.
3) 앞이마가 평평하고 바른 것.
4) 미간에 하얗고 부드러운 털이 오른 쪽으로 말려 있는 것.
5) 눈동자가 감청색이고 속눈썹이 암소의 그것과 같음.
6) 치아가 40개이며 이가 가지런하고 하얗게 빛남. (일반 사람의 이는 32임)
7) 이가 평평하다. 치열이 좋다는 뜻임.
8) 이가 벌어지지 않아 틈새가 없음.

9) 이가 하얗고 깨끗함.

10) 최상의 미감(味感)을 가지고 있음. (타액으로 모든 맛을 좋게 만든다고함)

11) 턱뼈가 사자와 같음. (외도를 부수는 모습)

12) 혀가 길고 좁음. 부처님의 혀는 얇고 부드러우며 혀를 길게 내밀면 얼굴을 감싸고 혀끝이 귀털의 가장자리에 까지 이른다고 함.

13) 절묘한 음성을 가지고 있다. 목소리가 맑고 멀리까지 들림.

14) 어깨의 끝이 매우 둥글고 풍만함. 부처님의 힘이 강력하다는 뜻.

15) 일곱의 융기(隆起: 높이 들림)가 있음. 즉 양손, 두발, 두 어깨, 머리가 남 달리 크고 유연함.

16) 두 겨드랑 아래의 살이 평평하고 원만함.

17) 피부가 부드러우며 황금색이 남.

18) 양손이 길어 똑바로 서서 손을 내리면 무릎까지 내려옴.

19) 상반신(上半身)이 사자와 같음. 위풍당당(威風堂堂)한 모습으로 두려움이 없다는 것을 나타냄.

20) 신체(身體)가 건장하여 신장(身長)이 두 손을 펼친 길이와 같음.

21) 모발(毛髮) 하나 하나가 모두 오른쪽으로 말려 있음.

22) 신체의 털이 모두 위로 향해 있음.

23) 남근(男根)이 몸의 내부에 감추어져 있음.

24) 넓적다리가 둥글게 되어 있음.

25) 발의 복사뼈가 밖으로 노출되어 있고 발등이 높고 유연함.

26) 손발이 부드럽고 유연함.

27) 손과 발가락 사이에 엷은 망이 붙어있음. 이는 손과 발가락 사이에 오리발처럼 갈퀴가 붙어있다는 것.

28) 손가락이 매우 길음.

29) 손바닥에 고리표시가 있음. 손바닥에 수레바퀴 같은 무니가 있음.

30) 발바닥이 평발과 같이 평평함.

31) 발꿈치가 넓고 길며 풍만함.

32) 종아리가 사슴의 다리와 같음. 장딴지가 섬세하고 원만하여 사슴왕의 다리와 같다는 것을 말함.

　상기 부처님의 삼십이상(三十二相)은 본래 부처님의 참모습이 아니라 인도의 신화(神話)에 나오는 전륜성왕(轉輪聖王)의 삼십이상(三十二相)을 본 따서 불자들이 부처님의 상(相)으로 만든 것입니다. 때문에 오늘날 사찰(寺刹)에 모셔놓은 부처님은 본래 부처님의 참모습과는 전혀 다른 기이(奇異)한 형상의 부처님들입니다.

이렇게 오늘날 부처님의 참모습은 모두 사라져 버리고 사람들이 삼십이상을 인용하여 제작(製作)해 만들어 놓은 장엄(莊嚴)하고 화려(華麗)한 모습의 부처님들이 자리를 잡고 있는 것입니다. 때문에 오늘날 불자들의 머릿속에는 모두 이렇게 화려(華麗)하고 위대한 모습의 부처님이 인식(認識)되어 있는 것입니다.

문제는 이렇게 변형하여 만든 부처님의 형상들 때문에 오늘날 성불(成佛)한 부처님이 오신다 해도 모르고 또한 부처님이 지금 와서 계신다 해도 부처님으로 인정을 하지 않고 오히려 배척(排斥)을 한다는 것입니다. 그러나 진정한 부처님은 진리를 깨달아 성불(成佛)한 사람이라면 피부가 검거나 혹은 신체가 부자유스러운 절름발이거나 코가 없는 언챙이라 해도 부처님인 것입니다.

그런데 오늘날 불자들은 사찰(寺刹)에 삼십이상(三十二相)을 인용(引用)하여 만들어 모셔 놓은 장엄(莊嚴)하고 화려(華麗)한 부처님이 인식(認識)되어 있기 때문에 인간의 초라한 모습으로 오시는 부처님은 절대로 인정하지 않을 뿐만 아니라 배척(排斥) 한다는 것입니다. 그러므로 오늘날 불자들은 부처님의 말씀을 통해서 부처님의 참모습을 올바로 알아야 하며 신행생활도 가감(加減)되지 않은 진리를 찾아서 올바른 가르침을 받아야 하는 것입니다.

상기의 말씀에 부처님 미간(眉間)의 백호상(白毫相)은 맑고 깨끗한 부처님의 생각과 온유한 마음을 말하며 그리고 부처님의 이마에서 나와 온 세상에 비추었다는 광명(光明)은 빛이 아니라 부처님의 지혜(智慧)의 말씀을 화두(話頭)로 말씀하신 것입니다.

그러므로 부처님의 이마에서 나온 지혜(智慧)의 빛, 즉 부처님의 입에서 나온 말씀은 이 세상에 없는 곳 없이 모든 곳에 전파되었다는 것인데 아래로는 아비지옥(阿鼻地獄)과 위로는 아가니타천(이 세상에서 최고 높은 곳)까지 비쳐서 이 세상에 존재하는 모든 중생들, 즉 육계(六界)- 지옥(地獄), 아귀(餓鬼), 축생(畜生), 수라(修羅), 인간(人間), 천상계(天上界)의 중생들이 모두 볼 수 있었다는 것입니다.

19. 并見 彼諸比丘比丘尼와 優婆塞 優婆夷의 諸修行得
　　 병견 피제비구비구니　 우바새 우바이　　 제수행득
　　 道者하며　 復見諸菩薩摩訶薩이 種種因緣과
　　 도자　　　 부견제보살마하살　 종종인연
　　 種種信解와 種種相貌로 行菩薩道하며
　　 종종신해　 종종상모　 행보살도

復見諸佛이 般涅槃者하며 復見諸佛이 般涅槃後에
부견제불　반열반자　　부견제불　　반열반후
以佛舍利로 起七寶塔이러라
이불사리　기칠보탑

[번역] 이 뿐만 아니라 그 곳의 여러 비구, 비구니와 우바새, 우
바이들이 수행하고 도(道)를 얻는 일까지 볼 수 있었습니다. 그
리고 여러 보살 마하살들이 갖가지 인연과 갖가지 믿고 이해하
는 일과 갖가지 모습으로 보살도를 행하는 것도 볼 수 있었습
니다. 또 여러 부처님께서 열반에 들고, 열반에 드신 후에 부처
님의 사리로 칠보탑(七寶塔)을 세우는 것도 볼 수 있었습니다

[해설] 이렇게 부처님께서 미묘(微妙)한 상서(祥瑞)를 행하실
때 그 곳에 모여 있는　여러 비구, 비구니와 우바새, 우바이들
이 수행하고 도(道)를 얻는 일까지 볼 수 있었다는 것입니다.
그리고 여러 보살 마하살들이 갖가지 인연과 갖가지 믿고 이
해하는 일과 갖가지 모습으로 보살도(菩薩道)를 행하는 것도
볼 수 있었으며 또한 여러 부처님께서 열반(涅槃)에 드시며,
열반에 드신 후에 부처님의 사리(舍利)로 칠보탑(七寶塔)을
세우는 것도 볼 수 있었다고 말씀하고 있습니다. 이렇게 부처
님께서 열반에 드신 후에 사부대중들이 부처님의 사리(舍利)

를 받들기 위해서 칠보(七寶)로 탑(塔)을 세우는 것을 볼 수 있었다는 것입니다.

　이러한 말씀 때문에 오늘날 불자들도 부처님의 사리탑(舍利塔)을 공들여 만들어 놓고 그 탑(塔) 주위를 돌면서 부처님을 모시듯 공경(恭敬)하고 있는 것입니다. 그런데 문제는 불자들이 부처님이 말씀하신 사리(舍利)나 탑(塔)의 실체가 무엇인지 전혀 모르고 있다는 것입니다.

　부처님의 진신사리(眞身舍利)는 부처님의 시신(屍身)에서 나온 뼈 조각이 아니라 부처님 안에 있었던 진리를 말하고 있습니다. 그리고 부처님의 사리(舍利)를 모셔놓은 탑(塔)은 돌로 쌓아놓은 탑(塔)이 아니라 살아계신 부처님의 몸, 즉 부처님 자신을 화두(話頭)로 말씀하신 것입니다.

　그러므로 오늘날 불자들은 사리(舍利)를 모셔 놓았다는 탑(塔)만 공경(恭敬)할 것이 아니라 오늘날의 생불(生佛), 즉 오늘날 살아계신 부처님을 찾아서 탑(塔)을 공경(恭敬)하듯이 지극정성(至極精誠)으로 모시며 공경(恭敬)해야 합니다. 왜냐하면 오늘날 불자들을 해탈(解脫)시켜 부처를 만들 수 있는 분은 바로 오늘날 살아계신 부처님이기 때문입니다.

20.　爾時에 彌勒菩薩이 作是念호되 今者世尊이 現神變相
　　　이시　미륵보살　작시념　　　금자세존　　현신변상

하시니

以何因緣으로 而有此瑞하시며 今佛世尊이

이하인연　　　이유차서　　　금불세존

入于三昧하시니 是不可思議인 現希有事라

입우삼매　　　시불가사의　　현희유사

當以問誰며 誰能答者오

당이문수　　수능답자

[번역] 그 때에 미륵보살은 이러한 생각을 하였습니다. 지금 세존께서 신통 변화의 모습을 보이시는데 무슨 인연으로 이러한 상서로움이 있는가. 지금 부처님은 삼매에 드시었는데 이것은 불가사의하며 희유한 일이다. 누구에게 물어야 할까? 누가 답을 할까?

[해설] 부처님의 상서(祥瑞)를 목격한 미륵보살(彌勒菩薩)은 지금 이렇게 세존께서 신통(神通)한 변화를 나타내시니 무슨 인연(因緣)으로 이런 기이(奇異)한 일이 일어날까? 하는 생각을 하며 이러한 묘(妙)한 상서(祥瑞)들이 모두 궁금해진 것입니다.

　그런데 부처님께서 지금 삼매(三昧)에 드셨으니 이렇게 부처님이 행하신 불가사의(不可思議) 하고 희유(稀有)한 일들을 누구에게 물어야 하며 또한 누가 대답을 할 수가 있을까?하고 고민을 하게 되었다는 것입니다.

21. 復作此念호대 是文殊師利法王之子는 已曾親近供養
    부작차념   시문수사리법왕지자   이증친근공양
    過去無量諸佛일새 必應見此 希有之相하리니
    과거무량제불   필응견차 희유지상
    我今當問호리라
    아금당문

[번역] 또 다시 이러한 생각도 하였습니다. 문수사리보살은 법왕의 아들이다. 그는 일찍이 과거에 한량없는 부처님을 친근하고 공양을 올렸던 분이다. 그분은 반드시 이러한 희유한 일을 보았을 것이다. 나는 그분에게 마땅히 물어야 하리라.

[해설] 미륵보살(彌勒菩薩)이 생각하기를 "문수보살(文殊菩薩)은 법왕(法王)의 아들이기 때문에 그는 일찍이 과거, 즉 전생(前生)에 한량없는 부처님들 가까이서 공양(供養)을 올렸던 분이다. 그러므로 그분은 부처님이 행하신 희유(稀有)한 일들을 보고 알았을 것이다.

 나는 그분에게 물으면 모든 것을 알 수 있을 것이다" 라고 생각을 하고 문수보살(文殊菩薩)을 찾아가서 부처님께서 행하신 상서(祥瑞)를 묻기로 한 것입니다.

22. 爾時에 比丘 比丘尼와 優婆塞 優婆夷와 及諸天龍
    이시   비구 비구니   우바새 우바이   급제천룡
    鬼神等이 咸作此念호대 是佛光明神通之相을
    귀신등   함작차념   시불광명신통지상
    今當問誰오하더니
    금당문수

[번역] 그 때에 마침 비구, 비구니, 우바새, 우바이와 모든 천, 용, 귀신들도 다 같이 이러한 생각을 하였습니다. 부처님의 이러한 광명과 신통한 일을 지금 누구에게 물어야 할까?

[해설] 미륵보살이 이렇게 생각하고 있을 때에 마침 비구, 비구니, 우바새, 우바이와 모든 천, 용, 귀신들도 다 같이 부처님의 이러한 광명과 신통한 상서(祥瑞)를 지금 누구에게 물어야 할까? 하는 생각을 하고 있었다는 것입니다.

이들은 부처님이 설하시는 말씀보다 부처님이 행하신 상서(祥瑞)에 놀라서 이구동성(異口同聲)으로 의아해하며 상서에 대하여 알려고 우왕좌왕(右往左往)하고 있는 것입니다. 이렇

게 예전이나 지금이나 불자들이 기이(奇異)한 상서(祥瑞)에 관심이 많고 부처님의 말씀에는 별 관심이 없는 것입니다.

23. 爾時에 彌勒菩薩이 欲自決疑하며 又觀四衆의
    이시   미륵보살 욕자결의   우관사중
    比丘比丘尼와 優婆塞 優婆夷와 及諸天龍鬼神等
    비구비구니   우바새 우바이   급제천룡귀신등
    衆會之心하사 而問文殊 師利言하사대
    중회지심   이문문수 사리언
    以何因緣으로 而有此瑞 神通之相하시며 放大光明하사
    이하인연   이유차서 신통지상   방대광명
    照于東方 萬八千土하시며 悉見彼佛 國界莊嚴이닛고
    조우동방 만팔천토   실견피불 국계장엄

[번역] 그 때에 미륵보살이 자기의 의문을 풀고, 또 비구, 비구니, 우바새, 우바이와 천, 용, 귀신들과 법회 대중들의 의문을 풀기 위하여 문수사리보살에게 물었습니다. 무슨 인연으로 이러한 상서롭고 신통한 일이 일어납니까? 그리고 큰 광명을 놓아 동방으로 일만 팔천 국토를 비추어서 그 세계의 장엄을 모두 보게 하십니까?

[해설] 그때 미륵보살(彌勒菩薩)은 자신의 의구심(疑懼心)을 해결하기 위해 그리고 비구 비구니 우바새 우바이와 천인, 용, 귀신 그리고 여러 대중도 궁금하게 여기고 있는 것들을 분명히 알려 주기 위해 문수사리(文殊師利))를 찾아가 묻게 된 것입니다. 문수사리(文殊師利)는 문수보살(文殊菩薩)을 말합니다. 미륵보살(彌勒菩薩)은 문수보살(文殊菩薩)을 찾아가 부처님께서 무슨 인연(因緣)으로 이렇게 기이(奇異)하고 묘한 일을 행하시며 또한 무엇 때문에 신통(神通)한 모양으로 큰 광명을 놓아 장엄(莊嚴)한 세계의 모양을 보게 하십니까? 하고 물은 것입니다.

24. 於是에 彌勒菩薩이 欲重宣此義하사 以偈問曰
　　어시　미륵보살　욕중선차의　이게문왈

[번역] 미륵보살은 이 뜻을 거듭 말씀드리고자 게송으로 엮어 묻고 있습니다

[해설] 미륵보살(彌勒菩薩)은 문수보살(文殊菩薩)에게 한 질문을 다시 한 대목 한 대목 자세하게 게송(偈頌)으로 묻고 있는 것입니다.

　게송은 주로 부처님의 공덕(功德)을 찬탄(贊嘆)하거나 중생

들을 교화(敎化)할 때 사용하고 있습니다.

25.　文殊師利여 導師何故로 眉間白毫에 大光普照하시며
　　　문수사리　도사하고　미간백호　대광보조
　　　雨曼陀羅와 曼殊沙華하시며 栴檀香風이 悅可衆心하니
　　　우만다라　만수사화　　　전단향풍　열가중심

[번역] 문수사리시여 도사(導師)께서는 무슨 인연으로 미간백
호에 큰 광명을 놓아 널리 비추십니까? 만다라 꽃과 만수사
꽃을 비 오듯 내리시며 전단향기 바람이 불어 중생들의 마음
을 기쁘게 하시니,

[해설] 미륵보살(彌勒菩薩)이 묻고 있는 도사(導師)는 부처님
을 말씀하고 있으며 큰 광명(光明)이 나오는 미간(眉間)은 이
마에 눈썹과 눈썹사이를 말하고 있습니다. 이 말씀 때문에 부
처님의 형상(形狀)을 제작(制作)할 때 부처님의 이마에 보석
(寶石)을 넣어 만드는 것입니다.
　그러나 보석(寶石)은 보석일 뿐 부처님의 이마에서 나오는
광명(光明)은 지혜의 빛 곧 진리의 빛을 말씀하고 있는 것입
니다. 그리고 전단향(栴檀香)은 곧 박달나무에서 나오는 향
(香)을 말하고 있는데 박달나무는 나무 중에 가장 단단한 나

무로 보리수(菩提樹)와 같이 부처님을 상징(象徵)하는 것이며
전단향(栴檀香)은 부처님의 입에서 나오는 지혜(智慧)의 말씀
을 화두(話頭)로 말씀하고 있는 것입니다. 그리고 광명을 놓
을 때 비가 오듯 내린 만다라(曼陀羅) 꽃과 만수사(曼殊沙) 꽃
은 우주의 진리, 즉 부처님의 입에서 나오는 말씀을 화두(話
頭)로 말씀하고 있습니다.

26. 以是因緣으로 地皆嚴淨하며 而此世界가 六種震動하니
　　이시인연　　지개엄정　　이차세계　　육종진동
　　時四部衆이 咸皆歡喜하사 身意快然하야
　　시사부중　　함개환희　　신의쾌연
　　得未曾有닛고 眉間光明이 照於東方 萬八千土하사
　　득미증유　　미간광명　　조우동방 만팔천토
　　皆如金色하시며 從阿鼻獄하야 上至有頂히
　　개여금색　　　종아비옥　　상지유정
　　諸世界中에 六道衆生의 生死所趣와 善惡業緣과
　　제세계중　　육도중생　　생사소취　　선악업연
　　受報好醜를 於此悉見하며
　　수보호추　　어차실견

[번역] 이러한 인연으로 땅은 아름답게 장엄하였고 이 세계는 여섯 가지로 진동합니까? 하니 지금 사부대중들은 모두들 환희하여 몸과 마음은 상쾌하기 이를데 없고 생전 처음 보는 일을 보게 되었습니다.

미간 백호에서 놓으신 광명은 동방으로 일만 팔천 국토를 비추시어 모두 금빛으로 빛나고 있습니다. 아래로는 아비지옥까지 비치고 위로는 유정천까지 비치어 그 모든 세계에 있는 육도 중생들이 태어나고 죽는 곳과 선악의 업을 짓는 인연과 좋고 나쁜 과보를 받는 것까지 이곳에서 빠짐없이 봅니다.

[해설] 이렇게 부처님이 삼매(三昧)에 들어 계실 때 그 인연(因緣)으로 국토(國土)가 청정(淸淨)해 졌다는 것은 부처님의 말씀으로 중생들의 마음이 깨끗해졌다는 뜻입니다. 그리고 여섯 가지 세계가 진동(震動)하는 것은 육계(六界)의 존재들, 즉 지옥(地獄), 아귀(餓鬼), 축생(畜生), 수라(修羅), 인간(人間), 천상계(天上界)의 존재들의 마음이 깨끗하게 변화되었고 따라서 사부대중(四部大衆)들 모두가 기뻐하며 또한 몸도 유쾌해지는 것을 느끼면서 이구동성(異口同聲)으로 이러한 일은 지금까지 처음 보는 일이라고 말하는 것입니다.

또한 부처님 미간의 백호상(白毫相)에서 광명(光明)이 나와 동방(東邦)으로 일만 팔천 세계에 금빛처럼 찬란하게 두루 비치는데 아래로는 아비지옥(阿鼻地獄) 위로는 아가니타천(지상에서 가장 높은 곳)까지며 또한 여러 세계에 존재하고 있는 여섯 부류(部類)의 중생(衆生)들이 나고 죽고 하면서 좋고 나쁜 업(業)을 짓고 받게 되는 과보(果報)를 모두 보게 된다는 것입니다. 이렇게 지금 미륵불과 사부대중(四部大衆)들이 놀라며 알려고 궁금해 하는 것은 부처님의 입에서 나오는 말씀 때문이 아니라 부처님께서 나타내신 불가사의(不可思議)한 상서(祥瑞) 때문입니다.

그러나 부처님의 미간(眉間)에서 나와 동방(東邦)의 일만 팔천 세계에 비쳤다는 광명(光明)은 부처님의 머리에서 나오는 지혜(智慧)의 말씀을 말하며 국토(國土)는 중생들의 마음을 말하며 여섯 세계는 육바라밀의 육계(六界)를 말하며 동방(東邦)의 세계는 지금의 아시아지역을 말하고 있습니다.

이렇게 예전이나 지금이나 불자들이 부처님의 말씀에는 관심이 없고 부처님이 행하시는 놀라운 이적(異蹟)이나 표적(表迹)에 관심이 많은 것입니다. 그러나 부처님이 행하시는 묘(妙)한 표적(表迹)들은 오직 중생들을 구원하기 위해서 잠시 방편(方便)으로 사용하는 것입니다.

27. 又觀諸佛 聖主師子가 演說經典이 微妙第一하며
　　우도제불 성주사자　　연설경전　　미묘제일

其聲清淨하야 出柔軟音하야 敎諸菩薩 無數億萬하며

기성청정　　출유연음　　교제보살 무수억만

梵音深妙하야 令人樂聞하며

범음심묘　　영인락문

[번역] 또 보니, 성인 중의 성인이시며 사람 중의 으뜸이신 여러 부처님들이 경전을 설하시는데 미묘하기가 제일입니다. 그 음성이 아름답고 부드러워 무수한 억만 보살들을 가르치는데, 신비한 소리는 깊고도 미묘하여 사람들이 더욱 더 듣고 싶어 합니다.

[해설] 또 보니 사람들과 성인(聖人)들과 여러 부처님께서 경전(經典)을 설하시는데 미묘(微妙)하기가 비할 바 없습니다. 그리고 부처님이 보살들에게 설(說)하시며 가르치시는 그 음성이 너무나 아름답고 부드러워 무수한 억만의 보살(菩薩)들이 부처님의 말씀을 듣고 그 오묘(奧妙)함과 신비(神秘)함에 너무나 기뻐한다는 것입니다.

　왜냐하면 부처님의 입에서 나오는 말씀은 무상정등정각(無上正等正覺)의 말씀이며 무상심심미묘법(無上甚深微妙法)으로 백천만겁난조우(百千萬劫難遭遇)이기 때문입니다. 부처님은 이렇게 위대하고 거룩하신 분이시기 때문에 부처님의 용안

(龍顔)을 한번 뵙거나 음성을 한번 듣는 것만으로도 사부대중
들은 큰 영광이며 기쁨이 넘치는 것입니다.

28. 各於世界에 講說正法하며 種種因緣과 以無量喩로
　　각어세계　　강설정법　　종종인연　　이무량유

　　照明佛法하야 開悟衆生하며 若人遭苦하야 厭老病死
　　조명불법　　개오중생　　약인조고　　　염로병사

　　어든 爲說涅槃하야 盡諸苦惱하며 若人有福하야
　　　　　위설열반　　진제고뇌　　약인유복

　　曾供養佛하고 志求勝法커든 爲說緣覺하며 若有佛子
　　증공양불　　지구승법　　위설연각　　　약유불자

　　가 修種種行하야 求無上慧어든 爲說　淨道하시
　　　　수종종행　　구무상혜　　위설　정도

[번역] 부처님들은 각자의 세계에서 바른 진리를 강설하는데,
갖가지 인연과 한량없는 비유로써 깨달으신 법을 밝게 비치시
어 중생들을 깨닫게 하십니다.

만약 어떤 사람이 늙고 병들고 죽는 고통을 싫어하면 열반의
도리를 설하여 모든 고통을 없애도록 합니다. 만약 어떤 사람
이 복이 있어서 부처님께 공양하고 훌륭한 법을 구하면 연각
(緣覺)의 도리를 일러 줍니다. 만약 어떤 불자가 갖가지 방법

으로 수행하여 최상의 지혜를 구하면 청정한 도(道)를 설 하
십니다

[해설] 상기의 말씀에 부처님들은 각자의 세계에서 불자들이
바라고 원하는 진리를 강설(講說)하고 계신다고 말씀하고 있
습니다. 즉 부처님은 갖가지 인연(因緣)과 한량없는 비유(譬
喩)로써 깨달으신 법을 밝게 비치시어 중생들을 깨닫게 하시
는데 만약 어떤 불자가 생로병사(生老病死) 때문에 괴로워하
면 열반(涅槃)의 도(道)인 사성제(四聖諦)를 설(說)하여 모든
고통을 제거(除去)해 주시며 또 어떤 사람이 공양을 하며 불
법을 구하면 연각(緣覺)의 도리인 12인연(因緣)을 가르쳐 주
시며 또 어떤 불자가 갖가지 방법으로 수행(修行)하여 최상
(最上)의 지혜(智慧)를 구하면 무상(無上)의 도(道)인 아뇩다
라삼먁삼보리(阿耨多羅三邈三菩提)를 설(說)해 주시는 것입
니다.

　이렇게 부처님은 사람의 근기(根基)에 따라 혹은 신앙의 차
원에 맞추어 방편(方便)과 비유(譬喩)를 들어서 모두 부처님
의 법을 알아들을 수 있도록 말씀해 주시는 것입니다.

29.　文殊師利여 我住於此하야 見聞若斯하며 及千億事가
　　　문수사리　아주어차　　견문약사　　급천억사

如是衆多하니　今當略說호리다
여시중다　　금당약설

[번역] 문수사리 보살이여 내가 여기 있으면서 보고 듣는 일이 이와 같으며 이 밖에도 천억 가지 사실들이 이처럼 많은 것을 지금 대강 말씀 드리리다.

[해설] 미륵(彌勒)보살은 문수사리(文殊師利)에게 내가 지금 여기 있으면서 보고 듣는 일이 이와 같으며 또한 이 외에도 천억 가지 사실들이 모두 궁금하여 지금 대강 게송(偈頌)으로 묻는 것이라 말씀하고 있습니다. 미륵(彌勒)보살은 부처님의 제자로 내세(來世)에 다시 오신다는 미래(未來)의 부처님을 말하고 있습니다.

　때문에 오늘날 불자들이 다시 오신다는 미륵불(彌勒佛)을 기다리고 있는 것입니다. 그런데 지금 미륵불(彌勒佛)은 지금 부처님이 행하시는 신통(神通)과 방편(方便)으로 하시는 말씀을 알지 못해 궁금하여 문수보살(文殊菩薩)에게 묻고 있는 것입니다.

30.　我見彼土에　恒沙菩薩이　種種因緣으로　而求佛道호대
　　　아견피토　　항사보살　　종종인연　　　이구불도

或有行施호대 金銀珊瑚와 眞珠摩尼와 硨磲碼瑙와

혹유행시　　금은산호　　진주마니　　차거마노

金剛諸珍과 奴婢車乘과 寶飾輦輿로 歡喜布施하야

금강제진　　노비거승　　보식연여　　환희보시

廻向佛道하고 願得是乘의 三界第一인 諸佛所歎이며

회향불도　　원득시승　　삼계제일　　제불소탄

或有菩薩은 駟馬寶車와 欄楯華蓋와 軒飾布施하며

혹유보살　　사마보거　　난순화개　　헌식보시

[번역] 내가 보니, 항하강의 모래처럼 많은 저 세계의 보살들이 가지가지 인연으로 부처님의 도를 구합니다. 어떤 이는 보시를 행하는데 금과 은과 산호와 진주와 마니보배와 차거와 마노와 금강 같은 온갖 보배와 또 노비와 수레들과 보배로 꾸민 연(輦)을 기쁘게 보시하여 불도(佛道)에 회향하고, 삼계에서 제일가는 일불승(一佛乘)을 얻어 부처님의 칭찬 받기를 원합니다. 혹은 어떤 보살들은 난간 있고 일산 받쳐 들고 잘 꾸민 네 마리 말을 메운 보배 수레를 보시합니다.

[해설] 미륵보살(彌勒菩薩)은 이어서 내가 보니, 항하강의 모래처럼 많은 저 세계의 보살(菩薩)들이 가지가지 인연(因緣)으로 부처님의 도(道)를 구하며 또 어떤 이는 보시를 행하는

데 금과 은과 산호(珊瑚)와 진주(眞珠)와 마니보배와 차거(硨
磲)와 마노(碼瑙)와 금강석(金剛石) 같은 온갖 보배로 보시(布
施)하며 또 어떤 사람은 노비와 수레들과 보배로 꾸민 연(輦)
을 기쁘게 보시하여 불도(佛道)에 회향(迴向)하며 삼계에서
제일가는 일불승(一佛乘)을 얻어 부처님의 칭찬 받기를 원하
고 있으며 또 어떤 보살들은 난간 있고 일산 받쳐 들고 잘 꾸
민 네 마리 말을 메운 보배 수레를 보시(布施)한다고 말씀하
고 있습니다. 이렇게 예전이나 지금이나 보살들이 각종 물질
과 금품(金品)으로 부처님이나 가난한 이웃에게 보시(布施)를
하고 있는데 부처님께서 말씀하신 육바라밀(六波羅蜜)을 보면
보시(布施)는 지옥계(地獄界)의 중생들이 지옥을 벗어나 아귀
계(餓鬼界)로 들어가기 위해서 행해야 하는 것입니다. 왜냐하
면 지옥계에 머물고 있는 중생들이 보시(布施)를 하지 않고서
는 지옥(地獄)에서 나와 아귀계(餓鬼界)로 들어갈 수 없기 때
문입니다.

그런데 불자들은 이러한 부처님의 뜻을 모르기 때문에 선업
을 쌓은 공덕(功德)으로 현세나 내세에 복을 받기 위한 목적
으로 보시(布施)를 하고 있는 것입니다.

보시(布施)는 유주상보시(有住相布施)와 무주상보시(無住相
布施)가 있는데 부처님께서 하라는 보시는 무주상보시(無住相
布施)입니다. 무주상보시(無住相布施)는 자신을 드러내지 않

고 아무런 조건 없이 순수한 마음으로 행하는 보시(布施)를
말합니다.

31. 復見菩薩은 身肉手足과 及妻子施하야 求無上道하고
　　　부견보살　　신육수족　　급처자시　　　구무상도
　　　又見菩薩은 頭目身體로 欣樂施與하야 求佛智慧니다
　　　우견보살　　두목신체　　흔각시여　　　구불지혜

[번역] 또 보니, 어떤 보살들은 몸의 살과 손발과 처자까지 보
시하여 최상의 도를 구합니다. 또 어떤 이는 머리와 눈과 신
체를 흔쾌히 내어주고 부처님의 지혜를 구합니다.

[해설] 상기의 말씀은 보살들이 최상의 도인 부처님의 지혜(智
慧)를 얻기 위하여 몸과 손발과 눈과 머리를 모두 기쁘게 드
린다고 말씀하고 있습니다. 그러면 부처님의 지혜(智慧)를 얻
기 위해 자신의 몸 전체를 드린다면 자신의 존재가 없는데 무
엇이 지혜를 얻는다는 말인가?
　그리고 부처님의 지혜를 얻기 위해서 보시(布施)를 한다면
보시하는 자체가 욕심인데 욕심을 가지고 있는 자에게 부처
님께서 지혜를 주신다면 그는 진정한 부처가 아니라는 것입
니다. 왜냐하면 부처님께서 하늘의 지혜(智慧)는 욕심을 버린

자에게만 주어지는 것이라 말씀하고 있기 때문입니다.

32. 文殊師利여 我見諸王이 往詣佛所하야 問無上道하고는
　　　문수사리　　아견제왕　　왕예불소　　　문무상도
　　　便捨樂土와 宮殿臣妾하고 剃除鬚髮하야 而被法服하며
　　　변사낙토　　궁전신첩　　　체제수발　　　이피법복

[번역] 문수사리보살이여 내가 보니 여러 임금들이 부처님께 나아가서 최상의 도를 물을 때 좋은 국토와 궁전과 신하들과 후비(后妃)들을 다 버리고 머리와 수염 모두 깎고 법복을 입고 있습니다

[해설] 미륵보살은 문수사리보살에게 내가 보니 여러 임금들이 부처님께 나아가서 최상의 도를 물을 때 좋은 국토와 궁전과 신하들과 후비(后妃)들을 다 버리고 머리와 수염도 모두 깎고 법복을 입는다고 말씀하고 있습니다.

　지금 여러 임금들이 부처님께 찾아와 최상의 도를 물을 때 좋은 국토(國土)와 궁전(宮殿)과 신하(臣下)들과 후비(后妃)들을 다 버리고 머리와 수염을 모두 깎고 법복(法服)을 입는다는 것은 올바른 행위입니다. 왜냐하면 임금들이 자기가 소유하고 있는 모든 것을 버린다는 것은 곧 자신 안에 들어 있는

욕심을 모두 버리는 것이기 때문입니다.

이렇게 최상의 도(道)인 아뇩다라삼먁삼보리(阿耨多羅三邈三菩提)를 듣거나 얻으려면 반드시 자기 안에 들어있는 욕심을 모두 버리고 법복(法服)을 입어야 하는 것입니다. 보살들이 갈아입어야 할 법복은 곧 부처님의 법과 말씀의 옷을 말하고 있습니다.

33.　或見菩薩은 而作比丘하야 獨處閑靜하야 樂誦經典하며
　　　혹견보살　　이작비구　　독처한정　　낙송경전
　　　又見菩薩은 勇猛精進하야 入於深山하야 思惟佛道하며
　　　우견보살　용맹정진　　입어심산　　사유불도
　　　又見離欲한이는 常處空閑하야 深修禪定하야 得五神通하며
　　　우견이욕　　상처공한　　심수선정　　득오신통
　　　又見菩薩은 安禪合掌하야 以千萬偈로 讚諸法王하며
　　　우견보살　안선합장　　이천만게　　찬제법왕

[번역] 혹은 또 어떤 보살들은 비구(比丘)의 모습을 하고는 고요한데 홀로 앉아 경전 읽기를 좋아합니다. 또 보니 어떤 보살들은 용맹정진하며 깊은 산에 들어가서 불도(佛道)를 사유하고, 또 어떤 욕심을 떠난 이는 늘 한적한 곳에 있으면서 선정을 깊이 닦아서 다섯 가지 신통을 얻습니다. 또 보니 어떤

보살들은 선정(禪定)에 들어가서 합장하고 천만 가지 게송으로 모든 부처님을 찬탄합니다.

[해설] 미륵보살은 이어서 어떤 보살들은 비구(比丘)의 모습을 하고는 고요한데 홀로 앉아 경전 읽기를 좋아하며 어떤 보살들은 용맹정진(勇猛精進)하며 깊은 산에 들어가서 불도(佛道)를 사유(思惟)하며, 또 어떤 욕심을 떠난 이는 늘 한적한 곳에 있으면서 선정을 깊이 닦아서 다섯 가지 신통을 얻는 다고 말씀드리고 있습니다.

다섯 가지 신통(神通)은 천안통(天眼通) 천이통(天耳通) 타심통(他心通) 숙주통(宿主通) 신경통(神境通)을 말하고 있습니다. 이렇게 보살들이 걸식자의 초라한 모습을 하고 고요한 장소나 깊은 산으로 들어가 경전(經典)을 읽거나 부처님의 말씀을 구하는 것은 곧 출가수행자(出家修行者)의 모습을 보여 주는 것입니다. 왜냐하면 번잡(煩雜)하고 시끄러운 세속(世俗)에서 경전(經典)을 보거나 불도(佛道)를 구(求)하면 번뇌(煩惱)와 망상(妄想) 때문에 정신이 집중(集中)이 되지 않기 때문입니다. 그런데 욕심을 버린 보살들이 모두 선정(禪定)에 들어가서 합장(合掌)하고 천만가지 게송(偈頌)으로 모든 부처님을 찬탄(讚嘆)하여 다섯 가지 신통을 얻었다고 합니다. 지금 욕심을 떠나 선정(禪定)을 하고 있는 보살들은 축생계(畜

生界)를 벗어나 수라계(修羅界)로 들어간 자들을 말하고 있습니다.

왜냐하면 보시(布施)를 행하고 계율(戒律)을 지키고 인욕정진(忍辱精進)을 하는 것은 지옥계(地獄界)와 아귀계(餓鬼界)와 축생계(畜生界)에 속한 자들이 하는 것이며 선정(禪定)은 수라(修羅)의 차원에 이른 자들만이 할 수 있는 수행(修行)이기 때문입니다.

그리고 선정(禪定)에 들어가 합장(合掌)을 하고 천만 가지 게송(偈頌)으로 부처님을 찬탄(讚嘆)하여 얻었다는 다섯 가지의 신통(神通)은 사람의 능력(能力)을 초월(超越)한 불가사의(不可思議)한 부처님의 능력(能力) 곧 부처님의 지혜(智慧)를 말하고 있습니다.

34. 復見菩薩은 智深志固하야 能問諸佛코는 聞悉受持하며
　　　부견보살　　지심지고　　　능문제불　　문실수지
　　　又見佛子는 定慧具足하야 以無量喩로 爲衆講法하고
　　　우견불자　　정혜구족　　이무량유　　위중강법
　　　欣樂說法하야 化諸菩薩하며 破魔兵衆하고 而擊法鼓하며
　　　흔락설법　　화제보살　　　파마병중　　이격법고

[번역] 또 어떤 보살들은 지혜는 깊고 뜻은 견고하여 부처님께

법을 물어 모두 다 듣고 기억하며, 또 보니 어떤 불자는 선정
과 지혜가 구족하여 한량없는 비유로써 대중들을 위하여 법을
강설하며, 기쁜 마음으로 설법하여 많은 보살들을 교화하며
마군의 무리들을 물리치고 법의 북을 울립니다.

[해설] 오늘날 불자들은 물질이나 돈을 가지고 보시를 하고
있는데 상기의 보살들은 말씀의 지혜(智慧)와 부처님의 법
을 가지고 법보시를 하고 있습니다. 또 어떤 불자들은 선정
(禪定)으로 지혜가 충족되어 여러 가지 비유(譬喩)를 들어 대
중들을 위하여 법을 쉽게 강설(講說)하니 보살들이 기쁜 마음
으로 듣고 선(善)하게 변화(變化)가 된다는 것입니다. 물질(物
質)로 행하는 보시는 육신(肉身)을 돕는 보시이며 법보시(法
布施)는 영혼(靈魂)을 구원하고 살리는 보시(布施)이기 때문
에 더 중요한 것입니다.

  또한 진리의 길을 막고 있는 마군(魔群)의 무리들을 말씀으
로 물리치며 법의 북을 울린다는 것입니다. 진리를 막고 있는
마귀(魔鬼)는 따로 있는 것이 아니라 누구든지 진리로 가는
길을 막는 자는 모두 마귀(魔鬼)입니다. 그리고 법을 울리는
북은 악기(樂器)를 말하는 것이 아니라 부처님의 말씀을 강설
(講說)하고 전(傳)하는 보살들을 화두(話頭)로 말씀하고 있는
것입니다.

35. 又見菩薩은 寂然宴默하야 天龍恭敬을 不以爲喜하며
   우견보살　적연연묵　　천룡공경　불이위희

   又見菩薩은 處林放光으로 濟地獄苦하야 令入佛道하며
   우견보살　처림방광　　제지옥고　　영입불도

   又見佛子는 未嘗睡眠하고 經行林中하야 勤求佛道하며
   우견불자　미상수면　　경행림중　　근구불도

   又見具戒한이 威儀無缺호대 淨如寶珠하야 以求佛道하며
   우견구계　위의무결　　정여보주　　이구불도

[번역] 또 보니 어떤 보살은 고요히 명상하여 천신들과 용들이 공경하여도 기뻐하지 않으며, 또 어떤 보살들은 숲 속에 있으면서 광명을 놓아 지옥의 고통에서 벗어나게 하여 불도에 들어가게 하며, 또 어떤 불자는 잠자지 않고 숲 속에서 경행(經行)하며 부지런히 불도를 구합니다. 또 어떤 이는 계행(戒行)을 잘 지켜 행동이 뛰어난 것이 마치 보배 구슬과 같이하여 불도를 구한다는 것입니다.

[해설] 또 보니 어떤 보살은 고요히 명상(冥想)에 깊이 들어 천신(天神)들과 용(龍)들이 공경(恭敬)하여도 기뻐하지 않는다는 것입니다. 왜냐하면 명상을 하는 보살이 천신들이나 용들이 공경하는 것에 신경을 쓰거나 시선(視線)이 간다면 명상

(冥想)을 할 수 없고 그는 명상(冥想)을 하는 자가 아니기 때문입니다. 또 어떤 보살들은 숲 속에 있으면서 광명(光明)을 놓아 지옥(地獄)의 고통에서 벗어나게 하여 불도(佛道)에 들어가게 하며 또 어떤 불자는 잠자지 않고 숲 속에서 경행(經行)하며 부지런히 불도(佛道)를 구한다고 말씀하고 있습니다.

그런데 불자가 숲속에 들어가 경을 보며 불도를 구한다는 것은 이해할 수 있는 일이나 보살이 숲속에 있으면서 광명을 놓아 지옥에 있는 자를 고통에서 벗어나게 하여 불도에 들어가게 한다는 것은 이해 할 수가 없는 것입니다. 그러므로 이 말씀은 보살이 숲속에 앉아서 광명을 남에게 비추는 것이 아니라 부처님의 광명 곧 부처님의 지혜를 자신 안에 비추어 지옥의 고통에서 벗어나 자기가 불도(佛道)에 들어간다는 뜻입니다.

또 어떤 이는 계행(戒行)을 잘 지켜 행동이 뛰어난 것이 마치 보배 구슬과 같이 하여 불도(佛道)를 구한다고 말씀하고 있습니다. 이것은 부처님의 계율(戒律)을 지키며 수행을 마친 자가 부처님의 말씀을 순서에 따라 찾고 구한다는 뜻입니다.

36. 又見佛子는 住忍辱力하야 增上慢人이 惡罵捶打라도
　　　우견불자　　조인욕력　　　증상만인　악매추타
　　　皆悉能忍하야 以求佛道하며
　　　개실능인　　이구불도

[번역] 또 어떤 불자는 인욕의 힘이 훌륭하며 잘난 체하는 이가 나쁜 말로 꾸짖고 몽둥이로 때릴 지라도 그것을 다 견디어 불도를 구합니다.

[해설] 또 어떤 불자는 인욕정진(忍辱精進)으로 단련(鍛鍊)이 되어 교만한 자가 나쁜 말로 꾸짖고 몽둥이로 때릴지라도 그것을 모두 참고 견디면서 불도(佛道)를 구한다는 것입니다. 불도는 부처님의 말씀을 말하는데 수행자들이 모든 고통을 참아가며 불도에 심취(心醉)해 들어가는 목적은 오직 부처님의 말씀 속에 감추어져 있는 화두(話頭)의 비밀을 깨달아 성불하기 위함입니다.

37. 又見菩薩은 離諸戱笑와 及癡眷屬하고 親近智者하야
     우견보살   이제희소   급치권속   친근지자
     一心除亂하고 攝念山林을 億千萬歲하야 以求佛道하며
     일심제란   섭념산림   억천만세   이구불도

[번역] 또 보니 어떤 보살은 온갖 희롱과 농담과 어리석은 무리들을 떠나서 지혜로운 이들을 친근하여 일심으로 산란(散亂)함을 제거하고 억 천만년을 산림에서 생각을 집중하여 불도(佛道)를 구합니다.

[해설] 또 보니 어떤 보살은 온갖 희롱(戱弄)을 하며 비웃는 어리석은 무리들을 떠나서 지혜로운 자들을 가까이 하며 산림(山林)에 들어가 일심(一心)으로 번뇌망상(煩惱妄想)을 제거(除去)하면서 억 천만년을 오직 해탈(解脫)을 위해 부처님의 말씀에 집중(集中)하며 무상(無上)의 도(道)를 구(求)하고 있다는 것입니다.

그런데 성불(成佛)을 위해 해탈(解脫)의 길을 가는 보살을 희롱하며 비웃는 자들은 지옥계의 중생들인데 이들은 지금도 일불승(一佛乘)을 위해 열심히 정진(精進)하고 있는 수행자들이나 보살(菩薩)들을 희롱하며 배척을 하고 있다는 것입니다.

왜냐하면 일불승(一佛乘)을 성취하기 위해 정진(精進)하고 있는 보살(菩薩)들을 일승(一乘)인 성문(聲聞)들은 도저히 이해할 수가 없어 잘못되었다고 이단(異端)으로 배척(排斥)을 하거나 핍박(逼迫)을 하기 때문입니다.

38. 或見菩薩은 肴饍飲食과 百種湯藥으로 施佛及僧하며
   혹견보살   효선음식   백종탕약   시불급승
   名衣上服이 價直千萬과 或無價衣로 施佛及僧하며
   명의상복   가치천만   혹무가의   시불급승
   千萬億種인 旃檀寶舍와 衆妙臥具로 施佛及僧하며
   천만억종   전단보사   중묘와구   시불급승

清淨園林에 華果茂盛커든 流泉浴池로 施佛及僧호대
청정원림　화과무성　　유천욕지　시불급승

如是等施가 種種微妙를 歡喜無厭하야 求無上道하며
여시등시　종종미묘　환희무염　　구무상도

[번역] 또 어떤 보살은 맛있는 반찬과 좋은 음식과 백 가지 탕약으로 부처님과 스님들에게 보시하며, 그 값이 천만금 나가는 옷이나 값을 매길 수도 없는 훌륭한 옷을 부처님과 스님들에게 보시합니다.

　또 천만 억 가지의 전단향 나무로 만든 값진 집과 아름다운 이부자리를 부처님과 스님들에게 보시하며, 또 아름다운 동산에 꽃과 과일이 풍성한 숲과, 흐르는 샘물과 목욕할 연못들을 부처님과 스님들에게 보시합니다. 이와 같은 가지가지 좋은 보시를 기쁜 마음으로 행하여 싫어할 줄 모르면서 최상의 도를 구합니다.

[해설] 미륵보살(彌勒菩薩)은 보살들이 행하고 있는 보시(布施)에 대하여 평소에 궁금하고 의아해 하던 것들을 문수보살(文殊菩薩)에게 계속 묻고 있습니다. 어떤 보살은 맛있는 반찬과 좋은 음식과 백 가지 탕약으로 부처님과 스님들에게 보시하며, 그 값이 천만금 나가는 옷이나 값을 매길 수도 없는

훌륭한 옷을 부처님과 스님들에게 보시합니다. 그리고 어떤 보살은 천만 억 가지의 전단향(栴檀香) 나무로 만든 값진 집과 아름다운 이부자리를 부처님과 스님들에게 보시하며, 또 아름다운 동산에 꽃과 과일이 풍성한 숲과, 흐르는 샘물과 목욕할 연못들을 부처님과 스님들에게 보시하고 있습니다.

이와 같은 가지가지 좋은 보시를 기쁜 마음으로 행하여 싫어할 줄 모르면서 최상의 도를 구하고 있는데 이러한 보시를 하면 최상의 도를 얻을 수 있느냐는 것입니다. 만일 보살들이 보시를 해야 최상의 도를 얻을 수 있다면 좋은 음식이 없고 천만금이 나가는 옷이 없고 전단향(栴檀香) 나무로 만든 집이 없다면 최상의 도를 구할 수 없고 부처님께서도 최상의 도(道)를 주시지 않는다는 뜻으로 오해(誤解) 할 수도 있습니다. 때문에 오늘날 스님들은 보살들이 좋은 음식과 좋은 옷과 금품(金品)으로 스님들에게 보시(布施)하는 것을 당연히 여기며 보시(布施)를 하지 않는 보살들에게 자연스럽게 보시를 하도록 권유하거나 시주(施主)를 강요하는 스님도 있는 것입니다.

그러나 최상의 도를 구하는 보살들이 부처님께 드리는 보시는 세상적인 중생들이 먹는 음식이나 입는 옷이나 집이 아니라 부처님이 제도해야 할 각종 중생들을 말하고 있는 것입니다. 왜냐하면 부처님이 바라고 원하는 것은 제도(濟度) 받아

야 할 중생들이지 먹는 음식이나 좋은 옷이나 잠을 편하게 자
는 집이 아니기 때문입니다.

39. 或有菩薩은 說寂滅法하야 種種敎詔 無數衆生하며
　　혹유보살　설적멸법　　종종교조　무수중생
　　或見菩薩은 觀諸法性이 無有二相함이 猶如虛空하며
　　혹견보살　관제법성　무유이상　　유여허공
　　又見佛子는 心無所着하야 以此妙慧로 求無上道하며
　　우견불자　심무소착　　이차묘혜　구무상도

[번역] 혹 어떤 보살들은 적멸(寂滅)한 법을 설하여 갖가지 가
르침으로 무수한 중생들을 교화합니다. 혹 어떤 보살은 모든
법(法)의 본성이 두 가지 모습이 없는 것이 마치 허공과 같은
줄로 보며, 또 어떤 불자는 마음에 아무런 집착이 없어서 이
미묘한 지혜로써 최상의 도를 구합니다

[해설] 미륵보살은 이어서 어떤 보살들은 적멸(寂滅)한 법을
설(說)하여 갖가지 가르침으로 무수한 중생들을 교화(敎化)하
고 있다고 말하는데 이들은 이타(利他), 즉 남을 해탈시키기
위해 하화중생(下化衆生)을 행하고 있는 보살을 말합니다.
　자리(自利)는 자신의 해탈을 위해 상구보리(上求菩提)를 행

하는 것이며 이타(利他)는 남을 해탈시키기 위해서 하화중생 (下化衆生)을 행하는 것을 말합니다. 또 어떤 보살들은 모든 법의 본성(本性)을 두 가지 모습이 없는 것이 마치 허공(虛空) 과 같은 것으로 본다는 것은 반야심경(般若心經)에서 말씀하 고 있는 색불이공(色不異空) 공불이색(空不異色) 색즉시공(色 卽是空) 공즉시색(空卽是色)을 말씀하고 있는 것입니다.

이 말씀은 깨닫기 전에는 색(色)과 공(空)이 다르지만 깨달 아 혜안(慧眼)이 열리면 색(色)과 공(空)이 다른 것이 아니라 하나라는 것입니다. 또 어떤 불자는 마음에 아무런 집착(執 着)이 없어서 이 미묘(微妙)한 지혜로써 최상의 도(道)를 구한 다고 말씀하고 있는데 이보살은 이미 자아(自我)를 버리고 무 아(無我)의 상태에서 진아(眞我) 곧 부처가 되기 위해서 최상 의 도(道)인 아뇩다라삼먁삼보리(阿耨多羅三邈三菩提)를 구 (求)하는 보살을 말합니다.

40. 文殊師利여 又有菩薩은 佛滅度後에 供養舍利하며
　　문수사리　　우유보살　　불멸도후　　공양사리
　　又見佛子는 造諸塔廟 無數恒沙하야 嚴飾國界호대
　　우견불자　　조제탑묘 무수항사　　엄식국계
　　寶塔高妙하야 五千由旬이며 縱廣正等히 二千由旬이라
　　보탑고묘　　오천유순　　종광정등　　이천유순

一一塔廟에 各千幢幡이며 珠交露幔에 寶鈴和鳴커든

일일탑묘　　각천당번　　주교로만　　보령화명

諸天龍神과 人及非人이 香華伎樂으로 常以供養하며

제천용신　　인급비인　　향화기악　　　상이공양

[번역] 문수사리보살이여, 어떤 보살들은 부처님이 열반하신 뒤에 사리에 공양하기도 하고, 또 어떤 불자들은 수없이 많은 탑을 쌓아서 국토를 장엄하게 하는데, 높고 아름다운 보배 탑의 높이는 오천 유순이고 세로와 가로가 똑같이 이천 유순이며, 그 많은 탑마다 천 개의 깃대와 깃발이 휘날리고, 이슬처럼 반짝이는 구슬 휘장과 보배 풍경이 어울려서 울립니다. 천신(天神)들과 용과 신들과 사람과 사람 아닌 이들이 향과 꽃과 온갖 풍류로써 항상 공양합니다.

[해설] 미륵보살(彌勒菩薩)은 문수사리보살에게 어떤 보살들은 부처님이 열반(涅槃)하신 뒤에 사리(舍利)에 공양(供養)을 하기도 하고 또 어떤 불자들은 수 없이 많은 탑(塔)을 쌓아서 국토(國土)가 장엄(莊嚴)하도록 높고 아름다운 보배 탑을 만들어 탑(塔)마다 천개의 깃대와 깃발을 휘날리게 하고 이슬처럼 반짝이는 구슬 휘장(揮帳)과 보배 풍경이 어울려 펴지게 하고 있다고 말씀드리고 있습니다.

왜냐하면 부처님의 생전(生前)에는 부처님께 공양(供養)을 하였는데 부처님이 열반(涅槃)하시고 안계시니까 탑(塔)을 부처님과 같이 아름답게 만들어 그 안에 사리(舍利)를 안치(安置)하고 탑과 사리를 공양하며 탑에 깃발을 꽂아 휘날리게 하여 부처님의 진리가 많은 사람들에게 전달하게 한다는 것입니다.

　그러나 지금 사찰에 모셔 놓은 부처님의 탑이나 사리는 아무리 각종 보석(寶石)으로 아름답게 장식(裝飾)해 놓아도 사람들에게 법을 가르쳐 주거나 중생들을 깨우칠 수 없습니다. 왜냐하면 무명(無明)의 중생들을 가르치고 깨우칠 수 있는 것은 탑(塔)이나 사리(舍利)가 아니라 오늘날 해탈(解脫)하여 부처가 되신 생불(生佛)이기 때문입니다. 그러므로 천신(天神)들과 용(龍)과 신(神)들과 사람과 사람이 아닌 이들이 향과 꽃과 온갖 풍류(風流)로써 항상 탑이나 사리에 공양(供養)을 할 것이 아니라 오늘날 생불(生佛)을 찾아서 생불(生佛)에게 공양(供養)을 올려야 하는 것입니다.

41.　文殊師利여 諸佛子等이 爲供舍利하야 嚴飾塔廟커든

　　　문수사리　　제불자등　　위공사리　　　엄식탑묘

　　　國界自然히 殊特妙好호대 如天樹王이

　　　국계자연　　수특묘호　　　여천수왕

其華開敷하며

기화개부

[번역] 문수사리보살이여 모든 불자들이 사리에 공양하느라고
훌륭하게 탑을 꾸미니 국토는 저절로 빼어나게 아름답고 미묘
해서 마치 천상의 나무에 화사하게 꽃이 핀 듯합니다.

[해설] 상기의 말씀을 보면 미륵보살(彌勒菩薩)은 아직 부처님
의 사리(舍利)가 무엇인지 탑(塔)이 무엇인지 그 실체(實體)를
모르고 있다는 것을 알 수 있습니다.

　부처님의 진신사리(眞身舍利)는 부처님의 유골(遺骨)이 아
니라 부처님께서 생전에 중생들에게 가르쳐 주신 고귀한 말씀
들이 부처님의 진정한 "진신사리(眞身舍利)"입니다. 즉 부
처님께서 중생들에게 가르쳐주신 사성제(四聖諦), 팔정도(八
正道)가 "진신사리(眞身舍利)"이며 성불의 길을 가르쳐주
신 반야심경(般若心經)과 금강경(金剛經)의 말씀들이 진정한
"진신사리(眞身舍利)"인 것입니다.

　부처님의 타다 남은 뼈 조각들은 중생들에게 아무것도 가르
쳐 주거나 깨닫게 해줄 수가 없습니다. 부처님께서 가르쳐 주
신 말씀만이 지금도 우리를 해탈(解脫)로 가는 길을 밝혀주며
성불(成佛)할 수 있도록 도와주시는 진신사리(眞身舍利) 입니

다. 이와 같이 부처님의 진신사리(眞身舍利)는 불 속에서 타다 남은 부처님의 뼈 조각들이 아니라 부처님 생전에 불자들에게 가르쳐 주셨던 고귀한 말씀들이며 오늘날 살아계신 생불의 입에서 나오는 말씀을 말하는 것입니다. 그런데 무지(無知)한 불자들은 혜안(慧眼)이 없어 부처님의 진신사리(眞身舍利)를 모르고 지금도 부처님의 뼈 몇 조각을 모셔놓고 서로 진신사리(眞身舍利)라 말하고 있습니다.

이 때문에 부처님은 임종하시기 직전에 자신의 몸에서 나오는 사리(舍利) 때문에 분쟁이 일어날 것을 미리 아시고 제자들에게 이러한 말씀을 남기신 것입니다.

"제자들이여! 그대들은 각자 스스로를 등불로 하고 스스로를 의지 처로 하라 남을 의지해서는 안 된다. 내 몸을 보고는 그 오예(汚穢: 더러움)를 생각하여 탐(貪)하지 말며 고(苦)도 낙(樂)도 모두가 고(苦)의 인(因)이라고 생각하여 지나치지 말며 내 마음을 관(觀)하고는 그 속에 아(我)가 없음을 생각하여 그것들에게 미혹되어서는 안 된다. 그렇게 하면 모든 고(苦)를 끊을 수가 있다. 내가 이 세상을 떠난 뒤에도 이와 같은 가르침을 지킨다면 이 사람이야말로 나의 진실한 제자이다"

부처님은 그의 제자들에게 상기의 말씀을 통해서 너희가 성불을 하려면 내가 가르쳐준 법문(法門) 이외에 다른 어떤 사람들의 말도 믿거나 의지하지 말고 네가 받은 법문(法門)만을 등불로 삼고 스스로 노력하라고 하십니다. 또한 내 몸(살과 뼈)은 오예(汚穢), 즉 더럽고 추한 것이기 때문에 내가 죽더라도 내 몸(遺骨)을 탐내거나 우상(偶像)시 하지 말라고 엄히 경고를 하신 것입니다. 왜냐하면 정결하고 거룩한 진신사리(眞身舍利)는 부처님 안에 있는 말씀이지 부처님의 육신(살과 뼈)은 중생들과 같이 더럽고 추하기 때문입니다. 부처님 안에 계신 말씀(반야)만이 영원한 생명이며 진신사리(眞身舍利)인 것입니다.

그런데도 불구하고 부처님의 더러운 유골(遺骨) 때문에 분쟁까지 하며 불에 타다 남은 유골 몇 조각을 절에다 모셔놓고 "진신사리(眞身舍利)"라고 서로 자랑을 하고 있습니다. 부처님께서 임종하시기 전에 내 더러운 몸을 탐하지 말라고 엄히 경고까지 하셨는데도 불구하고 스님들은 지금도 부처님의 뼈 몇 조각을 절에다 모셔놓고 서로 진신사리라 자랑을 하며 그 사리를 이용하여 욕심을 채우고 있는 것입니다. 이 모두가 스님들 안에 있는 욕심과 탐심 때문입니다.

이와 같이 오늘날의 진정한 "진신사리(眞身舍利)"는 법당(法堂)이나 탑(塔)속에 모셔놓은 사리가 아니라 오늘날 살아 계신 부처님(生佛)의 입에서 나오는 화두(話頭)의 말씀을 말합니다. 그러므로 오늘날 스님들은 부처님의 유골(遺骨)이나 탑을 절 당에 모셔 놓으려 하지만 말고 오늘날 살아계신 부처님을 모셔야 합니다.

　이어지는 부처님의 말씀은 불자들에게 다가오는 괴로움이나 즐거움, 즉 화(禍)나 복(福)도 고통의 원인이기 때문에 화(禍)나 복(福)에 너무 집착하지 말고 자신의 존재를 알기 위해 힘쓰라는 말씀입니다. 왜냐하면 생로병사(生老病死) 속에 윤회(輪廻)하는 "나(自我)"는 "참 나(眞我)"가 아니며 해탈하여 부처가 된 영원한 생명만이 "참 나(眞我)"이기 때문입니다. 부처님께서 이런 말씀을 유언(遺言)으로 하신 이유는 오늘날 불자들이 거짓 부처나 욕심 많은 패역(悖逆)한 스님들에게 미혹되어 이용당하지 말고 오늘날 살아계신 부처님(生佛)을 찾아서 올바른 가르침을 받아 해탈(解脫)을 하라는 뜻입니다. 부처님께서는 올바른 진신사리(眞身舍利)를 가지고 무명의 중생들을 가르치고 깨닫게 하여 미혹된 길에서 벗어나게 해주는 자가 바로 나의 제자(弟子)라고 말씀하고 있습니다.

42. 佛放一光하시니 我及衆會가 見此國界의 種種殊妙호니
　　불방일광　　아급중회　　견차국계　　종종수묘
　　諸佛神力과 智慧希有라　放一淨光하사
　　제불신력　　지혜희유　　방일정광

照無量國하시니 我等見此코 得未曾有니다

조무량국　　　　아등견차　　득미증유

[번역] 부처님께서 광명을 놓으시니 저와 대중들은 이 세계의
여러 가지 훌륭하고 아름다운 모양을 잘 봅니다. 부처님의 신통
과 지혜가 희유하여 청정한 광명을 놓으시어 한량없는 세계를
비추시니 저희들은 그것을 보고 전에 없던 일이라 생각합니다.

[해설] 부처님께서 나타내시는 광명(光明)은 위에서 말씀드렸
듯이 빛이 아니라 부처님의 입에서 나오는 지혜(智慧)의 말씀
을 말합니다. 때문에 부처님의 말씀이 전파되는 곳은 모두 아
름답게 보이는 것입니다. 또한 부처님의 말씀은 무명의 중생
들을 깨우치는 능력이 있어 지금까지 볼 수 없었던 광명이요
해탈로 가는 길이라는 것입니다.

문제는 부처님이 행하시는 방편(方便)들은 모두 영혼들을
구원하여 부처를 만들려는 것인데 미륵보살이나 사부대중들
은 외적인 신비스러운 이적(異蹟)과 표적(表迹)에만 관심을
가지고 있다는 것입니다.

43. 佛子文殊여 願決衆疑하소서 四衆欣仰하사 瞻仁及我
　　불자문수　　원결중의　　　사중흔앙　　　첨인급아

世尊何故로 放斯光明이닛고 佛子時答하사 決疑令喜하소서
세존하고　　방사광명　　　　불자시답　　　결의영희

何所饒益으로 演斯光明이닛고
하소요익　　　연사광명

[번역] 문수보살이시여 저희들의 의심을 풀어 주소서. 여기 이
사부대중들이 문수보살님과 저를 우러러봅니다.

　세존께서는 무슨 일로 이러한 광명을 놓으십니까? 보살께서
대답하여 저희들의 의문을 풀어주고 기쁘게 하소서.
장차 무슨 이익이 있다고 이러한 광명을 놓으십니까?

[해설] 미륵보살(彌勒菩薩)은 문수보살(文殊菩薩)에게 지금 사
부대중들이 부처님이 나타내신 상서의 의심(疑心)을 풀어 주
시길 간절히 원하며 문수보살님과 저를 우러러 보며 기다리
고 있다고 말씀드리고 있습니다. 세존(世尊)께서는 어찌하여
이러한 광명(光明)을 세상에 비춥니까? 문수보살께서 저희들
의 의문을 풀어 주시어 우리의 마음을 시원하게 해주십시오.
그리고 장차 우리에게 무슨 유익을 주시려고 이러한 광명(光
明)을 비추고 계십니까? 지금 부처님께서 발(發)하시는 광명
을 사부(四部)대중과 불자들만 모르는 것이 아니라 미륵불 자
신도 모르기 때문에 계속해서 문수보살에게 질문을 하고 있는

것입니다.

이와 같이 부처님이 발(發)하시는 광명(光明)의 실체가 무엇인지 그리고 부처님께서 무엇 때문에 세상에 빛을 비추고 계신지를 모르고 있는 것입니다. 부처님은 진리의 본체(本體)이기 때문에 부처님 안에는 모두 진리만 있고 진리가 있기 때문에 부처님의 몸이나 입에서 나오는 것은 모두 진리요 지혜이며 영원한 생명입니다. 때문에 부처님의 입에서 나오는 진리의 빛을 온 세상에 비취는 것은 오직 무명(無明)의 중생들을 구원하고 해탈(解脫)시켜 영원한 생명을 주시려는 것입니다. 그럼에도 불구하고 미륵불이나 사부대중들은 부처님의 광명(光明)이나 신통력(神通力)을 통해서 복을 받아 자신의 운수대통(運數大通)이나 만사형통(萬事亨通) 하기를 바라고 있는 것입니다.

44. 佛坐道場하사 所得妙法을 爲欲說此닛가 爲當授記닛가
　　불좌도량　　　소득묘법　　위욕설차　　　위당수기
　　示諸佛土에 衆寶嚴淨하며 及見諸佛호니 此非小緣이니다
　　시제불토　　중보엄정　　급견제불　　　차비소연
　　文殊當知하소서 四衆龍神이 瞻察仁者하나니 爲說何等
　　문수당지　　　사중용신　첨찰인자　　　　위설하등
　　이닛고

[번역] 부처님이 보리도량에서 얻은 미묘한 법을 설하시려는 것입니까? 저희들을 위하여 수기를 주시려는 것입니까? 모든 부처님의 세계가 온갖 보배로 장엄함을 보며 여러 부처님을 뵈옵게 되오니 작은 인연이 아닌가 합니다.

문수사리보살이시여 사부대중과 용과 신들이 모두 보살님을 우러러 뵈오니 무슨 뜻인지 말씀하여 주소서.

[해설] 미륵보살(彌勒菩薩)은 문수보살에게 그러면 부처님께서 보리도량(菩提道場)에서 얻은 미묘(微妙)한 법을 설(說)하려는 것이냐고 묻고 있습니다. 그리고 모든 부처님의 세계가 온갖 보배로 장엄(莊嚴)함을 보면서 여러 부처님을 뵈옵게 되니 이러한 일들은 작은 인연(因緣)이 아니라는 것입니다. 이렇게 불자들은 인연(因緣)을 중시하며 모든 일들은 인연에 따라서 발생된다는 것입니다.

이어서 미륵보살(彌勒菩薩)은 문수사리보살에게 사부(四部)대중과 용(龍)과 신(神)들이 모두 문수보살님을 우러러보고 기다리고 있으니 이제 부처님께서 행하신 기묘(奇妙)한 일들이 무슨 뜻인지 답변하여 달라고 간청(懇請)을 하는 것입니다. 이렇게 지금 미륵보살이나 사부대중들은 부처님의 말씀보다 부처님이 행하시는 기적과 같은 각종 기묘(奇妙)한 일들이 더 궁금하여 알기를 원하는 것입니다. 그러나 진정한 불자나 수행자라면 오직 부처님의 뜻과 해탈(解脫)의 길을 분명히 알기를 원해야 하는 것입니다.

45. 爾時에 文殊師利가 語 彌勒菩薩 摩訶薩과 及諸大士
　　　 이시　 문수사리　 어 미륵보살 마하살　 급제대사
　　　 하사대

[번역] 이때에 문수사리보살이 미륵보살과 마하살과 여러 대사들에게 말씀하였습니다.

[해설] 미륵보살(彌勒菩薩)의 질문을 듣고 문수보살(文殊菩薩)은 마하살과 여러 대사 곧 여러 보살들에게 말씀하고 있습니다. 마하살은 대중들을 인도하는 지도자(指導者)급의 존재를 말하며 대사는 삼승(三乘)의 위치에 있는 보살을 말하고 있습니다.

46. 善男子等아 如我惟忖컨대 今佛世尊이 欲說大法하사
　　　 선남자등　 여아유촌　　　 금불세존　 욕설대법
　　　 雨大法雨하시며　 吹大法螺하시며　 擊大法鼓하시며
　　　 우대법우　　　　 취대법라　　　　 격대법고
　　　 演大法義시니라
　　　 연대법의

[번역] 선남자들이여 내 생각으로는 아마 부처님께서 큰 법문을 말씀하시며, 큰 법의 비를 내리시며 큰 법의 소리를 부시며 큰 법의 북을 치시며 큰 법의 뜻을 연설하시리라 여겨집니다.

[해설] 문수보살(文殊菩薩)이 미륵불에게 하시는 말씀을 들어보면 문수보살도 부처님이 행하시는 상서(祥瑞)를 분명하게 모르고 있다는 것을 알 수 있습니다. 왜냐하면 지금 문수보살 (文殊菩薩)이 부처님께서 행하시는 일들을 모두 자신 있게 드러내어 설명하지 못하고 있기 때문입니다.

　불자들이 이 말씀을 보면 부처님이 설법 하실 때 신통력(神通力)으로 큰 법문(法門)과 큰 법의 비와 큰 법의 소리로 때로는 큰 법의 북 소리와 큰 법의 뜻을 각기(各其) 다르게 연설(演說)하신다고 생각 할 것입니다. 그러나 부처님의 말씀은 듣는 사람의 차원에 따라 각기 다르게 들리고 다르게 보일 뿐 부처님의 말씀은 언제나 동일(同一)한 뜻의 말씀으로 일불승 (一佛乘), 즉 중생들을 구원하고 깨닫게 하여 부처님과 동일한 부처를 만들기 위해서 방편(方便)을 사용하여 말씀하시는 것입니다.

47. 諸善男子야 我於 過去諸佛에 曾見此瑞호니 放斯光已
　　제선남자　아어 과거제불　증견차서　　방사광이

에 卽說大法일새 是故로 當知하라 今佛現光도 亦復如

즉설대법　　시고　　당지　　금불현광　　역부여

是하야 欲令衆生으로 咸得聞知 一切世間難信之法일새

시　　욕령중생　　함득문지 일체세간난신지법

故現斯瑞니라

고현사서

[번역] 여러 선남자들이여 내가 과거에 여러 부처님이 계신 곳에서 이런 상서를 본 적이 있습니다. 그 때도 이러한 광명을 놓으시고는 큰 법문을 말씀하셨습니다. 그러므로 마땅히 알아들으십시오.

오늘 부처님께서 광명을 놓으심도 그와 같아서 모든 중생들로 하여금 세상 사람들이 믿기 어려운 법문(一切世間難信之法:人佛사상)을 듣고 알게 하시려고 이러한 상서를 나타내신 것입니다

[해설] 문수보살은 여러 선남자들에게 내가 과거에 여러 부처님 계신 곳에서 이런 상서(祥瑞)를 본 적이 있다고 말씀하시면서 그 때도 이러한 광명을 놓으시고는 큰 법문을 말씀하고 있습니다. 그러므로 오늘 부처님께서 광명을 놓으심도 그와 같아서 모든 중생들로 하여금 세상 사람들이 믿기 어려운 법

문(一切世間難信之法：人佛사상)을 듣고 알게 하시려고 이러한 상서(祥瑞)를 나타내신 것이라는 것입니다. 즉 부처님께서 과거에나 지금이나 말씀을 설(說)하기 전에 광명(光明)을 놓으시고 표적(表迹)을 나타내시는 것은 부처님의 말씀을 잘 듣게 하기 위한 방편(方便)으로 행하신다는 것입니다.

왜냐하면 불자들은 대부분이 표적신앙(表迹信仰)이나 기복신앙(祈福信仰)이기 때문에 부처님께서 이러한 광명이나 기사(奇事)를 나타내지 않으시면 부처님의 말씀을 경솔(輕率)히 듣거나 믿지도 않기 때문입니다.

48. 諸善男子야 如 過去無量無邊 不可思議 阿僧祇劫에
제선남자　여　과거무량무변　불가사의　아승기겁

爾時에 有佛하시니 號는 日月燈明 如來 應供 正偏知
이시　유불　　　호　　일월등명 여래 응공 정변지

明行足 善逝 世間解 無上士 調御丈夫 天人師
명행족 선서 세간해 무상사 조어장부 천인사

佛世尊이러시니
불세존

[번역] 여러 선남자들이여 과거에 한량없고 그지없고 불가사의한 아승기겁(阿僧祇劫) 전에 부처님이 계셨습니다.

이름은 일월등명(日月燈明) 여래 응공 정변지 명행족 선서 세간해 무상사 조어장부 천인사 불세존 이셨습니다

[해설] 문수보살은 이어서 여러 선남자들에게 과거에 한량없고 그지없고 불가사의한 아승기겁(阿僧祇劫) 전에 부처님이 계셨는데 이름은 일월등명(日月燈明) 여래 응공 정변지 명행족 선서 세간해 무상사 조어장부 천인사 불세존 이라 말씀하고 있습니다. 그런데 과거에 이렇게 이름이 다른 부처님들이 많이 계셨다는 뜻이 아니라 부처님을 여러 이름으로 부른 것입니다. 즉 부처님을 불, 세존, 여래, 일월등명 등 여러 이름으로 칭(稱)한 것인데 여러 부처님이 계셨다고 오해를 하고 있는 것입니다.

왜냐하면 설령 이렇게 수백 수천 수 만억 부처님이 계셨다 해도 부처님은 모두 일불(一佛), 즉 모든 부처님은 모두 한 몸이며 한 생명이며 동일한 지혜이며 동일한 진리로 부처님은 모두 동일한 분이시기 때문입니다.

49. 演說正法하사대 初善中善後善이라 其義深遠하며
　　　연설정법　　　초선중선후선　　　기의심원
　　　其語巧妙하야 純一無雜하며 具足 淸白梵行之相이라
　　　기어교묘　　　순일무잡　　　구족 청백범행지상

[번역] 정법을 연설하시니 처음도 훌륭하고 중간도 훌륭하고 끝도 훌륭하였습니다. 이치는 심원하고, 말씀은 능숙하고 미묘하며, 순수하고 복잡하지 않았으며, 맑고 깨끗한 범행을 갖추었습니다.

[해설] 부처님께서 정도(正道), 즉 올바른 법(法)을 연설(演說)하시니 그 말씀의 뜻이 시종일관(始終一貫) 심원(甚遠)하고 훌륭하여 듣는 사람들이 모두 경탄(敬歎) 하였습니다. 이렇게 부처님의 말씀은 교묘(巧妙)하고 능숙하고 순수하며 복잡하지 않고 언제나 맑고 깨끗한 범행(梵行)을 갖추고 계셨습니다. 때문에 불자들이 부처님의 말씀을 직접(直接) 들으면 번뇌(煩惱)와 망상(妄想)이 사라지고 욕심도 떠나서 마음이 청정(淸靜)하게 되는 것입니다.

　문제는 부처님의 말씀을 직접 들을 때 이러한 변화가 일어나는 것이지 아직 깨닫지 못한 스님들이 전하는 말씀으로는 이러한 현상이 일어나지 않는다는 것입니다.

50. 爲求聲聞者하야 說應四諦法하야 度生老病死하사
　　위구성문자　　설응사제법　　도생로병사
　　究竟涅槃하며 爲求辟支佛者하 說應 十二因緣法하며
　　구경열반　　위구벽지불자　설응 십이인연법

爲諸菩薩하야 說應 六波羅蜜하야 令得 阿耨多羅三邈三
위제보살   설응 육바라밀   영득 아뇩다라삼먁삼
菩提하야 成一切種智시니라
보리   성일체종지

[번역] 성문을 구하는 이에게는 사제법을 말씀하시어, 나고 늙
고 병들고 죽는 것을 벗어나서 마침내 열반케 하시고, 벽지불
을 구하는 이에게는 12인연법을 잘 말씀하시고, 보살을 위해
서는 육바라밀을 잘 말씀하시어 아뇩다라삼먁삼보리를 얻어
서 일체종지(一切種智)를 이루게 하셨습니다.

[해설] 부처님께서 성문을 구하는 이에게는 사제법(四諦法),
즉 사성제(四聖諦)를 말씀하시어, 생로병사(生老病死)의 윤회
(輪廻)에서 벗어나서 마침내 열반(涅槃)케 하시고, 벽지불(辟
之佛)을 구하는 이에게는 십이인연법(十二因緣法), 즉 십이연
기(十二緣起)를 말씀하시고, 보살을 위해서는 육바라밀(六波
羅蜜)을 자세하게 말씀해주어 아뇩다라삼먁삼보리(阿耨多羅
三邈三菩提)를 얻어서 일체종지(一切種智)를 이루게 하셨다
고 말씀하고 있습니다. 그러므로 부처님께서 벽지불을 구하는
자들에게 말씀하신 십이인연(十二因緣)과 성문(聲聞)을 구하
는 자들에게 말씀하신 사성제(四聖諦)와 그에 따른 팔정도(八

正道)에 대해서 구체적으로 자세히 알아야 합니다. 왜냐하면 십이인연(十二因緣)과 사성제(四聖諦) 그리고 팔정도(八正道)를 분명하게 모르면 탐(貪), 진(瞋), 치(癡)에서 벗어나 해탈(解脫)하여 부처가 될 수 없기 때문입니다. 그러므로 이제 십이인연(十二因緣)과 사성제(四聖諦) 그리고 팔정도(八正道)에 대해서 자세히 알아보기로 하겠습니다.

육바라밀(六波羅蜜)은 추후(推後)에 말씀드리기로 하겠습니다.

십이연기(十二緣起)

　부처님이 말씀하신 십이인연(十二因緣)은 곧 십이연기(十二緣起)를 말합니다. 십이연기(十二緣起)는 생로병사(生老病死)가 계속되는 윤회(輪廻)의 고통 속에서 죽어가는 중생들에게 그 근원과 뿌리를 찾도록 도와주어서 윤회(輪廻)의 사슬에서 벗어나 성불(成佛)하여 부처가 되라는 목적으로 설하신 말씀입니다. 연기(緣起)란 뜻은 사전에 "다른 것과의 관계가 원인(因緣)이 되어 생기는 것. 이것에 의해서 저것이 일어나는 것" 등으로 기록되어 있습니다. 즉 연기는 인과응보(因果應報)와 같은 의미로 원인이 있기 때문에 발생한다는 뜻입니다.

　이렇게 연기(緣起)는 이 세상에 존재하는 것은 어떠한 것도 스스로 존재할 수 없고 반드시 상호 의존적(依存的) 관계에 의하여 존재하는 것이며 또한 모든 것은 원인에 의해서 결과로 나타난다는 것입니다. 이와 같이 중생들의 세계는 인연(因緣)에 따라 모두 연관(聯關)되어 있으며 인과(因果)에 의하여 발생하고 소멸되는 것입니다. 부처님께서 십이연기(十二緣起)를 설(說)하신 목적은 중생들이 노사(老死)의 근본원인을 찾아서 태어남도 죽음도 없는 부처님의 영원한 생명을 얻도록

하기 위해서 설(說)하신 것입니다. 연기(緣起)란 모든 것은 상대적이며 상호 의존적으로 서로 연관되어 있어 이 세상에 어떠한 것도 독립적(獨立的)이나 절대적(絕對的)일 수 없다는 것을 말해 주고 있습니다. 불교에는 연기(緣起)의 법칙을 다음과 같이 설명해 오고 있습니다.

1) 이것이 있음으로 인해서 저것이 있다.
2) 이것이 발생하므로 저것이 발생한다.
3) 이것이 없음으로 저것도 없다.
4) 이것이 멈춤으로 인해서 저것도 멈춘다.

위와 같이 연기(緣起)는 인과(因果)와 같은 것으로 모든 것은 원인과 인연(因緣)에 따라 나타난다는 것입니다. 십이연기는 오늘날까지 불교의 전통적 교리로 변함없이 지켜 내려오고 있습니다.

십이연기(十二緣起) : 1)무명연행(無明緣行) 2)행연식(行緣識) 3)식연명색(識緣名色) 4)명색연육입(名色緣六入) 5)육입연촉(六入緣觸) 6)촉연수(觸緣受) 7)수연애(受緣愛) 8)애연취(愛緣取) 9)취연유(取緣有) 10)유연생(有緣生) 11)생연생(生緣生) 12)생연노사(生緣老死)

상기와 같이 십이연기는 사람들의 생연노사(生緣老死), 즉 태어나서 늙고 죽는 것은 결국 생(生), 즉 태어난 인연(因緣) 으로 인해서 죽는다는 것입니다. 이렇게 사람이나 동물이나 살아있는 것들이 모두 죽는 것은 이 세상에 태어난 인연(因緣) 때문이라는 것입니다. 그런데 생연노사(生緣老死)의 원인을 역(易)으로 추적(追跡)을 해보면 그 근원이 바로 무명연행 (無明緣行), 즉 사람들이 늙어서 죽는 것은 무명(無明) 때문이라는 것입니다.

노사(老死) → 생(生) → 유(有) → 취(取) → 애(愛) → 수(受) → 촉(蜀) → 육입(六入) → 명색(名色) → 식(識) → 행(行) → 무명(無明)

이렇게 십이연기를 역순으로 기록 해 보면 노사(老死)의 원인은 결국 무명(無明) 때문이라는 것을 알 수 있습니다.
그러므로 십이연기를 통하여 노사(老死)에 이르는 과정과 그 근원인 무명(無明)을 생연노사(生緣老死)로 부터 하나하나 역 (易)으로 추적(追跡)하여 보다 쉽게 설명하기로 하겠습니다.

1. 생연노사(生緣老死)

　사람들이 늙어서 죽는 것은 반드시 원인이 있기 때문인데 가장 본질적인 것은 태어나는 연(緣) 때문입니다. 즉 사람이 태어났기 때문에 늙어서 죽게 된다는 것입니다. 이와 같이 이 세상에 태어나는 것이나 창조(創造)된 것은 시간이 흐름에 따라 쇠퇴(衰退)해 가며 죽어갑니다.

　인간들도 예외 없이 태어나는 순간부터 늙고 병들어 죽어가는 것입니다. 이러한 자연원리에도 불구하고 사람들은 어느 누구나 할 것 없이 영원토록 살기를 원하며 죽음은 어떻게 하든지 피하려 합니다. 그러면서도 어떻게 태어나서 왜 늙어 죽게 되는지 그리고 어떻게 해야 생로병사(生老病死)로부터 벗어날 수 있는지를 전혀 생각지 않고, 이 세상을 무의미하게 살다가 허무하게 죽어 가는 것입니다.

　이와 같이 죽음이란 생(生), 즉 태어나는 인연이 있기 때문에 일어나는 것인데 만일 태어나는 연(緣)이 없다면 죽음도 없다는 뜻입니다. 그런데 사람이 이 세상에 태어나게 된 것은 전생에 자신의 존재가 있었기 때문에 그 영혼이 이 세상에 새로움 몸을 입고 다시 태어나게 된 것입니다. 그러므로 인간은 생연생(生緣生), 즉 자신의 생명이 전생에 존재했기 때문에 그 인연(因緣)으로 이생에 다시 태어났다는 것입니다.

2. 생연생(生緣生)

그러면 사람이 무엇 때문에 이 세상에 태어났으며 또한 왜 죽어야만 하는가? 사람들은 어느 누구나 자기 자신이 이 세상에 오고 싶어서 오고 가고 싶다고 가는 사람은 없습니다. 이와 같이 사람이 이 세상에 태어난 것은 우연(偶然)이 아니라 바로, 즉 전생에 자신의 존재가 있었기 때문에 그 인연(因緣)으로 현생에 다시 태어난 것입니다.

이 말은 중생들이 이 세상에 태어난 것은 전생에 자신이 지은 죄과(罪果) 때문에 현생에서 죄업을 씻기 위해서 필연적(必然的)으로 다시 태어났다는 뜻입니다. 다시 말하면 전생(前生)에 있던 존재가 자신이 쌓은 죄업(罪業)을 모두 씻지 못했기 때문에 그 뿌리에 의한 인연으로 현생에 다시 태어났다는 것입니다.

결국 전생에 자신이 지은 죄의 업장(業障)을 모두 해결하지 못했기 때문에 현생에 다시 태어나 이생을 살아가고 있는 것입니다. 이와 같이 중생들이 현생에 태어난 것은 전생에 씻지 못한 죄의 업장(業障)을 부처님의 진리를 통해서 모두 깨끗이 씻기 위하여 태어난 것입니다. 그런데 현생에서 이 악업(惡業)을 모두 해결하지 못하고 죽는다면 이 죄의 짐을 내생으로 다시 지고 가게 되는 것입니다.

이렇게 이 세상에 태어난 것은 전생에 자신의 업장(業障) 때문에 그 인연(因緣)으로 이 세상에 태어난 것입니다.

3. 유연생(有緣生)

유연생(有緣生)은 사람들이 이 세상에 태어난 것은 전생의 업장을 해결하지 못했기 때문에 그 업의 인연으로 태어났다는 것입니다. 즉 중생들이 이생에 다시 태어난 것은 전생에 지은 악업(惡業) 때문에 악업의 인연으로 다시 태어났다는 뜻입니다. 만일에 전생에 자신의 존재가 있었다 해도 죄업을 모두 깨끗이 씻었다면 이 세상에 태어나지 않았다는 뜻입니다.

그러므로 이 세상에 태어나는 사람은 누구나 전생의 죄의 업을 가지고 태어난다 하여 십이연기에서 유(有)라 하는 것입니다. 그러므로 노사(老死), 즉 늙고 죽음에서 벗어나기 위해서는 반드시 자신의 업장(業障)을 부처님의 진리로 모두 깨끗이 씻어야 합니다.

이렇게 중생들이 이 세상에서 마음을 깨끗이 닦아 부처님의 생명으로 해탈이 된다면 생연노사(生緣老死)에서 벗어나 영원히 죽지 않는 부처님의 생명이 되는 것입니다. 그러면 왜 중생들은 부처님과 같이 영원한 생명이 되지 못하고 고통과 윤회(輪廻)가 계속되는 이 세상에서 계속 머물고 있는 것일까요? 그 이유는 자신이 이 세상에서 짓는 모든 악업(惡業), 즉 취하려는 욕심 때문입니다.

이와 같이 인간의 업장(業障)을 일으키는 원인은 바로 인간의 욕심인데 인간의 욕심을 십이연기에서는 취(取)라고 말씀하고 있습니다. 그러므로 중생들은 취라는 연(緣)으로 인해서 이 세상에 태어났다는 것입니다.

4. 취연유(取緣有)

이 세상에 살고 있는 인간들은 모두 전생의 악업을 가지고 태어났기 때문에 모두 죄인이라 말하는 것입니다. 이러한 죄의 뿌리와 근원은 바로 인간의 욕심인데 인간들은 삼계(三界), 즉 욕계(慾界), 색계(色界), 무색계(無色界) 중에서 대부분이 욕계와 색계에 살고 있습니다. 그렇기 때문에 누구나 취하려는 욕심을 소유하고 있기 마련인데 이 욕심이 바로 인간의 번뇌망상(煩惱妄想)과 더불어 많은 고통을 일으키는 근본원인입니다. 그런데 이 욕심은 나라는 존재(自我)가 있기 때문에 나타나는 것으로써 결국 인간들 안에 자리 잡고 있는 취(取), 즉 욕심은 오온(五蘊:색수상행식)인 자신의 존재 때문에 발생

된다는 것입니다.

그러므로 인간들이 악업(惡業)을 짓는 것은 모두 취하려는 욕심 때문이며 이 악업으로 말미암아 천상에 이르지 못하고 전생과 현생과 내생을 오고 가며 고통을 받고 있는 것입니다. 그러면 취하려는 욕심은 무엇 때문에 일어나는 것이며 그 원인은 무엇인가. 그 원인은 바로 인간의 애(愛)라고 하는 애욕(愛慾) 때문입니다.

5. 애연취(愛緣取)

인간의 본성은 본래 간택심(揀擇心), 즉 좋은 것은 취하고 싫은 것은 버리려는 속성을 가지고 있습니다. 이와 같이 인간들의 애(愛)의 원인은 자신이 바라고 원하는 것을 갈망하며 소유하려는 애착심(愛着心)에서 나타납니다.

사람들은 어느 누구나 자기가 사랑하는 사람을 취하고 싶고 호화스런 집을 소유하고 싶고 좋은 옷을 입고 싶어 하고 맛있는 음식을 먹으려 합니다. 이렇게 자신이 사랑하는 것이나 자기가 좋아하는 것을 취하려는 마음이 갈애(渴愛)와 욕망(慾望)으로 나타나는 것입니다. 결국 모든 애욕과 탐심은 자신으로부터 나타나는 것입니다.

그러므로 욕심의 근원은 자신이며 자신의 존재가 바로 욕심의 본체인 것입니다. 부처님께서 중생들에게 무아(無我)가 되라고 말씀하신 것은 바로 이러한 이유 때문입니다. 왜냐하면 자신의 존재를 버리고 무아가 되지 않고는 욕심을 버릴 수가 없기 때문입니다.

이렇게 중생들이 현생에 다시 태어난 것은 전생에서 욕심을 버리지 못했기 때문입니다. 그런데 만일 현생에서도 욕심을 버리지 못한다면 내생에 다시 태어나 더 많은 고통을 받게 됩니다. 그런데 이러한 인간들의 갈애는 마음속에 있는 감정, 즉 느낌으로부터 시작된다는 사실입니다. 이렇게 마음으로 느끼는 감정을 연기법(緣起法)에서 수(受)라고 말하고 있습니다.

6. 수연애(受緣愛)

불교에서 수(受)는 느끼는 기관 곧 마음이라 합니다. 마음은 사람의 실체라 할 수 있는데 세상이 좋아 보이기도 하고 나쁘게 보이기도 하는 것은 모두 마음의 작용 때문입니다. 이렇게 사람이 마음으로 느끼는 것을 감정 혹은 감수(感受)라고 하는데 인간의 모든 애착심(愛着心)은 이러한 마음에서 느껴지는 느낌 곧 수(受)라는 연(緣)에 의해서 나타납니다. 이렇게 수(受)란 사람 마음의 느낌이 좋고 싫은 감정을 말하는데, 고수(苦受), 낙수(樂受), 불고불락수(不苦不樂受)가 있습니다. 즉 사람이 이 세상을 괴로움과 즐거운 감정 속에서 살아가는 사람이 있는가 하면 고통도 행복도 느끼지 못하면서 살아가는 사람도 있습니다.

사람들은 자기의 상태나 환경 그리고 대상(對象)에 따라 좋고 싫은 것이 있기 때문에 갈등과 갈애(渴愛)가 일어나는 것입니다. 그런데 대상을 보고도 마음에 아무런 느낌이 일어나지 않는다면 갈애(渴愛)나 욕망(慾望)은 일어나지 않습니다. 사람의 마음을 자극시키며 욕망을 일으키는 이유는 바로 촉(觸)이라고 하는 연(緣)이 있기 때문에 나타나는 것입니다.

7. 촉연수(觸緣受)

사람의 마음을 자극하고 감동시키는 것은 바로 어떠한 대상이나 물질을 접촉하거나 타인과 마음을 접촉하는 데서 나타납니다. 시장이나 백화점에 가서 물건을 고르며 선택할 때나 사람을 대할 때 좋고 나쁜 마음이나 감정은 바로 상대나 물건을 보고 접촉한 마음의 느낌 때문입니다. 결국 수(受)란 촉(觸)이라는 연(緣)에 의해 나타나는 것입니다. 그런데 만일 대상이 없거나 있다 해도 마음의 느낌이나 감정이 없다면 마음의 동요나 행동이 따르지 않게 됩니다.

이와 같이 사람의 마음을 자극하는 촉(觸)은 상대적으로 자극하는 대상이나 목적물이 있어야 나타나는 것입니다. 이렇게 촉(觸)은 육근(六根)이 육경(六境)을 접촉하는 인연(因緣)으로 나타나는 것입니다.

8. 육입연촉(六入緣觸)

육입연촉(六入緣觸)은 사물을 접촉할 때 나타나는 육근과 육경에 의해 여섯 가지로 나타나기 때문에 이를 육입(六入)이라 말합니다. 이렇게 육입(六入)은 육근(六根)이 육경(六境)을 접촉 하는 연(緣)에 의해 나타나는 것입니다.

첫째 색(色) : 눈으로 보고 느끼는 감각.
둘째 성(聲) : 귀로 듣고 느끼는 감각.
셋째 향(香) : 코로 냄새를 맡고 느끼는 감각.
넷째 미(味) : 입으로 맛보고 느끼는 감각.
다섯째 촉(觸) : 몸의 촉각으로 느끼는 감각.

여섯째 법(法) : 머리로 생각하는 인식.

이렇게 육입(六入)은 육근(六根)이 육경(六境)을 접촉(接觸) 할 때 발생되는 것인데 육입(六入)이 발생하도록 자극하는 대상들을 명색(名色)이라 합니다. 그러므로 명색(名色)은 육입 (六入)이라는 연(緣)에 의해서 나타나는 것입니다.

9. 명색연육입(名色緣六入)

명색연육입(名色緣六入)은 육입의 연(緣)에 의해 명색(名色) 이 나타나게 된다는 뜻입니다. 명색(名色)은 볼 수 있고 취할 수 있는 재물이나 명예 권력 등을 말합니다.

명색(名色)은 중생들이 가장 좋아하는 것이기 때문에 사람들은 명색(名色)을 취하기 위해 살아가고 있다고 해도 과언이 아닙니다. 왜냐하면 사람들이 명색, 즉 세상의 부귀영화를 취하기 위해서 살아가기 때문입니다. 이러한 현상은 그동안 자신 안에 자리 잡고 있는 잘못된 관념과 욕심 때문인데 부처님께서는 이렇게 잘못된 관념들을 전도몽상(顚倒夢想)이라고 말씀하고 있습니다.

이렇게 명예와 부귀에 대한 집착은 태어나고 자라면서 이 세상에서 배우고 익힌 잘못된 생각과 비 진리에 의해 나타나게 된 것인데 이를 고정관념(固定觀念)이라고도 합니다. 이렇게 사람들이 세상으로부터 배우고 익혀서 형성된 인식(認識)들을 가지고 살아가고 있는데 이를 십이연기에서는 식(識)이라 말하고 있습니다. 이와 같이 식(識)은 명색(名色)이라는 연(緣)에 의해서 나타나는 것입니다.

10. 식연명색(識緣名色)

식(識)이란 명색(名色) 곧 세상에서 보고 느끼고 배우고 경험한 모든 것들의 집합체인데 이것이 곧 후천적인 자신의 존재라 할 수 있습니다. 왜냐하면 사람들이 이 세상을 살아가는 주체가 바로 자기가 이 세상으로부터 쌓은 지식과 경험된 인식 곧 식(識)이기 때문입니다. 이렇게 사람들 안에 자리 잡고 있는 인식(認識)들은 이 세상에 태어나서 자라면서 배우고 익힌 지식들과 자신이 체험한 경험에 의해서 형성되는 것입니다.

때문에 식(識)은 행(行)이라는 삶의 체험과 경험에 의해서 나타나게 되는 것입니다. 그러므로 경험적 삶이 없이는 식이 존재할 수 없기 때문에 십이연기에서 행연식(行緣識)이라 말하는 것입니다. 즉 식은 행(行)이라는 인연(因緣) 때문에 나타나는 것입니다.

11. 행연식(行緣識)

행(行)이란 사람들이 이 세상 삶 속에서 행동하는 모든 것을 말합니다. 즉 행연식(行緣識)은 사람들의 모든 행위에 의한 연(緣)으로 식(識)이 나타난다는 뜻입니다. 인간들의 선(善), 악(惡)으로 인한 인과응보(因果應報)는 바로 행(行)으로 말미암아 나타나는데 이를 업보(業報)라고 합니다.

인간들이 선업(善業)을 쌓지 않고 악업(惡業)을 짓는 것은 인간들 안에 자리 잡고 있는 탐, 진, 치(貪, 瞋, 癡) 때문입니다. 탐(貪)이란 인간의 욕심을 말하며 진(瞋)이란 분 냄을 말하고 치(癡)란 인간의 어리석음, 즉 무지를 말합니다. 인간들이 이 세상에서 고통을 받으며 살다가 결국 죽게 되는 것은 바로 탐, 진, 치 때문입니다. 또한 불자들이나 해탈하기 위하여 출가수행을 하는 자들이 성불(成佛)하지 못하는 것도 자신 안에 자리 잡고 있는 욕심을 버리지 못하기 때문입니다.

그런데 욕심을 버리지 못하는 이유는 바로 치(癡), 즉 무지(無知) 때문이라는 것입니다. 이 무지(無知)는 바로 부처님의 진리를 모르는 것인데 이러한 무지(無知)를 부처님께서 무명(無明)이라 말씀하고 있습니다.

결국 부처님의 진리를 모르는 무지(無知)때문에 욕심과 분냄을 불러일으키며 아무리 정진수행을 해도 해탈(解脫)이 되지 않는 것입니다. 그러므로 십이연기(十二緣起)를 통하여 사람이 태어나서 늙고 병들어 죽게 되는 것은 바로 무명 때문이라고 말씀하고 있는 것입니다. 결국 무명(無明)이라는 인연(因緣) 때문에 사람이 죽게 되는 것입니다.

12. 무명연행(無明緣行)

무명(無明)이란 빛이 없다는 말이 아니라 진리 곧 부처님의 말씀이 없다는 뜻입니다. 그러므로 진리가 없다는 것은 중생들 안에 삼독(三毒)인 탐, 진, 치가 들어 있다는 것입니다. 이렇게 중생들 안에 있어야 할 부처님의 진리는 없고 온통 비진리와 욕심으로 가득 차 있는 것입니다. 오늘날 세상이 날로 혼탁(混濁)해지고 범죄가 늘어나는 이유는 신앙인들에게 반드시 있어야 할 부처님의 참 진리는 없고 전통적으로 내려오는 각종 의식과 교리로 빚어진 비 진리(非 眞理)만 있기 때문입니다.

중생들이 참 빛을 알지 못하고 어둠 속에서 허덕이다가 죽게 되는 것은 바로 부처님의 참 진리가 없기 때문입니다. 이러한 비 진리들은 바른길을 찾아가려는 불자들을 기복신앙(祈福信仰)으로 미혹(迷惑)하여 망하게 만드는 것입니다.

　이와 같이 무명연행(無明緣行)은 중생들이 부처님의 진리를 모르는 무지, 즉 무명으로 인한 연(緣)으로 인하여 행이 발생되는 것이며 이 행이 죄업(罪業)으로 쌓여 결국 죽게 된다는 것입니다. 그러므로 지금까지 수많은 불자들이 비 진리로 미혹되어 전도몽상(顚倒夢想) 속에서 살다가 허무하게 죽어 가고 있는 것입니다. 이 세상에서 중생들을 구원하여 살릴 수 있는 진리는 오직 부처님의 말씀뿐입니다. 불자들이 신행생활을 하면서도 해탈을 하지 못하고 죽는 것은 바로 불자들에게 반드시 있어야 할 부처님의 참 진리가 없기 때문이며 부처님의 참 진리가 없다는 말은 산부처가 없다는 뜻입니다.

　이와 같이 무명의 중생들을 해탈시켜 영원한 생명을 줄 수 있는 분은 오직 생불(生佛)밖에 없는 것입니다. 그러므로 오늘날 진정한 부처님의 제자라면 살아 계신 부처님을 만나기 위하여 기도해야 합니다. 이렇게 깨달으신 부처님을 만나 참 진리를 받아서 먹게 되면 반드시 번뇌망상(煩惱妄想)의 고통과 윤회(輪廻)가 계속되는 무명 속에서 벗어나 영원히 죽지 않는 생명(반야의 생명)으로 해탈될 수 있을 것입니다.

결국 십이연기를 설하는 목적은 모든 불자들이 자신이 늙어 죽게 되는 원인을 분명히 알고 깨달아서 하루속히 무명에서 벗어나라는 뜻으로 말씀하신 것입니다. 그러므로 불자들은 십 이연기(十二緣起)를 통해서 노사(老死)의 원인이 무명(無明) 때문이라는 것을 알고 하루속히 사성제(四聖諦)를 통해서 해 탈(解脫)이 되어야 합니다.

그러면 12연기가 계속되는 생로병사의 윤회(輪廻) 속에서 벗어나 성불(成佛)하여 부처님이 될 것입니다. 지금까지 십이 연기를 설(說)한 목적은 무명의 중생들이 부처님의 진리를 알 고 깨달아서 하루속히 무명에서 벗어나 밝고 영원한 존재로 해탈(解脫)하여 부처님과 같이 일불(一佛)이 되라는 것입니 다.

그런데 불자들이 신앙생활을 열심히 하면서도 무명(無明)에 서 벗어나는 해탈(解脫)하는 길을 분명하게 모르고 있다는 것 입니다. 그러므로 부처님께서 무명(無明)의 중생들이 해탈(解 脫)하여 부처가 되는 길을 사성제(四聖諦)와 팔정도(八正道) 를 통해서 가르쳐주신 것입니다. 이제 부처님이 가르쳐주신 사성제(四聖諦)와 팔정도(八正道)에 대해서 말씀드리겠습니 다.

사성제 (四聖諦) : 해탈에 이르는 길

사성제(四聖諦)는 부처님께서 해탈로 가는 길을 넷으로 분류하여 가르쳐주신 법문으로 고,집,멸,도(苦集滅道)를 말합니다. 사성제(四聖諦)는 부처님께서 보리수나무 아래서 해탈을 하신 후 당시에 부처님과 함께 수행을 하였던 동료들이 머물고 있는 녹야원(鹿野園)으로 찾아가서 그들에게 설한 최초의 법문(法門)입니다.

사성제(四聖諦)는 모든 불경을 대표하는 법문이라 해도 과언이 아닐 만큼 중요한 법문(法門)입니다. 왜냐하면 팔만대장경(八萬大藏經) 안에 있는 모든 법문이 바로 부처님께서 가르쳐주신 사성제를 중심으로 하여 설(說)해 놓았다 해도 과언이 아닐 만큼 중요하기 때문입니다.

이렇게 모든 경(經)들은 사성제로 집약(集約)되어 있는데 왜 이렇게 사성제(四聖諦)가 중요한가 하는 것은 바로 사성제 안에 중생들이 해탈할 수 있는 길이 모두 담겨 있기 때문입니다. 때문에 사성제(四聖諦)는 부처님께서 중생들에게 가르쳐주신 최고의 법문(法門)이며 한없이 거룩하며 성스러운 말씀이기에 성제(聖諦)라고 말합니다.

사성제(四聖諦)는 부처님께서 불자들이 해탈로 가는 길을 네 가지로 분류하여 말씀을 하신 것입니다.

이 네 길은 첫째, 인간의 모든 고통을 가르쳐주는 고성제(苦聖諦), 둘째 고통의 원인을 가르쳐주는 집성제(集聖諦), 셋째 모든 고통을 멸하는 멸성제(滅聖諦), 넷째 모든 고통에서 벗어나는 길인 도성제(道聖諦)입니다. 이제 부처님께서 해탈의 길을 가르쳐주신 사성제(四聖諦)에 대하여 한절 한절 구체적으로 알아보기로 하겠습니다.

1. 고성제(苦聖諦) : 고통을 통해서 진리를 찾게 해주는 성스러운 진리

고성제(苦聖諦)는 해탈로 가는 길의 첫 번째 가르침으로 고(苦)는 육신의 고통과 정신적 괴로움을 총칭(總稱)하고 있습니다. 인간들의 고통은 무엇 때문에 일어나는 것이며 부처님은 무슨 이유로 고(苦)를 거룩한 성제(聖諦)라고 말씀하신 것일까? 불자들은 부처님이 말씀하시는 고를 단순히 인간의 삶 속에서 환난(患難)이나 재앙(災殃)을 통해서 나타나는 고통이라 생각하겠지만 부처님께서는 인간 자체를 고(苦)라 말씀하십니다. 왜냐하면 고(苦)는 인간내면에 자리 잡고 있는 욕심, 즉 삼독(三毒)인 탐(貪), 진(瞋), 치(癡)에 의해서 나타나기 때문입니다. 즉 욕심이 없으면 고통도 발생하지 않는다는 것입니다.

　그런데 욕심의 주체가 바로 자신입니다. 이렇게 인간의 욕심은 자신이 존재하기 때문에 나타나는 것입니다. 이 때문에 부처님은 인간의 고통은 자신에 대한 집착(욕심), 즉 오온(五蘊)의 집착이라고 말씀하고 있는 것입니다. 불교에서는 고(苦)를 셋으로 분류하고 있는데 삼고(三苦)는 다음과 같습니다.

첫째, 고고성(苦苦性) : 인간들이 전생과 현생의 삶 속에서 자신이 지은 악업(惡業) 때문에 인과응보(因果應報)로 받는 일반적인 고통과 괴로움.

둘째, 괴고성(壞苦性) : 생활환경이나 상호조건들이 변하여 받는 괴로움과 고통, 예를 들면 큰 사업을 하던 부자가 갑자기 망하게 되어 받게 되는 고통이나 사랑하던 연인의 마음이 변하여 떠나갔을 때 나타나는 고통 등을 말함.

셋째, 행고성(行苦性) : 오온(五蘊)에 대한 집착, 즉 자신 안에 있는 욕심(貪,瞋,癡)에 의해서 나타나는 괴로움과 고통.

　상기와 같이 고(苦)를 셋으로 분류하는데 부처님께서 말씀하시는 고(苦)는 행고성(行苦性)에 해당됩니다. 부처님께서는 인간들이 이 세상에 태어난 그 자체를 고(苦)라고 말씀하고 있는데, 그 이유는 오온(五蘊)으로 구성되어 있는 인간이 바로 고의 실체이기 때문입니다. 이렇게 육적 고통과 정신적 고통은 모두 자신의 마음속에서 일어나는 욕심 때문에 나타나는 것입니다. 그런데 무지한 인간들은 자신 안에 있는 욕심을 버리려 하지 않고 자신이 받는 고통만 괴로워하면서 어떤 방법으로든지 고통을 피해가려고 합니다. 이렇게 중생들이 가장 싫어하는 것이 화(禍)요, 가장 좋아하는 것은 복(福)입니다. 때문에 중생들은 절이나 교회 혹은 만신집이라도 찾아가서 복(福)은 받으려 하고 화(禍)는 피하려 하는 것입니다. 그런데 부처님은 고통이 바로 해탈로 가는 길이며 거룩한 진리라 말씀하고 있습니다.

그러면 부처님께서 불자들에게 가르쳐 주는 고(苦)의 진정한 의미는 과연 무엇일까? 사람들은 불신자나 신자를 막론하고 복은 받고 싶어 하지만 고통은 어떠한 방법으로도 피하려고 합니다. 이렇게 중생들이 싫어하고 피하려는 고통을 부처님은 오히려 해탈로 가는 길이며 성스러운 진리라 말씀하고 있습니다.

이렇게 중생들을 괴롭히는 고(苦)를 거룩한 성제(聖諦)라고 하시는 부처님의 말씀을 불자들은 도저히 이해할 수 없는 것입니다. 그러나 부처님의 가르침을 통해서 그 깊은 뜻을 알게 된다면 고(苦)가 바로 성스럽고 거룩한 최고의 진리라는 것을 누구나 자인(自認)하게 될 것입니다. 그러면 부처님께서 말씀하시는 고(苦)의 실체는 무엇이며 고(苦)가 중생들에게 가르쳐주는 진정한 의미는 무엇인가? 중생들은 단순히 인간들에게 다가오는 화(禍)나, 재앙(災殃)이나, 각종 재난(災難)들을 고(苦)라 생각하고 있지만 부처님은 고(苦)가 잘못된 삶을 살아가는 인간들을 올바로 잡아주는 채찍이요 몽둥이라고 말씀하십니다.

이렇게 고(苦)는 인생이 무상(無常)하다는 것을 일깨워 주며 인간의 욕심이 곧 죄라는 것을 깨닫게 하여 진리(신)를 찾아 신앙생활을 할 수 있도록 인도해 주는 것입니다. 또한 인간의 잘못된 생각과 잘못된 삶을 깨닫게 해주는 것이 고(苦)요, 부패된 마음을 회개시켜 올바른 길로 인도하여 주는 것이 바로 고(苦)입니다. 병들어 죽어가는 사람만이 병원의 의사를 찾아가 살려달라고 애원하듯이 심한 고통을 받아 사경(死境)을 해매고 있는 사람만이 신(神)을 찾게 되고 신앙생활도 하게 됩니다. 이렇게 목마른 사슴이 시내 물을 찾듯이 고통 받고 있는 사람만이 인간의 한계(限界)를 느끼고 부처님을 찾아 진리를 따라 가는 것입니다.

때문에 사람들이 젊어 고생은 사서도 한다, 실패는 성공의 어머니다, 그리고 아이를 키울 때 사랑하는 자식은 매로 키운다는 말을 하는 것입니다. 이렇게 고(苦)는 잘못된 인간을 올바르게 잡아주고 미완성된 인간을 완성으로 만드는 실체가 바로 고(苦)입니다. 이렇게 화(禍)를 당한 자나 혹은 고통을 받고 있는 자만이 자신의 잘못을 돌아볼 수 있고 잘못된 삶을 참회(懺悔)하면서 올바른 길을 찾아가게 됩니다. 출가수행을 하는 스님들이 고행을 자청(自請)하는 것은 바로 이러한 이유 때문입니다.

석가모니(釋迦牟尼) 부처님께서 세상의 부귀영화(富貴榮華)를 미련 없이 버리고 출가를 하신 것도 고통 속에서 살아가는 중생들을 통해서 자신의 무상(無常)함을 보았기 때문입니다. 만일 중생들에게 고통이나 괴로움이 없다면 진리나 영생을 찾는 사람은 단 한사람도 없을 것입니다. 이렇게 고통은 무명(無明)의 중생들을 진리로 인도하고 영원한 세계로 인도해주는 소중한 것입니다.

출가 수행자들은 반드시 만행(萬行)이라는 고행(苦行)의 과정을 겪는데 이것은 고행(苦行)을 통해서 진리를 깨달으려는 것입니다. 만행(萬行)이란 세속에 나가 걸식을 해가면서 많은 고통을 직접 체험하는 것인데 이러한 고통을 통해서 내적 자신의 존재를 발견하고 깨닫는 것입니다. 이렇게 고(苦)만이 중생들의 삶을 새롭게 변화시킬 수 있으며 인간들에게 해탈(解脫)의 길을 열어주는 것입니다. 이렇듯 고(苦)는 중생들에게 없어서는 안 될 보약(補藥)과 같은 것으로 무명의 중생들에게는 빛과 같고 병들어 죽어가는 자에게는 의사와 같은 것이며 해탈의 길을 찾아가는 자들에게는 부처님과 같이 소중한 것입니다.

　중생들이 이러한 사실을 깨닫는다면 고통을 거부하고 피하려는 것이 아니라 오히려 고통을 향해 감사하게 될 것입니다. 이렇게 중생들에게 보화 같이 소중한 고통을 어떻게 싫다고 배척하며 적대시할 수 있단 말입니까? 부처님께서 가르쳐주신 이러한 고(苦)에 성제(聖諦)라는 단어를 붙인 것은 당연지사(當然之事)가 아닌가? 그러면 인간들이 받는 고통은 무엇 때문에 일어나는 것이며 고(苦)의 근본 뿌리는 과연 무엇인가? 부처님은 중생들에게 고(苦)의 근원(根源)을 집(集)이라 말씀하시면서 고(苦)의 근본뿌리인 집성제(集聖諦)에 대하여 가르쳐주신 것입니다.

　이제 부처님이 가르쳐주신 집성제(集聖諦)를 통해서 고의 근원인 집(集)에 대해서 알아보기로 하겠습니다.

2. 집성제(集聖諦) : 집착하는 마음(욕심)을 가르쳐주는
　　성스러운 진리

　집성제(集聖諦)는 해탈로 가는 두 번째의 길로 부처님께서 말씀하시는 집성제(集聖諦)는 인간의 고통을 일으키는 집

(集), 즉 고(苦)의 근원에 대하여 말씀하신 것입니다. 집(集)이라는 뜻은 집념, 집착, 고집 등의 의미로 집은 인간의 욕심 때문에 나타납니다. 그러므로 부처님께서 말씀하시는 집은 곧 인간의 욕심을 말합니다. 이렇게 집(集)은 고(苦)를 일으키는 원인이 되는 욕심을 말하는데, 부처님께서 집성제를 통해서 말씀하시는 집은 사람들의 내면에 깊이 자리 잡고 있는 인간의 욕심을 말합니다. 왜냐하면 모든 고통은 자신 안에 있는 욕심으로 인해서 집(集)이 발생되기 때문입니다.

이렇게 인간들의 번뇌망상(煩惱妄想)은 욕심 때문에 일어나는 것이며 모든 고통도 과욕(過慾) 때문에 발생되는 것입니다. 출가 수행자들이 수행정진(修行精進)을 하다가 결국 해탈(解脫)에 이르지 못하고 도중에 포기하는 것도 자신 안에 있는 욕심을 버리지 못하기 때문입니다. 이렇게 인간의 고통을 발생시키는 근원이 욕심과 탐심(貪心)인데 부처님은 이를 집(集)이라 말씀하신 것입니다. 이와 같이 인간의 욕심은 내적 탐심(貪心)에 의해서 외적으로 표출되어 나타나는 것인데 이를 탐욕(貪慾)이라고도 말합니다. 불교에서 탐욕을 셋으로 분류하여 말하는데 다음과 같습니다.

첫째, 욕애(欲愛) : 심적, 정신적, 감각의 쾌락에 대한
　　　집착.

둘째, 유애(有愛) : 물질의 소유욕에 대한 집착과 갈등.

셋째, 무유애(無有愛) : 무소유와 보이지 않는 세계에

　　대한 집착.

　인간들의 이러한 욕심과 집착심(執着心)이 생존경쟁의 삶 속에서 거짓과 다툼을 일으키며 나아가서는 죄를 범하게 하고 살인도 불사하게 만드는 것입니다. 오늘날 국내외적으로 일어나는 노사 분규(紛糾)나 정치적 당파(黨派)싸움이나 국가 간의 전쟁이 모두 탐심(貪心)과 욕심(慾心) 때문에 일어나는 것입니다. 문제는 부처님을 모시고 신앙생활을 하는 불교 안에서도 욕심과 탐심 때문에 신도들이나 스님들 간에 분쟁이 일어나고 서로 폭언과 폭행까지 하고 있다는 것입니다.

　스님들은 무엇 때문에 거룩한 부처님의 존전(尊前)에서 날마다 합장(合掌)을 하며 발원(發願)하고 있습니까?

　또한 불자들은 무엇 때문에 부처님을 향해 무릎이 닳도록 절을 하며 불공을 드리고 있습니까? 불자들의 대부분이 복을 받기위한 기복신앙(祈福信仰)으로 자신이 하고 있는 일들이나 가정에 만사형통(萬事亨通)이나 운수대통(運數大通)을 바라는 것이며 또한 스님들은 불자들이 바라고 원하는 욕심을 채워주기 위해 부처님께 중보(仲保)기도를 해주고 있는 것입니다.

　이 모두가 자신의 욕심을 채우기 위한 집착심(執着心) 때문

인데 이들은 욕심이 곧 악(惡)이요, 죄(罪)라는 것을 전혀 모르고 있습니다. 부처님께서는 불자들에게 욕심이 곧 죄이기 때문에 신행생활을 통해서 자신 안에 들어있는 욕심과 탐심을 버리라고 말씀하고 있습니다.

그런데도 불구하고 스님들은 부처님을 통해 만사형통(萬事亨通)과 운수대통(運數大通)의 복을 받으라고 신도들의 욕심을 부추기며 신도들은 부처님으로부터 넘치는 복을 받으려고 온갖 정성을 다하고 있습니다.

이렇게 오늘날 불교는 기복신앙과 무속신앙으로 전락(轉落)해 버린 것입니다. 이 때문에 출가수행(出家修行)을 하는 수행자들도 평생 동안 수행을 해도 해탈이 되지 않는 것입니다.

왜냐하면 출가수행을 하는 자들 안에도 속세로부터 뿌리 깊게 박혀있는 전도몽상(顚倒夢想)과 고정관념(固定觀念)으로 말미암아 자신 안에 들어있는 욕심을 버리지 못하기 때문입니다. 이렇게 중생들 안에 뿌리깊게 박혀 있는 욕심들은 무명의 중생들을 괴로움과 고통의 지옥으로 몰아넣는 것이며 결국 죽음에까지 이르게 하는 것입니다.

그러면 이러한 욕심들은 언제 어디로부터 시작되었는가를 알아보기로 하겠습니다. 놀라운 사실은 욕심이 어린아이들이 이 세상에 태어나면서 자신의 부모로부터 시작이 된다는 사실입니다. 왜냐하면 부모들이 세상에서 못다 채운 욕심을 자식

에게라도 채워보려는 마음으로 자식을 키우기 때문에 자식이
어릴 때부터 "너는 언제나 이겨야 한다, 일등이 되어야 한
다, 너는 커서 장군이 되어야 한다, 대통령이 되어야 한다"
는 등으로 순수한 어린 아이들에게 욕심을 가르치며 욕심과
탐심(貪心)을 불어 넣어주는 것입니다. 그런데 어린이들이 학
교에 들어가면 욕심이 다시 선생님으로부터 이어집니다.

선생님들은 학생들에게 "너희들은 공부를 열심히 해야 한
다, 일등을 해야 한다, 일류대학에 들어가야 한다" 하면서 철
모르는 아이들에게 계속 경쟁심과 탐심(貪心)을 키워주는 것
입니다.

이러한 인간들의 욕심은 세상의 빛과 소금이 되는 종교, 즉
불교나 기독교가 앞장서서 제거해 주고 착하고 진실하게 살도
록 가르쳐 생명의 길로 인도를 해야 하는 것입니다. 그럼에도
불구하고 불교는 신도들에게 만사형통(萬事亨通), 운수대통
(運數大通)을 빌어주며 기독교는 삼십배, 육십배, 백배의 축
복으로 교인들의 욕심을 부추기고 있습니다.

이 때문에 신앙인들은 복을 받으려는 욕심으로 혈안이 되어
신앙생활을 열심히 하는 것입니다. 그러므로 불자들의 신심
(信心)이 많다는 말이나 신앙에 열심이라는 말을 듣는 자들은
그만큼 욕심이 많다는 뜻입니다.

스님들은 신도들에게 부처님의 뜻에 따라 욕심을 버리라고

가르치고 진실한 마음으로 변화시켜 주어야 하는 사명을 가지고 있어야 함에도 불구하고 오히려 욕심으로 부채질하고 있는 것입니다. 그러므로 순수한 신앙인들의 마음은 더욱 부패해지고 더 사악해지는 것입니다.

이렇게 어릴 때부터 부모로부터 시작된 욕심이 학교 선생님들로 이어져 결국 종교지도자들에 의해서 완숙(完熟) 되어지는 것입니다. 만일 부모님들이 어린아이들에게 처음부터 선(善)을 가르치며 진실을 가르쳐 자신의 이익이나 욕심보다 진실을 마음속에 심어 주었다면 이 세상은 다툼이나 분쟁이 없는 평안하고 행복한 세상이 되었을 것입니다.

인간들 안에서 계속되는 욕심과 그에 따른 욕구는 과학문명의 발전을 가져왔지만 그와 더불어 지구의 공해(公害)를 발생시키게 되었고 지구의 오존층을 파괴하여 기상이변(氣狀異變)을 일으켜 결국 지구를 병들게 만든 것입니다.

지구가 병들어 균형을 잃게 되면 그에 따른 지진이나 홍수가 발생되는 것이며 그 결과 가뭄과 기근과 질병으로 나타나게 됩니다. 결국 지구가 파괴되면 인간들은 지구와 함께 모두 멸망(滅亡)하게 된다는 것입니다. 처음에 작은 것에서부터 시작된 욕심이 이렇게 무서운 결과를 초래하게 되는 것입니다.

그러므로 부처님은 고(苦)의 원인이 곧 집(集)이라고 말씀하시면서 인간들이 고통에서 벗어나려면 집(集)의 근원인 욕심을 버리라고 가르쳐 주신 것입니다.

만일 인간들 안에 있는 욕심을 모두 멸(滅)하거나 깨끗하게 제거할 수 있다면 인간의 고통과 괴로움은 자연히 소멸(消滅) 될 것이며 언제나 평안하고 행복한 삶을 영유(永有)하게 될 것입니다. 그러므로 부처님은 집(集)과 욕심을 멸하는 길인 멸성제(滅聖諦)를 가르쳐 주신 것입니다.

3. 멸성제((滅聖諦) : 집(욕심)을 멸할 수 있는 성스러운 진리

부처님께서 해탈로 가는 세 번째의 길을 멸성제(滅聖諦)라 말씀하고 계신데 멸(滅)이라는 뜻은 소멸, 소실, 죽음, 사라짐 등의 의미를 가지고 있습니다. 부처님께서 해탈로 가는 세 번째의 길을 멸성제(滅聖諦)라고 말씀하신 것은 욕심의 근원인 집(集)을 소멸하지 않으면 해탈이 될 수 없기 때문입니다. 만일 부처님의 말씀대로 인간들 안에 있는 욕심을 모두 제거할 수 있다면 이 세상이 언제나 평안과 행복이 계속되는 극락(極樂)과 같은 세상이 될 것입니다. 문제는 인간들 안에 뿌리 깊게 자리 잡고 있는 욕심을 어떻게 제거하느냐 하는 것입니다.

출가수행(出家修行)을 하는 스님들이 평생 동안 수행정진

(修行精進)을 해도 욕심을 제거하지 못하는데 아직 출가도 하지 않은 불자들이 어떻게 욕심을 버릴 수 있단 말인가? 그러나 부처님은 욕심을 멸(滅)할 수 있는 길이 있기 때문에 불자들에게 멸성제(滅聖諦)를 가르쳐주신 것입니다.

그런데 스님들이나 불자들이 지금까지 욕심을 버리지 못한 것은 첫째, 욕심을 멸(滅)하는 길이나 방법을 몰랐기 때문이며 둘째는, 욕심을 버리려는 마음이 없기 때문입니다. 왜냐하면 인간 자체가 욕심으로 형성되어 있기 때문에 신행생활이나 수행(修行)도 욕심을 버리기보다 오히려 채우려 하기 때문입니다.

인간의 욕심은 전생부터 가지고 온 것이기 때문에 욕심을 버리기가 힘들기도 하지만 그에 따라 욕심을 버리는 기간도 무척 오래 걸린다는 것을 알아야 합니다. 즉 얼음이 어는 시간이 있고 녹는 시간이 있듯이 욕심을 쌓은 기간만큼 버리는 기간도 걸린다는 것입니다.

그러므로 사람에 따라서 몇 십 년 혹은 몇 백 년 혹은 몇 천 년이 걸리는 사람도 있습니다. 그런데 심각한 문제는 중생들이나 불자들이 한결같이 지금도 욕심을 버리는 것이 아니라 더 쌓고 있다는 것입니다. 그 이유는 불신자나 신자나 한결같이 욕심이 있어야 잘 살수 있고 욕심이 많아야 출세를 하여 성공할 수 있다고 생각하기 때문입니다. 이렇게 불자들도 부처님의 가르침과는 전혀 상반(相反)되는 신행생활을 하고 있는 것입니다.

부처님은 불자들에게 세속(世俗)의 모든 욕심을 버리고 진실하고 청정(淸靜)한 마음이 되라고 가르치고 있습니다. 부처님도 세상의 모든 욕심을 버리고 출가를 하셨기 때문에 해탈을 하게 되신 것입니다. 그런데도 불구하고 오늘날 불자들은 어떻게 하든지 출세를 하고 성공을 해서 이 세상의 부귀영화를 마음껏 누리려는 욕심으로 신행생활도 하고 있는 것입니다. 이들은 욕심은 많을수록 좋은 것이며 욕심에 비례(比例)하여 성공도 크게 할 수 있다고 생각합니다. 이렇게 이 세상을 살아가는 중생들에게 욕심은 필요하고 소중한 것이기 때문에 버리지 못하는 것입니다.

만일 어떤 사람이 정말 욕심이 없다거나 가지고 있는 욕심을 버린다면 그 사람은 이 세상의 삶을 포기한 사람처럼 취급을 당하게 됩니다. 사람들이 욕심을 포기한다는 것은 바로 자신의 삶을 포기한 것으로 간주(看做)하기 때문입니다. 그러므로 신행생활도 욕심이 있는 사람 혹은 욕심이 다른 사람보다 많은 사람들이 더욱 열심히 하는 것입니다. 이 때문에 신행생활을 열심히 한 사람들이 내생에 더 깊은 지옥으로 들어가게 되는 것입니다.

부처님께서 불자들에게 가르쳐 주시는 참 뜻은 세상에 대한 집착심(執着心), 즉 욕심을 버리라는 것입니다. 그런데 불자들은 정반대로 어떻게 하든지 부처님으로부터 복을 많이 받아 이 세상의 부귀영화(富貴榮華)를 마음껏 누리려 하고 있습니다. 이렇게 불자들의 욕심은 신행생활을 통해서 더욱 더 가중(加重)될 뿐입니다. 이 때문에 해탈의 길은 오히려 멀어져 간 것이며 불자들에게 해탈의 소망은 이미 사라져 버린 지 오래인 것입니다. 그러면 불자들이 욕심에서 벗어나 해탈할 수 있는 길은 정녕 없단 말인가? 그렇지 않습니다. 왜냐하면 부처님께서 이미 육바라밀(六波羅蜜)과 사성제(四聖諦)를 통하여 욕심에서 벗어나는 길을 분명하게 알려 주셨기 때문입니다.

그럼에도 불구하고 불자들이 욕심을 버리지 못하고 욕심에 종노릇을 하며 살아가는 것은 진리에 대한 무지 때문입니다. 즉 부처님의 뜻을 모르고, 인생의 진정한 의미를 모르고, 오온(五蘊)이 개공(皆空)한 것을 모르기 때문이라는 것입니다. 중생들이 인생은 무상(無常)하며 아침에 잠깐 보이다 사라지는 안개와 같다고 말은 잘 하면서도 인생의 무상함을 피부로 느끼지 못하고 살아갑니다.

만일 인간의 존재가 무상하다는 것을 분명히 알고 깨닫는다면 자신 안에 있는 집(集)을 멸(滅)할 수가 있습니다. 왜냐하면 인간의 집, 즉 욕심의 근본실체가 바로 오온(五蘊)인 자신의 존재이기 때문입니다.

그러므로 석가모니 부처님께서는 오온의 집착이 바로 고(苦)이며 오온의 집착을 벗는 것이 바로 해탈(解脫)이라고 말씀하고 있습니다. 즉 모든 욕심과 집착심(執着心)은 자신의 존재인 오온(五蘊)에서 시작된다는 것입니다. 만일 무상(無常)한 존재인 자신을 포기하거나 자신의 존재가 부정되어 무아(無我)의 상태가 된다면 집착(執着)은 발생할 수도 없고 욕심 역시 존재할 수가 없습니다. 이와 같이 불교에서 열반(涅槃)이란 탐욕(貪慾)을 완전히 끊어 버림이요 탐욕으로부터의 분리(分離)를 말합니다.

이렇듯 마음속에 있는 모든 탐욕의 불이 꺼지고 마음이 맑고 평온한 상태가 되면 그것을 바로 열반(涅槃)이라 합니다. 결국 탐욕의 발생은 자신의 존재인 오온(五蘊)에서 발생이 되는데 오온의 실체는 바로 자신입니다. 그러므로 욕심을 버린다는 것은 자신을 버린다는 말이며 곧 자신의 의지를 모두 포기한다는 말입니다.

부처님께서 자아(自我)를 버리고 무아(無我)가 되라고 하시는 것은 바로 이 때문입니다. 왜냐하면 자아(自我)를 버리고 무아(無我)가 되어야 해탈(解脫)이 되어 진아(眞我)로 태어나기 때문입니다. 부처님께서 말씀하시는 진아(眞我)는 곧 해탈된 부처님의 생명을 말합니다.

그런데 불자들이 자기의 존재이며 생명인 자아를 버리거나 포기한다는 것은 불가능한 일입니다. 그러므로 부처님께서 자아(自我)를 버리고 욕심과 탐심을 소멸(燒滅)할 수 있는 길을 가르쳐 주신 것입니다. 그 길이 바로 사성제의 마지막 길인 도성제(道聖諦)입니다. 이렇게 중생들이 자아(自我)를 버리고 무아(無我)가 되는 길은 오직 부처님의 말씀, 즉 도(道)밖에 없습니다. 그러면 부처님의 말씀인 도(道)는 무엇이며 불자들에게 어떻게 말씀하고 있는가? 부처님께서 말씀하시는 도(道)는 해탈로 가는 길이며, 진리이며, 생명을 말합니다. 왜냐하면 도(道)는 곧 부처님을 말하는데 부처님 안에는 반야(般若)의 생명(진리)이 존재하기 때문입니다.

부처님은 해탈을 하기 위해 수많은 고행(苦行)을 참아내며 수행(修行)을 하셨고, 유명한 스승의 가르침을 받아 보았지만 아무런 소용이 없었다고 말씀하십니다. 그런데 부처님께서 모든 수행(修行)을 포기하고 보리수나무 아래서 오직 반야(般若)를 의지하고 참선(參禪)을 하고 있을 때 해탈이 되셨다고 말씀하십니다. 결국 부처님은 반야에 의해서 해탈이 되셨고 그때 부처님 안에 반야(般若)의 생명이 임하게 된 것입니다.

때문에 부처님은 반야의 생명이며 그의 입에서 나오는 말씀도 진리요 생명인 것입니다. 그러므로 불자들이 자아를 버리고 해탈할 수 있는 길은 오직 부처님의 말씀입니다. 이 때문에 부처님께서 집(集)을 버리고 자아(自我)를 버리는 유일한 길은 오직 도성제(道聖諦)라고 말씀하시는 것입니다. 그러므로 불자들이 자아를 버리고 해탈을 하려면 오직 부처님의 가르침을 받아야 합니다.

문제는 오늘날 부처님과 같이 살아있는 생불(生佛)이 있느냐 하는 것입니다. 그런데 부처님은 오늘날도 성불(成佛)한 부처님이 변함없이 살아 계시다고 말씀하시는 것입니다. 왜냐하면 석가모니 부처님은 떠나 가셨지만 부처님의 안에 있던 생명은 부처님의 제자들을 통해서 지금까지 이어져 내려오고 있기 때문입니다.

그러므로 불자들은 오늘날 부처님이 계시느냐 보다 부처님이 지금 어디 계시느냐고 물어야 하는 것입니다. 그런데 안타까운 것은 오늘날 부처님이 계시다는 것을 믿지도 않을 뿐만 아니라 설령 부처님이 지금 불자들 앞에 계신다 해도 전혀 알아보지를 못하고 있다는 것입니다. 이것은 불자들이 지금까지 신행생활을 하면서 세상의 복에만 관심을 두었지 부처님의 실체나 그의 가르침에 대해서는 알려고 하지도 않았기 때문입니다.

그러므로 오늘날 불자들은 하루속히 기복신앙(祈福信仰)에서 벗어나 부처님의 진리를 찾아가야 합니다. 부처님께서 무명(無明)의 중생(衆生)이라고 말씀하시는 것은 중생들에게 빛이 없다는 말이요, 빛이 없다는 것은 곧 부처님의 진리가 없다는 말입니다. 이렇게 중생들이 어둠뿐인 것은 중생들 안에 삼독(三毒)인 탐(貪), 진(瞋), 치(癡)가 들어 있기 때문입니다.

그러므로 불자들이 수행을 통해서 삼독(三毒)을 멸(滅)하고 어둠에서 벗어나려 하지만 지금까지 어둠에서 벗어나 해탈이 된 자가 별로 없었습니다. 왜냐하면 어둠은 벗으려 한다 해서 벗어지고 버린다 해서 버려지는 존재가 아니기 때문입니다.

아침에 밝은 태양이 떠오를 때 한밤의 칠흑 같은 어둠이 물러가듯이 부처님의 진리가 중생들 안에 비춰질 때 어둠은 사라져 버리는 것입니다. 이렇게 해탈은 어둠을 버리고 물리쳐서 되는 것이 아니라 진리의 빛을 받아들이는 것입니다.

부처님의 진리를 받아들이면 무명의 중생들 안에 있는 어둠은 탐심(貪心)과 더불어 사라져 버리고 찬란한 진리의 빛(진리)이 임하게 되는 것입니다.

이것이 바로 고(苦)와 집(集)을 동시에 멸(滅)하는 길이며 곧 부처님께서 말씀하시는 도성제(道聖諦)입니다. 이 때문에 부처님께서 해탈의 마지막 길을 도성제라 말씀하신 것입니다. 이제 해탈의 마지막 길인 도성제에 대하여 살펴보기로 하겠습니다.

4. 도성제(道聖諦) : 해탈의 길로 가는 성스러운 진리

도성제(道聖諦)는 해탈로 가는 길에서 가장 중요한 핵심이 되는 부처님의 진리를 말하고 있습니다. 도(道)는 깨달음의 길, 해탈(解脫)의 길, 성불(成佛)의 길, 열반(涅槃) 등을 말하는데 부처님께서 말씀하시는 도(道)는 진리를 말하는 것입니다. 불교에서 진리는 참이며, 진실이며, 영원한 것이라 말하는데 부처님은 진리 안에 생명이 없다면 진리가 아니라고 하십니다. 즉 진리는 영원한 생명이고 생명은 곧 진리라는 뜻입니다. 그런데 부처님이 말씀하시는 생명은 인간들의 생명이 아니라 반야(般若)의 생명, 즉 신(是大神呪)의 영원한 생명을 말합니다.

이렇게 부처님께서 반야(般若)를 시대신주(是大神呪)라 말씀하신 것은 반야가 곧 신(神)이시며 반야심경(般若心經)은 신의 말씀이라는 뜻입니다. 그러므로 부처님께서 말씀하시는 도는 반야(般若)의 말씀, 즉 살아있는 진리를 말하는 것입니다. 그런데 살아있는 진리는 곧 살아계신 부처님(생불)의 입에서 나오는 말씀을 말합니다. 이 때문에 불자들이 고(苦)와 집(集)을 멸(滅)하기 위해서는 반드시 오늘날 살아계신 부처님을 믿고 그 입에서 나오는 말씀(道)을 듣고 그의 말씀대로 행해야 하는 것입니다. 왜냐하면 부처님의 말씀은 반야로부터 나타난 반야의 생명이기 때문입니다.

때문에 반야심경에 부처님의 말씀을 시대신주(是大神呪), 즉 참으로 크신 신의 말씀이라는 것입니다. 그런데 불자들이 반야(般若)를 단순히 지혜로만 믿고 신의 말씀으로 받아들이지 않는다면 절대로 고(苦)와 집(集)을 멸할 수 없고 해탈도 될 수 없다는 것을 알아야 합니다. 왜냐하면 반야이신 시대신주(是大神呪)만이 능제일체고(能除一切苦), 즉 중생들의 모든 고통(苦와 集)을 제거해 주실 수 있기 때문입니다.

부처님께서 오온(五蘊)이 개공(皆空)한 것을 보시고 도일체고액(度一切苦厄)을 하여 부처가 되신 것도 반야(般若)를 시대신(是大神)으로 믿고 의지했기 때문입니다. 그런데 반야(般若)를 신(神)으로 믿고 의지하며 또한 부처님의 말씀을 소유하고 있다 해도 말씀대로 살아가는 실천적(實踐的) 삶이 뒤따르지 않는다면 고(苦)와 집(集)을 멸(滅)할 수 없다는 것입니다. 그러므로 도성제는 해탈(解脫), 성불(成佛)을 위해 정진(精進)하는 불자들이 반드시 지켜야 하는 여덟까지 올바른 삶, 즉 부처님의 가르침에 근거한 여덟까지 올바른 길인 팔정도(八正道)를 가르쳐 주신 것입니다. 오늘날 불자들이 불경(佛經)을 보고 참선(參禪)을 하고 부처님께 공양(供養)을 올리고 보시(布施)를 행하며 스님의 설법(說法)을 들어도 마음이 변화되지 않고 해탈(解脫)이 되지 않는 것은 팔정도(八正道)의 삶이 결여(缺如)되어 있기 때문입니다.

그러므로 오늘날 불자들은 부처님이 가르쳐 주신 팔정도(八正道)를 올바로 알고 올바로 지켜서 모두 해탈(解脫)이 되어야 합니다. 이제 해탈(解脫)의 길인 팔정도(八正道)에 대해서 자세히 알아보기로 하겠습니다.

팔정도(八正道)

팔정도(八正道)는 팔성도(八聖道)라고도 말하는데 팔정도는 문헌(文獻)에 중생들의 고통의 원인이 되는 탐,진,치(貪,瞋,癡)인 삼독(三毒)을 없애고 해탈을 얻어 부처님의 세계로 들어가기 위한 실천적 삶을 수행해야 할 부처님의 여덟 가지 가르침 혹은 여덟 가지 올바른 길로 기록되어 있습니다. 팔정도(八正道)는 1. 정견(正見) 2. 정사유(正思惟) 3. 정어(正語) 4. 정업(正業) 5. 정명(正命) 6. 정정진(正精進) 7. 정념(正念) 8. 정정(正定)입니다. 즉 부처님의 말씀을 올바로 보고, 올바로 생각하고, 올바로 말하고, 올바로 행하고, 올바르게 살고, 올바르게 정진을 하고, 올바른 명상(선정)을 하고, 올바른 마음을 가지라는 말입니다. 그런데 팔정도에 두 가지 중요한 가르침, 즉 두 길이 결여(缺如)되어 있는 것을 볼 수 있습니다.

그것은 곧 정신(正信)과 정청(正聽)입니다. 왜냐하면 부처님의 말씀을 올바로 보려면(正見) 먼저 부처님의 말씀을 올바로 들어야 하고(正聽) 올바로 듣기 위해서는 부처님을 올바로 믿어야(正信)하기 때문입니다. 이 말은 부처님을 올바로 믿지 않으면 부처님의 말씀을 올바로 들을 수 없고 또한 부처님의 말씀을 올바로 듣지 않고는 부처님을 올바로 볼 수 없다는 말입니다. 그런데 부처님께서 정신(正信)과 정청(正聽)을 생략하고 정견(正見)부터 말씀하신 것은 부처님을 이미 알고 있는 그의 제자들에게는 부처님을 믿으라거나 말씀을 들으라고 할 필요가 없기 때문입니다. 어린아이는 아무것도 모르기 때문에 부모를 믿을 수밖에 없고 학교에 들어가면 선생님을 믿어야 가르침을 받을 수 있습니다.

그런데 어린아이가 자기 부모를 믿지 않는다면 양육하기 어렵고 선생을 믿지 않으면 학생을 가르칠 수가 없습니다. 그러나 장성한 자들은 이미 부모도 알고 선생님도 알고 있기 때문에 믿으라거나 들으라고 할 필요가 없는 것입니다. 이와 같이 부처님께서 팔정도(八正道)를 말씀하시는 대상은 이미 부처님을 믿고 말씀을 듣고 있는 자들이기 때문에 정신(正信)이나 정청(正聽)을 생략 하신 것입니다. 그러나 아직도 부처님을 잘 모르는 불자들은 먼저 부처님을 바르게 믿고 말씀을 올바르게 들어야 하는 것입니다.

왜냐하면 진리의 부처님을 기복의 부처님으로 그리고 부처님의 말씀을 자신의 욕심을 채우기 위해서 듣는다면 오히려 해가 되기 때문입니다. 오늘날 불자들이 팔정도(八正道)의 가르침에 따라 수행정진(修行精進)을 해도 해탈이 되지 않는 이유는 정신(正信)과 정청(正聽)의 과정을 모르고 있거나 두 과정을 생략하고 수행을 하기 때문입니다.

그러므로 본문에서는 팔정도(八正道))의 기본이 되는 정신(正信)과 정청(正聽)을 삽입 하여 십정도(十正道)로 기록하였습니다. 이제 십정도(十正道)에 대해서 구체적으로 알아보기로 하겠습니다.

십정도(十正道)

1. 정신(正信)

모든 일의 시작은 믿음, 즉 신뢰(信賴)로부터 시작됩니다. 왜냐하면 어떠한 일을 시작할 때나 가르침을 받을 때에 믿음, 즉 하고자 하는 일에 믿음이 가지 않는다거나 가르치는 사람을 신뢰(信賴)하지 못한다면 아무것도 할 수 없기 때문입니다. 이렇게 부처님에 대한 믿음이나 신뢰가 없다면 절대로 부처님의 말씀을 듣거나 보거나 할 수 없습니다. 이 말은 부처님을 믿지 않는다면 부처님의 말씀을 들을 수 없고 부처님의 말씀을 듣지 않는다면 절대로 부처님의 말씀을 보거나 깨달을 수 없다는 말입니다.

그런데도 불구하고 팔정도(八正道)는 부처님에 대한 믿음(正信)과 들음(正聽)을 제거(除去)하고 정견(正見)부터 시작하고 있습니다.

이것은 부처님을 믿지 않고도 부처님의 말씀을 들을 수 있고 말씀을 듣지 않고도 볼 수 있다는 말입니다. 만일 어떤 사람이 부처님을 믿지 않고도 부처님의 말씀을 들을 수 있고 부처님의 말씀을 듣지 않고도 부처님의 말씀을 볼 수 있다면 그 사람은 깨달은 사람이거나 부처님입니다. 이렇게 해탈(解脫)의 길을 가는 불자들에게 정신(正信)과 정청(正聽)은 중요한 것입니다.

오늘날 불자들이 지금까지 해탈의 길을 가지 못하고 교리에 머물러 있는 것은 해탈(解脫)로 가는 길의 시작과 근원인 정신(正信)과 정청(正聽)을 모르기 때문입니다. 이렇게 믿음은 모든 일의 근원이라 할 수 있는데 마치 건축을 할 때 기초석(基礎石)과 같은 것입니다.

사람이 옷을 입을 때 양복의 첫 단추를 잘못 끼우면 옷이 모두 뒤틀리듯이 처음에 부처님을 올바로 믿지 않으면 해탈의 길은 오히려 더 멀어지게 됩니다. 이렇게 해탈의 길을 출발하는 불자들에게 믿음은 그 무엇보다도 중요한 것입니다. 예수님께서 나를 믿는 자는 구원을 얻고 내 말을 듣는 자는 살아날 것이라고 말씀하신 것은 구원의 시작이 곧 예수를 신뢰하는 믿음이기 때문입니다. 이렇게 팔정도(八正道)에 믿음이 없다면 기초석(基礎石)을 놓지 않은 상태에서 집을 짓는 것과 같은 것입니다.

때문에 해탈의 길을 가는 불자들은 무엇보다 먼저 부처님을 믿어야 합니다. 이렇게 부처님을 올바로 믿고 신뢰할 때 부처님의 가르침을 들을 수 있는 것입니다. 이와 같이 해탈로 가는 수행불자들에게 가장 중요한 것은 부처님에 대한 올바른 믿음이라 할 수 있습니다. 그러므로 해탈로 가는 길의 첫 관문이며 첫 길은 정견(正見)이 아니라 정신(正信)이며 팔정도가 아니라 십정도(十正道)입니다. 이 때문에 해탈로 가는 두 번째 길은 정신(正信)에 이어 정청(正聽)인 것입니다.

2. 정청(正聽)

정청(正聽)은 부처님의 말씀을 올바로 들으라는 말입니다. 왜냐하면 부처님의 말씀을 아무리 많이 듣고 열심히 공부를 한다 해도 부처님의 가르침을 잘못 듣거나 자기 욕심을 채우기 위해서 듣는다면 아무런 소용이 없기 때문입니다. 이렇게 부처님을 올바로 믿고 부처님의 말씀을 올바로 듣는 것은 매우 중요한 것입니다.

오늘날 불자들을 가르치는 스님들이 불자들에게 부처님의 말씀을 왜곡(歪曲)하거나 거짓증거를 하는 것은 스님들의 사심(私心) 때문에 부처님의 올바른 가르침을 듣지 못하고 불자들을 가르치기 때문에 나타나는 현상입니다. 결국 스님들이 부처님의 말씀을 사심(私心) 없이 올바로 듣느냐 아니면 자기 욕심을 채우기 위해서 듣느냐 하는데 따라서 불자들을 올바로 가르칠 수 있고 그릇 가르칠 수도 있는 것입니다.

오늘날 스님들이 불자들에게 부처님의 말씀을 통해서 운수대통(運數大通)과 만사형통(萬事亨通)을 빌어주며 부처님의 거룩한 말씀을 기복(祈福)으로 왜곡(歪曲)시키고 있는 것은 스님들 안에 내재 되어 있는 욕심 때문입니다. 이 때문에 지금까지 불교 안에 부처님의 진리를 올바로 깨달은 스님들이 없고 해탈의 길은 멀어져만 가는 것입니다. 이렇게 부처님의 말씀을 올바로 듣는 정청(正聽)은 스님들이나 불자들에게 중요한 것입니다.

그러므로 욕심을 버리고 해탈로 가는 길이 정신(正信) 뒤에 정청(正聽)입니다. 그런데 이렇게 중요한 정신(正信)과 정청(正聽)을 팔정도에서 제외시켜 버린 것입니다. 때문에 스님들이 기독교는 믿는 신앙이지만 불교는 보는 신앙이라 자랑스럽게 말하고 있습니다. 이것은 마치 스님들이 불교는 초등학교나 중학교를 거치지 않고 고등학생이 되었다고 주장하는 것과 같습니다. 이것은 모두 부처님의 진정한 뜻이나 말씀을 모르는 무지(無知)의 소치(所致)입니다. 그러나 불자들이 가는 해탈(解脫)의 길이나 기독교가 가는 부활(復活)의 길은 오직 반야(하나님)가 정해놓은 길을 순서대로 걸어가야 이루어지는 길입니다. 그리고 영생(永生)의 길은 오직 한 길이며 절대로 둘이 될 수 없고 다른 길도 없다는 것을 알아야 합니다.

왜냐하면 신(神)은 하나이며 진리도 하나이고 영생(永生)으로 가는 길도 하나이기 때문입니다. 이렇게 부처님의 말씀을 잘못 듣는다거나 욕심으로 잘못 받아들인다면 해탈의 길은 오히려 점점 멀어질 수밖에 없습니다. 그러므로 부처님을 올바로 믿는 것도 중요하지만 부처님의 말씀을 올바로 듣는 것도 매우 중요합니다. 이 때문에 첫째는 부처님을 올바로 믿어야 하며 둘째는 부처님의 말씀을 올바로 듣고 이해해야 하는 것입니다.

왜냐하면 부처님을 올바로 믿고 부처님의 가르침을 올바로 듣지 않고는 부처님의 말씀을 올바로 볼 수 없기 때문에 정견(正見)을 하려면 먼저 정신(正信)과 정청(正聽)을 해야 합니다. 이렇게 정신과 정청을 하는 수행자들이 정견(正見)을 할 수 있는 것입니다.

3. 정견(正見)

정견(正見)은 부처님의 말씀을 올바로 보라는 말입니다. 부처님의 말씀을 올바로 보기 위해는 먼저 부처님을 올바로 믿고 그의 가르침을 올바로 들어야 합니다. 그런데 부처님을 올바로 믿지 않거나 부처님의 말씀을 올바로 듣지 않는다면 절대로 부처님의 말씀을 올바로 볼 수 없습니다. 이 때문에 정견(正見)을 할 수 있는 부처님의 제자들은 정신(正信)과 정청(正聽)의 과정을 모두 거친 자들입니다. 그러므로 수행불자들이 정견(正見)을 올바로 행하려면 먼저 정견에 대하여 올바로 이해하는 것이 중요합니다. 정견(正見)이란 바르게 보라는 뜻인데 부처님께서 말씀하시는 정견의 깊은 뜻은 육안으로 보이는 외적세계는 물론 보이지 않는 내면의 세계까지 분명하고도 확실하게 보라는 뜻입니다.

이렇게 부처님께서 말씀하시는 정견은 열반(涅槃)의 세계, 즉 진리를 올바로 보라는 것입니다. 불자들이 사물을 정확히 보지 못하면 실수를 하게 되고 진리를 올바로 보지 못하면 해탈의 길을 갈 수가 없습니다. 그러므로 올바로 보는 것은 무엇보다 중요한 것입니다. 그런데 불자들이 진리나 열반(涅槃)

의 세계를 올바로 보지 못하는 것이 아니라 육안으로 보이는 현실도 바로 보지 못하고 있습니다. 이렇게 불자들이 부처님의 진리를 올바로 보지 못하기 때문에 평생 신앙생활을 하고 산속에 들어가 수행을 해도 해탈이 되지 않는 것입니다. 그러므로 진리를 분명하고 확실하게 본다는 것은 무엇보다 중요합니다.

모든 문제의 시작은 듣거나 보는데서 부터 시작되는 것이며 올바르게 듣고 보느냐 아니면 올바로 듣고 보지 못하느냐에 성공과 실패가 결정이 되는 것입니다. 수행자들이 화두(話頭) 하나를 붙잡고 1년 혹은 10년 혹은 평생토록 참선(參禪)을 하는 것은 정견(正見), 즉 바르게 보고 올바르게 이해하여 화두의 배후에 숨겨져 있는 깊은 뜻을 깨닫기 위함입니다.

이렇게 정견(正見)은 중생들에게 가장 기초적이며 가장 중요한 위치를 차지하고 있는 것입니다. 만일 중생들이 언제나 바른 생각과 바른 마음과 올바른 눈으로 진리를 바라보며 사물을 자세히 관찰하는 삶이 생활화 된다면 부처님의 진리도 깨달아서 반드시 견성성불(見性成佛)을 하게 될 것입니다. 그런데 불자들이 정진수행(精進修行)을 하면서 올바르게 볼 수 없는 것은 올바른 생각, 즉 맑고 깨끗한 정신이 없기 때문입니다.

중생들이 올바른 생각을 가지려면 마음에 사심(私心)이나 욕심이 없어야 합니다. 욕심을 버릴 때만이 모든 사물과 진리를 올바르게 관찰할 수 있고 그 배후에 숨겨진 비밀까지도 볼 수 있습니다.

결국 정견(正見)을 할 수 있는 사람은 바른 눈을 가진 사람이 아니라 바른 생각을 가진 자라는 말입니다. 그러므로 불자들이 깨달음을 얻으려면 먼저 참회(懺悔)하는 마음을 가지고 더러워진 생각, 즉 전도(顚倒)된 몽상(夢想)을 버리고 올바른 생각을 가져야 하는 것입니다. 이 때문에 이어지는 말씀이 정사유(正思惟)입니다.

4. 정사유(正思惟)

정사유(正思惟)는 올바르게 생각하라는 말입니다. 정사유(正思惟)는 정견(正見) 뒤에 이어지는 말씀으로 부처님께서 말씀하시는 정사유는 보고 느낀 것을 올바르게 생각을 하라는 말입니다. 왜냐하면 어떠한 문제나 사건들을 아무리 올바로 직시하였다 해도 잘못된 생각, 즉 사심이나 욕심을 가지고 생각을 하게 된다면 잘못된 판단과 나쁜 결과를 가져오게 되기 때문입니다. 이 때문에 올바르게 보는 것도 중요하지만 올바른 생각을 해야 한다는 것입니다. 그러므로 정견(正見) 뒤에 바른 이해와 바른 생각은 무엇보다 중요한 것입니다.

사람들이 잘못된 생각을 하는 것은 곧 정의(正義)를 생각하지 않고 오직 자신의 실리(實利)나 자신의 욕심만을 채우려는 데서 발생합니다. 불자들이 욕심을 버리고 언제나 올바른 생각과 진실한 마음으로 바른 판단을 하고 살아간다면 언젠가는 부처님과 같은 생각과 마음으로 변화될 것이며 반드시 해탈에도 이르게 될 것입니다.

　그러나 중생들은 전도(顚倒)된 몽상(夢想), 즉 이 세상의 외식(外飾)과 거짓으로 포장된 것을 듣고 보면서 머릿속에 입력시켜 이 세상을 살아가고 있습니다. 이렇게 이 세상의 무상(無常)한 것들에 의해서 머릿속에 쌓인 생각들이 바로 고정관념(固定觀念)이 되는 것인데 이것이 곧 자신의 존재입니다. 불자들이 거짓되고 욕심이 많은 것은 부처님의 말씀에 따라 살아가는 것이 아니라 세상을 바라보고, 세상을 의지하며 살았기 때문입니다.

　이것은 불자들이 부처님의 말씀을 도외시하고 어릴 때부터 자신의 실리(實利)와 유익만을 추구하며 욕심으로 살아왔기 때문에 나타나는 현상입니다. 그러므로 부처님은 불자들에게 자신의 유익만을 생각하고 행동하지 말고 양심에 묻고 행동하라는 것입니다.

　왜냐하면 생각은 거짓되지만 마음은 진실하기 때문입니다. 선한 양심은 바로 부처님의 마음을 말하는데 부처님의 마음은 진리를 통해서 불자들에게 잘 보여주고 있습니다. 이렇게 정사유(正思惟)는 선한 양심을 가지고 살아갈 때만이 가능합니다. 그러므로 진정한 불자라면 오직 부처님의 진리만을 주야로 묵상(默想)하며 진리에 따라서 진실한 마음을 가지고 살아가야 합니다. 이렇게 진실한 마음을 가진 사람은 자신이 본 것을 올바르게 생각하게 됩니다.

그러므로 정견(正見)을 한 후에는 반드시 정사유(正思惟)를 하고 정사유를 하기 위해서는 진실한 마음을 가지라는 것입니다. 이것이 곧 부처님께서 말씀하신 정사유(正思惟)입니다. 그런데 아무리 잘 보고 올바로 생각을 한다 해도 그 보고 생각한 바를 올바르게 말로 전달하지 못한다면 아무런 소용이 없습니다.

이 때문에 부처님은 정사유(正思惟)에 이어 정어(正語)를 가르쳐주신 것입니다.

5. 정어(正語)

정어(正語)란 바른말, 즉 진실한 말을 말합니다. 중생들이 바른 말을 하기 위해서는 사물을 올바로 보고 정확히 판단해야 합니다. 만일 사물을 올바로 보지 못하거나 올바른 생각을 하지 않고는 절대로 바른 말을 할 수가 없습니다. 이렇게 바른 말은 반드시 바르게 보고 올바른 생각을 가진 자만이 할 수 있는 것입니다.

요즈음 이 세상에 사기꾼과 도적들이 들끓고 부정부패(不淨腐敗)가 난무(亂舞)하는 사회가 된 것은 바로 잘못된 사고(思顧)와 거짓된 말에서 비롯된 것입니다. 그러므로 사람들이 이것만은 "진실이다, 진실이다" 하는 말 속에도 거짓이 숨어 있는 부패한 사회가 되었습니다.

그보다 더 중요한 것은 진실과 진리를 가르치고 전해야 하는 종교 지도자들도 진리를 왜곡(歪曲)하여 비 진리를 진리인 것처럼 가르치며 전파하는 세상이 되어버린 것입니다. 옛말에 "입은 삐뚤어졌어도 말은 똑바로 하라"는 말이 있습니다. 이것은 너무나 거짓과 외식(外飾)이 난무(亂舞)하는 세상이 되었다는 것을 말해주는 것입니다.

사람의 말 한마디가 상대의 마음을 상하게 할 수도 있고 기쁘게 할 수도 있습니다. 더 나아가서는 진실한 말 한마디로 인하여 죽을 사람이 살 수도 있으며, 거짓말이나 부주의한 말 때문에 사람이 억울하게 죽을 수도 있는 것이 바로 말입니다.

요즈음 인터넷에 올린 악성 댓글로 인해서 유명배우가 자살을 하게 되고 그에 따른 동반자살자들이 등장하게 되는 것을 매스컴을 통해서 볼 수 있습니다. 이렇게 있지도 않은 사실을 만들어 사람을 곤경에 빠뜨려 자살하도록 만드는 것은 간접살

인에 해당하는 것입니다. 이러한 범죄를 하면서도 자신은 통쾌하게 생각을 하겠지만 앞으로나 내생에 자신이 받아야 할 그 죄 값의 고통에 대해서는 전혀 모르고 있는 것입니다.

그러므로 말 한마디를 하더라도 신중을 기울여서 올바르고 진실하게 해야 합니다. 그런데 만일 수행 불자들이 말을 바르게 하지 않거나, 거짓을 말한다면 진리의 길은 갈 수가 없고 가서도 안 됩니다. 이 때문에 부처님께서 불자들에게 정어(正語)를 가르쳐주신 것입니다.

사람들이 하는 말을 세분화 하면 여러 부류의 종류들이 있습니다.
(가) 쓸데없는 말을 주고받는 잡담
(나) 사람을 웃기려는 농담
(다) 사람을 저주하는 악담
(라) 사람에게 도움을 주는 덕담
(마) 진리를 전하는 도담.

상기의 말 중에 가장 귀하고 소중한 말은 도담(道談)이라 하는데, 도담(道談)은 깨달은 부처님들의 입에서 나오는 말씀으로 중생들이 열심히 듣고 알아야 하는 말이 곧 도담(道談)인 것입니다.

오늘날 불자들이 부처님의 입에서 나오는 감로수(甘露水)와 같은 말씀을 날마다 듣고 그 말씀대로 살아간다면 반드시 해탈에 이르게 될 것입니다. 문제는 오늘날 득도(得道)를 하여 성불(成佛)한 산 부처가 존재하고 있느냐 하는 것입니다. 그런데 부처님께서 말씀하시기를 산 부처는 어느 시대 어느 곳에나 항상 계시다고 말씀하십니다.

　반야(般若)가 영원 전부터 영원까지 시공(時空)을 초월하여 계신 것과 같이 성불한 부처님들도 삼세제불(三世諸佛)이 되어 전생(前生)이나 현생(現生)에 그리고 내생(來生)까지도 항상 불자들과 함께 계신 것입니다.

　단지 중생들이 혜안(慧眼)이 없어 부처님이 눈앞에 와 계신다 해도 보지 못할 뿐입니다.

　그러므로 불자들은 부처님을 향하여 자신의 욕심을 채우기 위해 구하고 찾지 말고 오늘날 살아 계신 부처님을 친견(親見)하기 위해 간절한 마음으로 기도해야 합니다. 그러면 부처님의 가피(加被)로 오늘날 살아계신 부처님을 만나게 될 것입니다. 이렇게 진실한 마음을 가지고 올바른 말을 하면서 신앙생활을 열심히 한다면 부처님을 만나게 될 것이며 성불(成佛)하여 해탈(解脫)에도 이르게 될 것입니다.

　그러므로 오늘날 불자들은 부처님의 말씀에 따라 정견(正見)과 정사유(正思惟)에 이어 정어(正語)를 반드시 생활화해야 합니다. 그런데 아무리 올바른 생각을 하고 올바른 말을 한다 해도 그의 삶이 올바르지 않다면 아무소용이 없는 것입니다. 이 때문에 부처님은 정어(正語)에 이어 정업(正業)을 가르쳐주신 것입니다.

6. 정업(正業)

정업(正業))은 사람의 바른 행위나 행동을 말하고 있습니다. 불교에서 업(業)이라 함은 행업(行業), 즉 전생에 지은 선업(善業)이나 악업(惡業)을 말하고 있는데 부처님께서 말씀하시는 정업(正業)은 선한 직업이나 악한 직업을 말하는 것이 아니라 올바른 일, 즉 정당한 행위를 말합니다. 그런데 어떤 불교 학자들은 정업(正業)을 올바른 직업 혹은 정당한 직업이라 말합니다. 그래서 불자들에게 정육점이나 술장사 혹은 보신탕 집 같은 직업을 갖지 말라 하는 것입니다. 그러나 부처님께서 말씀하시는 정업(正業)은 불자들이 가지고 있는 직업에 국한된 것이 아니라 불자들의 모든 행위, 즉 올바른 삶을 말씀하고 있습니다.

이것은 수행불자들이라면 모든 삶이 정직하고 진실하여 세상의 빛과 소금과 같은 존재가 되어 중생들에게 모범이 되어야 한다는 뜻입니다. 중생들이 세상을 살아가면서 말은 진실한 척하면서 실제 행동은 전혀 다른 사람들이 많습니다. 즉 언행(言行)이 일치하지 않는다는 말입니다. 이렇게 언행이 다른 사람들은 대개 자신의 허물이나 불리함은 감추고 자기 의(義)만 나타내려는 자들입니다. 이런 자들은 언제나 자기의 실리(實利)나 이권을 취하려는 욕심 때문에 언행이 일치(一致)하지 않는 것입니다. 이렇게 거짓된 행동을 하게 되면 그 악업이 쌓여 현생이나 내생에 고통을 받게 되는 것입니다.

중생들의 모든 화복(禍福)은 행업(行業), 즉 사람의 행위로 인해 나타나게 되는데 선업(善業)은 복으로 나타나며 악업(惡業)은 고통으로 나타나게 되는 것입니다. 이렇게 사람의 행위는 앞으로 나타날 삶의 중요한 결과를 가져오게 되는 것으로 중생들의 생활 속에서 고의(故意)로 혹은 무심코 짓는 업(業)이 이생 뿐만 아니라 내생에까지 이어지게 되는 것입니다. 그런데 중생들이 짓는 행업 중에 제일 많이 짓는 악업이 구업(口業)입니다. 왜냐하면 중생들은 이 세상을 살아가면서 말을 제일 많이 하고 분별없이 함부로 하기 때문입니다. 이 세상에서 사람들이 하는 말을 녹취 혹은 도청을 하듯이 불자들이 하는 말도 천상에 모두 녹음이 된다는 것을 알아야 합니다.

그러므로 수행불자들은 물론 중생들도 말을 함부로 해서는 안 됩니다. 수행불자들은 항상 선한 말을 하고 남에게 덕이 되는 말을 해야 합니다. 이렇게 중생들의 업(行業)이 현생이나 내생에 인과응보(因果應報)로 나타나기 때문에 수행불자들은 항상 부처님의 가르침에 따라 올바르게 행동하면서 진실하게 살아야하는 것입니다. 오늘날의 종교, 즉 불교나 기독교는 신앙인들에게 진실과 올바른 삶을 가르쳐 신앙인들에게 이 어두운 세상을 밝히는 빛으로 만들어 이 세상을 극락(極樂)과 천국과 같이 평온하고 행복한 곳으로 만들기 위해서 세워진 것입니다. 그런데 안타깝게도 오늘날 종교는 이러한 사명(使命)을 감당하지 못하고 있습니다. 왜냐하면 옛말에 "중이 염불에는 관심이 없고 젯밥에만 가있다"는 말과 같이 오늘날 종교는 영혼을 구제(救濟)하는 것보다 욕심에 치우쳐 있기 때문입니다. 이 때문에 오늘날 종교들이 사업화 되고 기업화(企業化) 되어 가고 있는 것입니다.

그러므로 스님들은 서로 자기 절만이 진실하다고 말하며 목사들은 자기 교회만이 올바른 교회라고 주장을 하고 있는 것입니다. 이렇게 자기 종교가 옳다고 주장하는 스님들이나 목사님들도 많은데 세상은 점점 더 악해져 가고 더욱 부패해 가고 있습니다. 이것은 오늘날의 종교, 즉 스님들이나 목회자들이 모두 부처님이나 하나님의 뜻을 망각하고 욕심에 치우쳐 있기 때문입니다. 그러므로 오늘날 종교인들은 모두 참회(懺悔)하고 진리에 따라 본연(本然)의 자세로 돌아가야 합니다.

특히 수행하는 불자들은 더욱 언행(言行)을 올바로 가져야

합니다. 부처님은 이 때문에 정견(正見), 정사유(正思惟), 정
어(正語)에 이어 정업(正業)을 가르쳐 주신 것입니다. 그러므
로 수행불자들은 부처님의 가르침에 따라 모든 수행을 올바르
게 해야 하는 것입니다.

7. 정명(正命)

정명(正命)이란 뜻을 불교사전에서 찾아보면 팔정도(八正
道)의 하나로 올바른 생활, 그리고 올바른 생활방법이라고 기
록되어 있습니다. 그러나 부처님께서 말씀하시는 정명은 올바
른 명령, 즉 수행자(修行者)들이 반드시 지켜야 할 부처님의
말씀을 말하고 있습니다. 왜냐하면 부처님의 말씀을 명령으로
알고 올바로 지키지 않으면 올바른 생활을 할 수 없기 때문입
니다. 그러므로 수행자들은 부처님의 말씀을 법과 같이 엄히
지키고 부처님의 말씀을 조금이라도 가감(加減)해서는 안 되
는 것입니다.

오늘날 불교가 부패해 가는 것은 부처님의 말씀을 가감하
여 교리(敎理)와 제도(制度)의 틀을 만들어 부처님의 뜻을 왜
곡(歪曲)하고 있기 때문입니다. 불자들이 이렇게 오염(汚染)
된 말씀이나 가감(加減)된 말씀을 듣거나 받아먹으면 그것이
독(毒)이 되어 그 영혼은 죽게 되는 것이며 결국 지옥(地獄)으로

가게 됩니다. 그러므로 수행불자들은 오늘날 살아계신 부처님을 찾아 올바른 가르침을 받아야 하는 것입니다. 부처님께서 말씀하시는 정명(正命)은 부처님께서 가르쳐주신 모든 말씀을 말하는데 특히 삼학(三學)인 계(戒), 정(定), 혜(慧)를 말합니다.

삼학(三學) : 불도를 수행하는 자들이 반드시 알고 지켜야 하는 부처님의 가르침.

(가) 계학(戒學) : 지옥계에서 아귀계로 나와 천상계에 들어가기 위해 지켜야 하는 부처님의 계율. (오계와 십계)
(나) 정학(定學) : 아귀계와 축생계를 거처 수라계로 나온 자들이 심신을 정결케 하기 위해서 받아야 하는 부처님의 가르침.
(다) 혜학(慧學) : 계학과 정학을 통해서 심신이 정결하게 된 자가 견성(見性)에 이르기 위하여 받아야 하는 부처님의 가르침.

상기의 삼학(三學)은 수행불자들이 천상에 올라 부처가 되려면 누구나 지켜야 할 부처님의 가르침입니다. 수행자들이 삼학에 따라 정진수행(精進修行)을 계속한다면 견성성불(見性成佛)하여 관자재보살(觀自在菩薩)이 되는 것입니다. 그런데 오늘날 수행불자들이 깨달은 산 부처님들을 만나지 못해 올바른 가르침을 받지 못하고 있습니다.

　그러므로 수행불자들은 스님들을 통해서 가르침을 받고 있는 실정입니다. 이렇게 수행불자들이 오늘날 살아계신 부처님을 만나지 못해서 아직 성불(成佛)하지 못한 스님들의 가르침을 받고 있기 때문에 해탈의 길은 오히려 멀어져 가고 있는 실정입니다.

　그러므로 오늘날 수행자들은 이제부터라도 불교의식과 제도(制度)의 틀에서 벗어나 오늘날 살아계신 부처님을 찾아서 올바른 가르침을 받아야 합니다. 이렇게 수행불자들이 부처님과 삼학(三學)을 통해서 가르침을 열심히 받는다면 삼악도(三惡道)인 지옥(地獄)과 아귀(餓鬼)와 축생(畜生)의 탈을 벗어나 수라(修羅)와 인간계(人間界)로 들어가서 해탈(解脫)이 될 것입니다.

　그러므로 부처님은 수행불자들에게 반드시 필요한 정명(正命)을 가르쳐주신 것입니다. 그런데 아무리 부처님의 말씀을 지상명령으로 지킨다 해도 인내(忍耐)와 지구력(持久力)을 가지고 열심히 정진(精進)을 하지 않는다면 아무런 소용이 없습니다. 때문에 부처님은 정명(正命)에 이어 정정진(正精進)을 가르쳐 주신 것입니다.

8. 정정진(正精進)

정정진(正精進)은 올바르게 정성을 다해 나가라는 뜻입니다. 정진(精進)의 뜻을 불교사전에서 찾아보면 "사물에 정성을 들여 오로지 나아가는 것, 힘써 노력하는 것, 용감하게 깨달음의 길을 걷는 것" 등으로 나타나 있습니다. 그런데 부처님께서 말씀하시는 정정진(正精進)의 진정한 뜻은 진리의 길, 즉 해탈의 길을 마음과 정성을 다해 열심히 나아가라는 말씀입니다.

이와 같이 올바른 정정진은 부처님의 가르침에 따라 일순간의 머무름도 없이 인내와 지구력(持久力)을 가지고 끊임없이 정진(精進)하는 것입니다. 그런데 수행불자들이 해탈을 위해 정진수행(精進修行)을 할 때에 부처님의 가르침에 근거하지 않고 불교의 교리나 자신의 노력으로 해탈을 하려고 하면 절대로 안 되는 것입니다.

왜냐하면 부처님만이 능제일체고(能除一切苦)로서 무지한 중생들의 고통을 제거해주고, 깨닫게 하시고, 해탈에 이를 수 있도록 도와주시기 때문입니다.

그러므로 해탈은 부처님의 말씀을 벗어나서는 절대로 다른 길이나 다른 방법이 없다는 것을 명심해야 합니다. 이것은 예수님께서 "내가 길이요 진리요 생명이니 나로 말미암지 않고는 아버지(천국)께 갈 자가 없다고" 하신 말씀과 같은 뜻입니다. 사람들이 하는 말 중에 "길이 아니면 가지 말라"는 말이 있는데 이 말은 길이 다르거나 길을 모르면 출발도 하지 말라는 뜻입니다. 이렇게 해탈을 하기 위해 정진수행(精進修行)을 하는 자들이 성불(成佛)의 길을 모르면 떠나지 말아야 하고 만일 지금 잘못 가고 있다면 가는 길을 중단해야 합니다.

그런데 불행하게도 오늘날의 수행불자들이 부처님의 참 뜻과 부처님께서 가르쳐 주신 해탈의 길에 대한 수행방법을 확실히 모르는 상태에서 수행을 하고 있는 것입니다. 올바른 해탈의 길이나 올바른 수행방법은 부처님께서 말씀하듯이 행심반야바라밀다(行深般若波羅蜜多), 즉 반야(般若)를 믿고 의지하면서 육바라밀(六波羅蜜)을 열심히 행하는 것입니다. 그러므로 오늘날 수행불자들이 해탈을 하려면 오직 반야를 믿고 의지하면서 반야의 뜻에 따라 육바라밀을 향해 혼신(渾身)을 다해 정진수행을 해야 합니다.

이것이 바로 부처님께서 오늘날 수행불자들에게 가르쳐주신 정정진의 뜻입니다. 정정진(正精進)에 이어지는 말씀은 정념(正念)입니다.

왜냐하면 정진(精進)을 하는 수행자들이 올바른 생각과 마음을 가지고 하지 않으면 아무 소용이 없기 때문입니다.

9. 정념(正念)

부처님께서 팔정도(八正道)를 통해서 말씀하시는 정념(正念)의 뜻은 정사유(正思惟)와 유사하여 혼동할 수 있습니다. 정사유(正思惟)는 올바른 사고(思考)나 바른 견해(見解)로 올바로 생각하라는 뜻이며 정념(正念)은 세상의 번뇌망상(煩惱妄想)을 버리고 오직 부처님의 말씀에 착념(着念)하라는 뜻입니다. 그런데 세상의 생각을 버리고 부처님의 말씀만을 생각하면서 산다는 것은 결코 쉬운 일이 아닙니다. 그보다 부처님의 말씀대로 수행을 한다는 것은 더더욱 힘든 일입니다.

지금까지 출가수행자들이 수십 년 혹은 수백 년 동안 도(道)를 닦아도 번뇌망상(煩惱妄想)에서 벗어나 해탈된 산 부처가 없었다는 것은 정념(正念)이 그만큼 어렵다는 것을 말해주는 것입니다. 때문에 부처님은 불자들에게 반야(般若)를 신(神)으로 믿고 의지하라고 말씀하시는 것입니다. 왜냐하면 부처님도 반야(般若)를 신(神)으로 믿고 의지할 때 반야의 도움에 의해서 해탈 되셨기 때문입니다. 그런데도 불구하고 오늘날 불교는 신(神)은 존재하지 않는다고 가르치며 부처님의 해탈도 자각(自覺)에 의한 것이라 가르치고 있습니다. 그러나 신(神)이 존재하지 않는다면 해탈이나 성불은 물론 이 세상에 존재하는 인간이나 생물들이 하나도 존재할 수 없다는 것을 알아야 합니다.

타종교에서 불교를 일종의 철학이며 종교로 인정하지 않는 것은 불교가 신(神)을 부정하고 있기 때문입니다. 이렇게 불교는 신(神)을 인정하지 않기 때문에 수행자들이 신을 의지하지 않고 자각(自覺)에 의해서 해탈을 하려고 온갖 노력을 해보지만 해탈은 되지 않는 것입니다.

그러므로 오늘날 불자들은 무엇보다 먼저 반야(般若)를 신(神)으로 인정하고 반야를 믿고 의지하는 것이 시급한 일인 것입니다. 만일 불교나 수행자들이 지금부터라도 반야를 신으로 믿고 의지한다면 반야의 도우심으로 반드시 해탈 될 것입니다.

이와 같이 부처님께서 말씀하시는 정념(正念)은 신을 올바로 알고 신만을 주야로 묵상하라는 말씀입니다. 왜냐하면 부처님도 행심반야바라밀다시(行深般若波羅蜜多時) 조견오온개공(照見五蘊皆空) 도일체고액(度一切苦厄)을 하여 관자재보살(觀自在菩薩)이 되셨기 때문입니다.

오늘날 불자들이 부처님을 믿는다는 것은 부처님이 하신 말씀을 믿는 것입니다. 그런데 불자들이 이러한 부처님의 말씀을 믿지 않고 부처님만 믿는다면 그것이 바로 우상을 섬기는 것이며 무속신앙(巫俗信仰)인 것입니다.

그러므로 부처님께서 말씀하시는 정념(正念)은 전도(顚倒)

된 몽상(夢想)을 버리고 오직 부처님의 말씀만을 생각하여 해탈에 이르라는 뜻입니다. 이렇게 부처님은 해탈의 길을 가는 수행자들에게 올바른 생각을 가지고 반야를 주야(晝夜)로 묵상(默想)하며 수행하라는 뜻에서 정념(正念)을 가르쳐 주신 것입니다.

그런데 올바른 정념을 하려면 청정(淸淨)하고 평안한 마음이 있어야 합니다. 왜냐하면 수행자의 마음이 더럽거나 혼탁(混濁)하면 올바른 정념(正念)을 할 수가 없기 때문입니다. 그러므로 부처님께서 수행자들의 마음을 깨끗하고 평온케 하는 정정(正定)을 말씀하신 것입니다.

10. 정정(正定)

십정도(十正道)의 마지막 가르침인 정정(正定)은 마음에 대하여 말씀하신 것으로 뜻은 편안한 마음, 안정된 마음, 깨끗한 마음 등의 의미를 가지고 있습니다. 이렇게 정정(正定)은 정결하고 진실한 마음을 말하는데 부처님께서 말씀하시는 정정(正定)의 뜻은 수행자들의 마음속에 자리 잡고 있는 탐, 진, 치(貪, 瞋, 癡)를 모두 버리고 청정심(淸淨心)이 되라는 뜻으로 말씀하신 것입니다.

왜냐하면 불자들의 번뇌 망상(煩惱妄想)은 마음속에 들어있는 탐, 진, 치(貪, 瞋, 癡)로 인해서 일어나기 때문입니다. 그러므로 부처님이 말씀하시는 정정(正定)의 뜻은 마음의 수행을 통해서 욕심을 버리고 청정(淸靜)한 마음이 되라는 것입니다. 절에서 스님들이 법문(法文)을 할 때 욕심을 버리라고 하며 어떤 스님은 무소유(無所有)를 강조하는 것은 바로 이 때문입니다.

이렇게 욕심을 버리라고 가르치는 스님도 많고 무소유를 주장하는 스님도 있지만 아직까지 욕심을 버리거나 무소유(無所有)가 된 스님은 한분도 없습니다. 왜냐하면 욕심을 버리고 무소유가 된 스님은 이미 스님이 아니라 부처님이기 때문입니다. 오늘날 절마다 금부처나 돌부처를 모시고 있는 것은 아직 불교 안에는 산 부처가 없다는 것을 말해주는 것이며 이것은 지금까지 불교 안에 욕심을 버리고 해탈 된 스님이 없다는 것을 증명하는 것입니다.

이렇게 욕심을 버린다는 것은 어렵고 힘든 것입니다. 이 말은 부처가 되는 것이 힘든 것이 아니라 욕심을 버리고 무소유(無所有)가 되는 것이 어렵다는 것입니다. 오늘날 큰 스님이라는 분이 무소유(無所有)를 주장하며 모든 재산과 직분을 버리고 산속의 암자로 들어가신 분이 있습니다. 그러나 큰스님의 무소유(無所有)는 얼마 안 되어 모두 거짓이라는 것이 드러난 것을 볼 수 있습니다. 왜냐하면 큰 스님은 더 큰 욕심을 채우기 위해서 잠시 무소유(無所有)라는 원맨쇼를 한 것에 불과하기 때문입니다.

　부처님께서 말씀하시는 무소유(無所有)는 재물을 버리는 것이 아니라 자신 안에 들어있는 욕심과 탐심(貪心)을 모두 버리는 것입니다. 즉 진정한 무소유는 자아(自我)를 버리고 무아(無我)가 되는 것을 말합니다. 이렇게 부처님이 말씀하시는 정정(正定)은 자신 안에 있는 더러운 욕심과 탐심을 버리고 청정(淸淨)한 마음이 되는 것입니다. 그런데 문제는 전생에서부터 쌓이고 쌓여 굳어진 욕심을 어떻게 버리느냐 하는 것입니다. 부처님은 불자들에게 욕심을 버리는 것은 자기의 의지나 노력으로 되는 것이 아니라 시대신(是大神)이시며 능제일체고(能除一切苦)이신 반야(般若)를 믿고 의지할 때 반야에 의해서 없어진다고 말씀하고 있습니다.

　이렇게 불자들이 반야를 신으로 믿고 의지하면서 부처님의 가르침을 받을 때 욕심과 탐심(貪心)은 점진적(漸進的)으로 조금씩 없어지게 됩니다. 그러므로 수행자들은 반드시 반야(般若)를 신(神)으로 믿고 오늘날 살아계신 부처님을 찾아서 그 가르침에 따라 정진수행(正進修行)을 해야 하는 것입니다. 이렇게 부처님이 가르쳐주신 팔정도에 따라서 신행생활과 마음의 수행을 계속한다면 생로병사(生老病死)의 윤회(輪廻)에서 벗어나 일불승(一佛乘)이 되어 모두 부처가 될 것입니다.

51. 次復有佛하시니 亦名 日月燈明이며 次復有佛하시니
    차부유불   역명 일월등명   차부유불

    亦名 日月燈明이라
    역명 일월등명

    如是二萬佛이 皆同一字시니 號는 日月燈明이며
    여시이만불   개동일자   호   일월등명

    又同一姓이시니 姓은 頗羅墮니라
    우동일성   성   파라타

[번역] 그 다음에 부처님께서 계셨으니, 이름이 또한 일월등명
이고, 다음에 또 부처님께서 계셨으니, 이름이 또한 일월등명
이며, 이렇게 2만의 부처님이 모두 한가지로 일월등명이라 이
름 하였으며, 성도 똑같아서 모두 파라타였습니다.

[해설] 문수보살이 부처님을 일월등명(日月燈明)이라고 말씀
하시는 것은 부처님의 광명이 하늘에서는 해와 달과 같고 땅
에서는 등불과 같다고 해서 부르는 이름인 것입니다. 이렇게
일월등명은 무명의 중생들을 제도(濟度)하고 있는 부처님 혹
은 보살(菩薩)들을 말하며 파라타(頗羅墮)는 앞으로 성불(成
佛)하여 부처님과 같이 일불(一佛)이 되기 위해 열심히 정진
(精進)하고 있는 보살(菩薩)들을 말하고 있습니다.

부처님들은 예나 지금이나 이름이 모두 동일하게 일월등명이라고 말씀하시는 것은 부처님의 성품이나 행하시는 일들이 모두 동일하기 때문입니다. 이렇게 부처님을 일월등명이라 동일하게 부르는 것은 성품도 같고 행하시는 일도 모두 같아서 파라타라 말한다는 것입니다.

52. 彌勒아 當知하라 初佛後佛이 皆同一字시니
　　미륵　당지　　초불후불　개동일자
　　名 日月燈明이며 十號具足하시고
　　명　일월등명　　십호구족
　　所可說法은 初中後善이라
　　소가설법　초중후선

[번역] 미륵보살이여 첫 부처님이나 나중 부처님의 이름이 다 같아서 일월등명이시고 열 가지 명호가 구족하셨고, 말씀하시는 법문도 처음과 중간과 끝이 모두 훌륭하셨습니다.

[해설] 문수보살(文殊菩薩)은 미륵보살(彌勒菩薩)에게 첫 부처님이나 나중 부처님의 이름이 다 같아서 일월등명(一月燈明)이시며 열 가지 명호(名號)가 모두 구족(具足─충분히 갖추어 있음)하였고 말씀하시는 법문(法門)도 처음과 중간과 끝이 모

두 동일(同一)하게 진실하다고 말씀하고 있습니다.

　왜냐하면 부처님은 진실이시며 진리도 하나이고 생명도 하나고 신(神)도 한분이기 때문에 부처님이 아무리 많아도 일불(一佛), 즉 한분이시며 여러 부처님의 입에서 나오는 비유(譬喩)나 방편(方便)의 말씀도 표현만 다를 뿐 모두 동일(同一)한 뜻인 것입니다.

53. 其 最後佛이 未出家時에 有八王子하니
　　　기　최후불　미출가시　　유팔왕자
　　　一名은 有意요 二名은 善意요 三名은 無量意요
　　　일명　유의 이명　선의　　삼명 무량의
　　　四名은 寶意요 五名은 增意요 六名은 除疑意요 七名은
　　　사명　보의　오명 증의　육명　제의의　칠명
　　　響意요 八名은 法意라 是八王子가 威德이 自在하야
　　　향의　팔명　법의 시팔왕자　위덕　자재
　　　各領四 天下러니
　　　각령사천하

[번역] 그 최후의 부처님이 출가하기 전에 여덟 왕자가 있었으니 맏이는 유의 둘째는 선의 셋째는 무량의 넷째는 보의 다섯째는 증의 여섯째는 제의의 일곱째는 향의 여덟째는 법의였습니다. 이 여덟 왕자는 위엄과 덕이 자유자재하여 각각 사천하

를 다스렸습니다.

[해설] 상기의 말씀은 최후의 부처님이 출가하기 전에 여덟 왕
자가 있었는데 맏이는 유의 둘째는 선의 셋째는 무량의 넷째
는 보의 다섯째는 증의 여섯째는 제의의 일곱째는 향의 여덟
째는 법의였다고 말씀하고 있습니다. 그런데 이 여덟 왕자는
평소에 위엄(威嚴)과 덕이 자유자재하여 부왕의 뜻에 따라 각
각 사천하(四天下)를 다스렸다고 말씀하고 있습니다.

　다른 왕자들은 자신이 세자 책봉(册封)을 받기 위해 혹은 부
왕의 대를 이어 왕이 되기 위해 서로 모함을 하고 싸우고 죽
이는데 이 여덟 왕자들은 아무런 분쟁도 없이 서로 도우며 사
천하를 다스렸다는것은 모두가 본 받아야 할 일입니다.

54. 是諸王子 聞父出家하야 得 阿耨多羅三邈三菩提하고는
　　　시제왕자 문부출가　　　아뇩다라삼먁삼보리
　　　悉捨王位하고 亦隨出家하야
　　　실사왕위　　　역수출가
　　　發大乘意하며 常修梵行하야 皆爲法師호대
　　　발대승의　　　상수범행　　　개위법사
　　　已於千萬佛所에 植諸善本하니라
　　　이어천만불소　　　식제선본

[번역] 이 왕자들이 부왕이 출가하여 최상의 깨달음을 얻으신 줄을 알고는 모두 왕위를 버리고 부왕을 따라 출가하여 대승 심을 내었습니다. 그리고 항상 범행을 닦아 모두 법사가 되었으며 천만 부처님이 계신데서 여러 가지 선한 근본을 심었습니다.

[해설] 이 여덟 왕자는 부왕이 출가(出家)하여 최상의 깨달음을 얻으신 줄을 알고는 모두 왕위를 버리고 부왕을 따라 출가하여 대승심(大乘心)을 내었다고 말씀하고 있습니다. 이 왕자들은 항상 범행을 닦아 모두 법사가 되었으며 천만 부처님이 계신데서 여러 가지 선한 근본을 심었다는 것입니다. 사천하 (四天下)는 수미산 주변에 둘러 있는 네 지역을 말하고 있습니다.

이 말씀은 오늘날 부귀영화(富貴榮華), 즉 세상의 재물과 권력과 명예를 얻기 위해 수단과 방법을 가리지 않고 살아가는 사부대중들에게 큰 교훈(敎訓)을 주고 있습니다. 세상의 왕은 물론 그 왕자들까지 부귀영화(富貴榮華)를 넘치도록 누리고 살아가는 분들입니다. 그런데 부왕(父王)이 부귀(富貴)와 권세(權勢)를 모두 버리고 깨달음을 얻기 위해 출가(出家)하여 부처님이 되니까 그 왕자들도 모두 부왕(父王)을 따라 출가하여 대승심(大乘心)을 내었고 또한 수행정진을 하여 법사(法師)

가 되었으며 또한 여러 부처님을 따라가며 선(善)한 근본(根本)을 심었다는 것입니다.

이것은 세상의 부귀영화(富貴榮華)보다 부처님의 진리나 생명이 얼마나 소중한 보물(寶物)인가를 가르쳐 주는 것입니다. 왜냐하면 세상의 부귀(富貴)와 영화(榮華) 그리고 중생들의 생명은 안개나 물거품과 같이 잠시 있다가 사라지는 것이지만 부처님의 진리와 생명은 영원한 것이기 때문입니다.

55. 是時에 日月燈明佛이 說大乘經하시니 名無量義라
　　시시　일월등명불　설대승경　　　명무량의
　　敎菩薩法이며 佛所護念이시니라
　　교보살법　　　불소호념

[번역] 이때에 일월등명불이 대승경전을 설하셨으니 이름이 무량의경이었습니다. 보살들을 가르치는 법이며 부처님께서 마음에 간직하시고 아끼시는 바입니다

[해설] 일월등명불이 설하신 대승경전(大乘經典)인 무량의경(無量義經)은 곧 금강경(金剛經) 화엄경(華嚴經) 법화경(法華經) 열반경(涅槃經)등을 말하며 이러한 경들은 오직 삼승(三乘)인 보살(菩薩)들을 가르치고 깨우치는 말씀으로 부처님께

서도 호념(護念:유심히 지켜보는)하시는 경(經)이라 말씀하고
있습니다.

56.　說是經已하시고　即於大衆中에　結跏 趺坐하사

　　　설시경이　　　즉어대중중　　결가부좌

　　　入於無量義 處三昧하사　身心不動이러시니 是時에

　　　입어무량의 처삼매　　　신심부동　　　　시시

　　　天雨曼陀羅華와　摩訶曼陀 羅華와 曼殊沙華와

　　　천우만다라화　　마하만 다라화　만수사화

　　　摩訶曼殊沙華하야 而散佛上과 及諸大衆하고

　　　마하만수사화　　이산불상　급제대중

　　　普佛世界가 六種 震動이러라

　　　보불세계　　육종진동

[번역] 부처님은 대승경을 말씀하시고는 대중들 가운데서 결
가부좌하시고 무량의처라는 삼매에 들어가시어 몸도 마음도
동요하지 아니하였습니다. 그 때에 하늘에서 만다라 꽃, 큰
만다라 꽃, 만수사 꽃, 큰 만수사 꽃을 비 오듯 내리시어 부처
님 위와 대중들에게 흩뿌렸습니다.
그러자 여러 세계가 여섯 가지로 진동하였습니다.

[해설] 상기의 말씀은 부처님께서 대승경을 말씀하신 후 무량의처(無量義處)라는 삼매에 들어가셨는데 하늘에서 만다라 꽃, 큰 만다라 꽃, 만수사 꽃, 큰 만수사 꽃을 비 오듯 내리시어 부처님 위와 대중들에게 흩뿌린 것입니다. 그러자 여러 세계가 여섯 가지로 진동하였다고 말씀하고 있습니다.

미륵불은 지금 부처님께서 나타내신 상서(祥瑞 : 불가사의한 일)가 무엇이며 무슨 뜻인지 모르기 때문에 문수사리보살에게 찾아가 물어본 것인데 문수보살은 부처님께서 나타내신 상서(祥瑞 : 좋은 표적)에 대해서 아무런 답변이 없는 것입니다. 그러면 혹시 문수사리보살도 부처님에게 나타난 상서(祥瑞)를 모르고 있는 것은 아닌지? 하는 의구심(疑懼心)마저 드는 것입니다.

부처님이 삼매(三昧)에 드셨을 때 하늘에서 부처님 위와 대중들 위에 비 같이 내렸다는 만다라 꽃이나 만수사 꽃은 세상에서 피는 꽃이 아니라 여래(如來)의 꽃으로 부처님에게서만 피어나는 꽃, 즉 "우주의 진리, 반야(般若)의 지혜 그리고 시대신(是大神)의 말씀"을 화두(話頭)로 나타내신 것입니다.

그러므로 부처님이 삼매(三昧)에 드셨을 때 비와 같이 내린 꽃들은 모두 부처님의 지혜(智慧)와 진리의 말씀이 비와 같이 쏟아져 내렸다는 것을 말하는 것입니다.

그리고 부처님의 세계가 여섯 가지로 진동(振動)하였다는 것은 불자들의 세계인 육계(六界), 즉 지옥(地獄), 아귀(餓鬼), 축생(畜生), 수라(修羅), 인간(人間), 천상(天上)의 세계가 요동(搖動)하였다는 뜻입니다.

불자들이 살고 있는 여섯 세계, 즉 육계(六界)는 후에 부처님이 반야심경을 통해서 말씀하신 육바라밀을 통해서 자세히 말씀 드리겠습니다.

57. 爾時會中에 比丘 比丘尼와 優婆塞 優婆夷와
　　　이시회중　비구 비구니　우바새 우바이
　　　天龍夜叉와 乾闥婆 阿修羅와 迦樓羅 緊那羅와
　　　천용야차　건달바 아수라　가루라 긴나라
　　　摩睺羅伽 人非人과 及諸小王과 轉輪聖旺等
　　　마후라가 인비인　급제소왕　전륜성왕등
　　　是諸大衆이 得未曾有하야 歡喜合掌하고 一心觀佛터니
　　　시제대중　득미증유　환희합장　일심관불

[번역] 그 때 법회에 모여 있던 비구, 비구니, 우바새, 우바이, 천신, 용, 야차 건달바, 아수라, 가루라, 긴나라, 마후라가, 사람과 사람 아닌 이와 여러 소왕과 전륜성왕 등 여러 대중들이 전에 없던 일을 만나 환희하여 합장하고 일심으로 부처님을 바라보고 있었습니다

[해설] 부처님께서 결가부좌하시고 무량의처(無量義處)라는 삼매에 들어 가셨을 때 하늘에서 만다라 꽃, 큰 만다라 꽃, 만수사 꽃, 큰 만수사 꽃을 비 오듯 내려 부처님 위와 대중들에게 내리고 세계가 여섯 가지로 진동하는 것을 보고 법회에 모여 있던 비구, 비구니, 우바새, 우바이, 천신, 용, 야차 건달바, 아수라, 가루라, 긴나라, 마후라가, 사람과 사람 아닌 이와 여러 소왕과 전륜성왕 등 여러 대중들이 지금까지 보지 못한 현상을 합장을 하며 한 마음이 되어 모두 기뻐서 부처님을 바라 본 것입니다

58. 爾時에 如來가 放眉間白毫相光하사

　　이시　여래　　방미간백호상광

　　照 東方 萬八千佛土하야 靡不周徧호대

　　조 동방 만팔천불토　　미부주편

　　如今所見 是諸佛土리라

　　여금소견　시제불토

[번역] 이때 부처님께서 미간의 백호상에서 광명을 놓아 동방의 일만 팔천 세계를 비추시어 두루미치지 않은 데가 없는 것이 마치 지금 보는 저 세계들의 일과 같았습니다.

[해설] 이때는 부처님이 결가부좌(結跏趺坐)를 하고 삼매(三昧)에 드신 때를 말합니다. 이때 부처님 미간(眉間)의 백호상(白毫相)에서 광명이 나와 동방의 일만 팔천 세계를 두루 비추어 어두운 곳이 없이 모두 밝았다는 것입니다. 미륵보살은 부처님의 이러한 상서(祥瑞)를 보고 너무 놀라서 문수보살에게 묻고 있는 것입니다.

문제는 문수보살(文殊菩薩)도 미륵보살(彌勒菩薩)과 그 밖의 사부대중들이 궁금해 하는 부처님의 상서(祥瑞)들을 시원하게 풀어서 답해주지 못하고 있다는 것입니다. 이렇게 부처님의 말씀은 모두 화두(話頭)이기 때문에 혜안(慧眼)이 열리지 않으면 부처님의 제자들이나 보살이라 해도 분명하게 모르고 있다는 것입니다.

본문에 백호상과 같은 부처님의 미간(眉間)에서 광명(光明)이 나와 동방(東邦)세계를 밝게 비추었다는 이 상서(祥瑞)는 위에서 말씀드렸듯이 백호상은 부처님의 32상의 하나로 부처님의 청결(淸潔)과 위엄을 나타낸 것이며 부처님 미간(眉間)에서 나온 광명(光明)은 부처님의 지혜와 진리의 말씀으로, 부처님 미간에서 나온 광명이 동방(東邦)을 두루 비추었다는 것은 부처님의 말씀이 아세아에 있는 모든 나라에 전파되었다는 뜻입니다.

59. 彌勒아 當知하라 爾時會中에 有 二十億菩薩이
    미륵   당지   이시회중   유 이십억보살
    樂欲聽法이러니 是諸菩薩이 見此光明의 普照佛土하고
    낙용청법   시제보살   견차광명   보조불토
    得 未曾有하야 欲知此光의 所爲因緣이러니
    득 미증유   욕지차광   소위인연

[번역] 미륵보살이시여 그 때 모인 가운데 이십 억 보살들이
있어서 법문 듣기를 즐겨하였는데 그 보살들이 이 광명이 여
러 세계에 비침을 보고 전에 없던 일을 얻고는 이 광명의 인
연을 알고자 하였습니다.

[해설] 문수보살은 미륵보살에게 그때 이십 억 보살들이 모여
앉아 부처님의 법문을 즐겁게 들었는데 그 보살들이 이 광명
이 여러 세계에 비침을 보고 전에 없던 일로 이 광명의 인연
을 알고자 하였다는 것입니다. 그런데 부처님의 말씀을 듣고
자 기사굴 산에 이십억 명이나 되는 보살들이 모여 있다는 말
을 어떻게 이해를 하고 받아들여야 하느냐 하는 것입니다.

　이렇게 부처님의 말씀을 기록하는 사람들이 부처님에게 있
었던 사건이나 말씀들을 너무나 비화(飛火)시켜서 세상의 우
화(偶話)나 동화(童話)처럼 만들어 놓아 법화경을 보는 불자

들이 법화경을 경으로 인정하지 않으려는 것입니다. 그러므로 기사굴 산은 일반적인 산을 말하는 것이 아니라 부처님의 세계, 즉 부처님을 믿고 말씀을 청종하며 신행생활을 하는 불자들의 세계를 화두(話頭)로 말씀하고 있는 것입니다.

60. 時有菩薩하니 名曰妙光이라 有 八百弟子러니
   시유보살　　명왈묘광　　유 팔백제자
   是時에 日月燈明佛이 從三昧起하사 因妙光菩薩하야
   시시　 일월등명불　 종삼매기　　 인묘광보살
   說大乘經하시니 名妙法蓮華라 敎菩薩法이며
   설대승경　　 명묘법연화　 교보살법
   佛所護念이시니라
   불소호념

[번역] 그 때 보살이 있었는데 이름이 묘광이었습니다. 팔백 제자를 데리고 있었는데 일월등명불이 삼매에서 일어나 묘광 보살로 인하여 대승경전을 말씀하셨으니 이름이 묘법연화경이었습니다. 이 경은 보살들을 가르치는 법이며 부처님께서 마음에 간직하고 아끼시는 바입니다

[해설] 그 때 묘광(妙光)보살이 팔백 제자들을 데리고 있었는데 일월등명불이 삼매(三昧)에서 일어나 묘광보살과 그의 제자들을 위해서 대승경전(大乘經典)을 말씀하셨는데 경의 이름은 묘법연화경(妙法蓮華經)이었다는 것입니다. 묘법연화경(妙法蓮華經)은 보살들을 성불하여 부처가 될 수 있도록 가르치는 법이며 부처님께서 호념(護念-마음에 간직하고 보호하고 보살피심)하시는 경(經)이라 말씀하고 있습니다.

61. 六十小劫을 不起于座하며 時會聽者도
     육십소겁   불기우좌   시회청자
     亦坐一處하야 六十小劫을 身心不動하고 聽佛所說을
     역좌일처   육십소겁   신심부동   청불소설
     謂如食頃호대 是時衆中에 無有一人도 若身若心에
     위여식경   시시중중   무유일인   약신약심
     而生懈倦일러라
     이생해권

[번역] 육십소겁(六十小劫) 동안을 자리에서 일어나지 않으시었고 그 때 듣는 이들도 한 곳에 앉아서 육십 소겁 동안 몸과 마음을 동요하지 않고 부처님의 말씀을 들었는데 마치 밥 한 끼 먹는 시간과 같은 느낌이었습니다. 그 때 대중 가운데 한

사람도 몸이나 마음에 권태로운 생각을 내는 이가 없었습니다.

[해설] 상기의 말씀은 부처님께서 60소겁(小劫) 동안을 자리에서 일어나지 않으시었고 그 때 듣는 이들도 한 곳에 앉아서 육십 소겁 동안 몸과 마음을 동요하지 않고 부처님의 말씀을 들었는데 마치 밥 한 끼 먹는 시간과 같은 느낌이었다 말씀하고 있습니다. 그런데 그 때 대중 가운데 한 사람도 몸이나 마음에 권태(倦怠)로운 생각을 내는 이가 없었다는 것입니다.

육십 소겁은 인간이 헤아리기조차 힘든 오랜 기간을 말하기 때문에 불자들은 온종일 이라고 이해하면 됩니다. 이렇게 말씀을 온종일 들어도 몸이나 마음을 전혀 동요하지 않았고 마치 밥 한 끼 먹는 시간처럼 짧게 느꼈다는 것입니다.

문제는 부처님의 말씀을 듣는 동안 그 많은 대중들이 한 사람도 움직임이 없었고 또한 마음에 권태(倦怠)나 지루한 생각을 하는 사람이 없었다고 하는 것입니다. 이것은 부처님 말씀의 위엄(威嚴)과 그 능력에 모두 감동이 되어 말씀에 심취해 있었기 때문이라 생각합니다.

62. 日月等明佛이 於六十小劫에 說是經已하시고

　　일월등명불　　어육십소겁　　설시경이

卽於梵 魔와 沙門 婆羅門과 及天人 阿修羅衆中에

즉어범 마　사문 바라문　급천인 아수라중중

而宣此言하사대

이선차언

63. 如來於今日中夜에 當入無餘涅槃호리라 하시니라

여래어금일중야　당입무여열반

[번역] 일월등명불이 육십 소겁 동안 이 경전을 말씀하시고는 곧 범천과 마귀와 사문과 바라문과 천신과 사람과 아수라들 가운데서 이렇게 말씀하셨습니다.
여래는 오늘 밤중에 무여열반(無餘涅槃)에 들리라고 하셨습니다.

[해설] 일월등명(日月燈明) 부처님은 육십 소겁 동안 이 경전 (법화경)을 말씀하시고 나서 범천(梵天)과 마귀(魔鬼)와 사문 (沙門)과 바라문과 하늘과 사람과 아수라(阿修羅)들에게 여래 는 오늘 밤중에 무여열반(無餘涅槃)에 들리라고 말씀을 하셨 다는 것입니다.
　일월등명(日月燈明) 부처님께서 무여열반에 드신다는 것은 관자재보살(觀自在菩薩)과 보리살타 부처님을 넘어서 삼세제 불(三世諸佛)로 완성된다는 뜻입니다.

64. 時有菩薩하니 名曰德藏이라 日月等明佛이

　　　시유보살　　　명왈덕장　　　일월등명불

　　　卽授其記하사 告諸比丘하사대

　　　즉수기기　　　고제비구

65. 是 德藏菩薩이 次當作佛하리니

　　　시　덕장보살　차당작불

　　　號曰 淨身多陀阿伽度 阿羅訶 三邈三佛陀리라

　　　호왈 정신다타아가도 아라하 삼먁삼불타

66. 佛이 授記已하시고 便於中夜에 入無餘涅槃하시니라

　　　불　수기이　　　변어중야　　　입무여열반

[번역] 그 때에 보살이 있었는데 이름이 덕장(德藏)이었습니다. 일월등명불께서 그에게 수기를 주시면서 비구들에게 이렇게 말씀하셨습니다. 이 덕장보살이 이다음에 성불하여 이름을 정신(淨身)다타아가도, 아라하, 삼먁삼불타라 하리라. 부처님께서 수기를 주어 마치시고 그날 밤중에 무여열반에 드시었습니다.

[해설] 그 때에 덕장(德藏)보살이 있었는데 일월등명불께서 그에게 수기(受記)를 주시면서 비구들에게 덕장보살은 이다음에 성불하여 이름을 정신(淨身)다타아가도, 아라하, 삼먁삼불타

라 부를 것이라 말씀하셨습니다. 일월등명께서 주시는 수기(受記)는 약속이나 예언이라는 뜻으로 부처님은 덕장보살에게 장래에 성불(成佛)하여 부처가 될 것이라고 예언하신 것입니다.

　부처님이 덕장보살에게 성불하여 부처가 될 것이라고 예언을 하신 것은 평소에 덕장보살이 성불할 수 있는 가능성이 있다는 것을 이미 알았기 때문입니다. 이렇게 부처님은 덕장보살에게 수기를 주시고 그날 밤중에 무여열반에 드시었습니다. 부처님께서 무여열반(無餘涅槃)에 드셨다는 것은 무상정등정각(無上正等正覺)의 삼세제불(三世諸佛)로 완성 되셨다는 뜻입니다.

67.　佛 滅度後에 妙光菩薩이 持 妙法蓮華經호대

　　불 멸도후　묘광보살　　지 묘법연화경

　　滿八十小劫을 爲人演說이러니 日月燈明佛 八子가

　　만팔십소겁　위인연설　　　일월등명불 팔자

　　皆師妙光커든 妙光이 敎化하야 令其堅固阿耨多羅三

　　개사묘광　　묘광　교화　　영기견고아뇩다라삼

　　邈三菩提하시니 是諸王子가 供養 無量百千萬億佛已에

　　막삼보리　　　시제왕자　공양 무량백천만억불이

　　皆成佛道하고 其 最後成佛者는 名曰然燈이라

　　개성불도　　기 최후성불자　　명왈연등

178

[번역] 부처님께서 열반하신 뒤에 묘광보살이 묘법연화경을 가지고 팔십 소겁 동안 사람들에게 설하였는데, 일월등명불의 여덟 왕자가 모두 묘광보살을 스승으로 삼았습니다.

묘광보살은 그들을 교화하여 최상의 깨달음이 견고하게 하였습니다. 그 왕자들이 한량없는 백 천만 억 부처님께 공양하고 나서 모두 불도를 이루었는데, 맨 나중에 성불한 분의 이름이 연등불(燃燈佛)이었습니다.

[해설] 상기의 말씀은 부처님께서 열반(涅槃)하신 뒤에 묘광보살이 묘법연화경(妙法蓮華經)을 가지고 팔십 소겁 동안 사람들에게 설하였는데, 일월등명불(日月燈明佛)의 여덟 왕자가 모두 묘광(妙光)보살을 스승으로 삼았으며 묘광보살은 여덟 왕자들을 교화(敎化)하여 모두 최상의 깨달음이 견고하게 하였다고 말씀하고 있습니다. 그 왕자들이 한량없는 백 천만 억 부처님께 공양(供養)하고 나서 모두 불도(佛道)를 이루었는데, 맨 나중에 성불한 분의 이름이 연등불(燃燈佛)이었다는 것입니다.

묘광보살(妙光菩薩)은 문수보살(文殊菩薩)이 일월등명불의 처소에 계실 때 부처님께서 주신 이름입니다. 이렇게 부처님이 말씀하신 묘광보살(妙光菩薩)은 곧 문수보살을 말하고 있습니다. 묘광보살(妙光菩薩)은 일월등명불의 여덟 왕자들을 교화(敎化)하여 최상의 깨달음인 아뇩다라삼먁삼보리(阿耨多

羅三邈三菩提)로 견고하게 하였습니다.

이와 같이 여덟 왕자들이 수많은 부처님께 공양(供養)을 하고 나서 불도(佛道)를 얻어 성불(成佛)하였다면 오늘날 불자들도 성불(成佛)을 하려면 여러 부처님께 많은 재물이나 물질을 가지고 공양(供養)을 드려야 한다고 생각할 것입니다.

그러나 왕자들이 공양(供養)을 한 것은 재물이나 물질이 아니라 자기 자신 곧 자기 마음을 모두 부처님께 드렸다는 뜻입니다. 왜냐하면 자신의 존재인 자아(自我)를 부처님께 드리고 무아(無我)가 되지 않으면 절대로 진아(眞我)로 해탈(解脫)될 수가 없기 때문입니다.

68. 八百弟子中에 有一人하니 號曰求名이라

　　　팔백제자중　유일인　　호왈구명

　　　貪着利養하야 雖復讀誦衆經이나 而不通利하고

　　　탐착이양　　수부독송중경　　이불통리

　　　多所忘失일새 故號 求名이라 是人이 亦以

　　　다소망실　　고호 구명　　시인　역이

　　　種諸善根 因緣故로 得値無量 百千萬億諸佛하야

　　　종제선근 인연고　 득치무량 백천만억제불

　　　供養恭敬하고 尊重讚歎일러니라

　　　공양공경　　존중찬탄

[번역] 묘광보살의 팔백 제자 중에 한 사람의 이름이 구명이니, 이양을 탐하고, 여러 경전을 읽기는 하였지만 뜻을 분명하게 알지 못하고 많이 잊어버리므로 구명이라 이름 하였습니다. 이 사람도 선근을 심은 인연으로 한량없는 백 천만 억의 수많은 부처님을 만나서 공양하고 공경하며, 존중하고 찬탄하였습니다.

[해설] 묘광보살의 팔백 제자 중에 이름이 구명(求名)이라는 자가 있었는데 구명은 욕심을 가지고 이(利)를 탐하고, 여러 경전(經典)을 읽기는 하였지만 부처님의 뜻을 확실하게 알지 못하고 곧 잊어버리므로 이름을 구명이라 부른 것입니다.

그러나 구명도 평소에 선근(善根)을 많이 심은 인연(因緣)으로 한량없는 백 천만 억의 수많은 부처님을 만나 공양(供養)하고 공경(恭敬)하며, 존중하고 찬탄(贊嘆)하였다는 것입니다.

그런데 구명은 다른 사람이 아니라 지금 문수보살(文殊菩薩)을 찾아간 미륵보살(彌勒菩薩)을 말하고 있는 것입니다.

69. 彌勒아 當知하라 爾時 妙光菩薩이 其異人乎아

　　미륵　당지　　이시 묘광보살　기이인호

　　我身이 是也며 求名菩薩은 汝身이 是也라

　　아신　시야　구명보살　여신　시야

今見此瑞호니 與本無異라 是故로 惟忖컨댄 今日如來가
금견차서　　여본무이　　시고　유촌　　금일여래

當說 大乘經하시리니 名 妙法蓮華라 敎菩薩法이며
당설　대승경　　　　명 묘법연화 교보살법

佛所護念이시니라
불소호념

[번역] 미륵보살이여 그 때의 묘광보살은 딴 사람이 아니라 곧
나 문수며 구명보살은 그대였습니다. 이제 이 상서를 보니 예
전과 다르지 아니합니다. 그러므로 오늘 여래께서 마땅히 대
승경전을 설하시리니 이름은 묘법연화경이며 보살들을 가르
치는 법이며 부처님이 마음에 간직하시고 아끼시는 바라 생각
합니다.

[해설] 문수보살은 미륵보살에게 그 때의 묘광보살(妙光菩薩)
은 딴 사람이 아니라 곧 나 문수보살(文殊菩薩)이며 구명보살
(求名菩薩)은 바로 그대라고 말하고 있습니다. 즉 전생에 묘
광보살이 말씀으로 선업(善業)을 쌓아 금생(今生)에 문수보살
(文殊菩薩)로 태어난 것이며 구명보살 역시 전생에 부처님을
믿고 따르며 수행을 하여 현생에 미륵보살(彌勒菩薩)로 태어
나게 되었다는 것입니다.

문수보살은 이제 부처님께서 행하시는 이 상서(祥瑞)를 보니 전생에 내가 보던 것과 다르지 않다는 것입니다. 그러므로 오늘 여래께서 마땅히 대승경전을 설할 것인데 경의 이름은 묘법연화경(妙法蓮華經)입니다. 묘법연화경(妙法蓮華經)은 보살들을 가르치는 법이며 부처님께서 마음에 간직하시고 아끼시는 경이라 말씀하고 있습니다.

70. 爾時에 文殊師利가 於大衆中에 欲重宣此義하사
　　이시　문수사리　어대중중　욕중선차의
　　而說偈言하사대
　　이설게언

[번역] 그때 문수사리보살이 대중 가운데서 부처님의 뜻을 거듭 펴시려고 게송(偈頌)으로 말씀하셨습니다.

[해설] 문수보살이 대중들에게 부처님의 뜻을 올바로 알려주기 위해서 다시 게송으로 말씀하신다는 것입니다. 게송은 부처님의 공덕을 찬탄하거나 부처님의 법문을 기록할 때 사용하는 것입니다.

71. 我念過去世 無量無數劫에 有佛人中尊하사

　　아념과거세 무량무수겁　유불인중존

　　號日月燈明이시라　世尊演說法하사　度無量衆生과

　　호일월등명　　　세존연설법　　도무량중생

　　無數億菩薩하사　令入佛智慧하며　佛未出家時에

　　무수억보살　　　영입불지혜　　불미출가시

　　所生八王子가　見大聖出家하고　亦隨修梵行하며

　　소생팔왕자　　견대성출가　　　역수수범행

[번역] 내가 생각하니 지나간 세상 한량없고 수없는 겁 전에 세존이 계셨으니 이름은 일월등명불이었습니다. 세존께서 법을 말씀하여 한량없는 중생들과 수없는 보살들을 제도하여 부처님의 지혜에 들게 하였습니다. 그 부처님께서 출가하시기 전에 여덟 왕자를 두었는데 부왕이 출가함을 보고 그들도 따라서 범행을 닦았습니다.

[해설] 문수보살(文殊菩薩)은 지금 내가 생각해보니 지나간 세상 한량없고 수없는 겁(劫) 전에 세존(世尊)이 이미 계셨으니 이름은 일월등명불(日月燈明佛)이라 말하고 있습니다. 세존(世尊)께서는 수억 겁(劫) 동안 법을 설하시어 한량없는 중생들과 수없는 보살들을 제도(濟度)하여 부처님의 지혜에 들어

가게 하였습니다.

  그 부처님은 출가하시기 전 일국의 왕으로 있을 때 여덟 왕
자를 두었는데 왕자들은 부왕(父王)이 출가함을 보고 그들도
따라서 범행(梵行)을 닦았다는 것입니다.

72. 時佛 說大乘하시니 經名無量義라 於諸大衆中에
    시불설대승   경명무량의   어제대중중
    而爲廣分別하시니라 佛說此經已하시고 卽於法座上에
    이위광분별   불설차경이   즉어법좌상
    跏趺坐三昧하시니 名無量義 處라
    가부좌삼매   명무량의처

[번역] 그 때에 부처님이 대승경전을 설하시니 그 이름이 무량
의경이었고, 여러 대중 가운데서 널리 분별하여 해석하셨습니
다. 그 경전을 말씀하시고 나서 곧 그 법상 위에서 결가부좌
하시고 삼매에 드시니 그 이름이 무량의처 삼매였습니다.

[해설] 부처님께서 그 당시에 대승경전을 설하셨는데 경의 이
름이 무량의경(無量義經)이었으며 부처님은 무량의 경을 여러
대중들의 근기와 신앙의 차원에 따라 분별하여 말씀을 해석
하여 가르쳤다고 말씀하고 있습니다. 왜냐하면 부처님을 찾는

대중들 가운데는 1승인 성문(聲聞)도 있고 2승인 연각(緣覺)도 있고 3승인 보살(菩薩)도 있기 때문입니다. 부처님께서 경전을 말씀하시고 나서 곧 그 법상 위에서 결가부좌하시고 삼매에 드시니 그 이름이 무량의처(無量義處) 삼매(三昧)였다고 말씀하십니다.

73. 天雨曼陀華하고 天鼓自然鳴하며 諸天龍鬼神이
　　　천우만다화　　　천고자연명　　　제천룡귀신

　　　供養人中尊하며 一切 諸佛土가 卽時大震動이라
　　　공양인중존　　　일체제불토　　　즉시대진동

　　　佛放眉間光하사 現諸希有事하시며
　　　불방미간광　　　현제희유사

[번역] 하늘에는 만다라 꽃비가 내리고 하늘의 북은 저절로 울리며, 천신과 용과 귀신들도 세존께 공양하였습니다. 모든 세계들은 그 때에 크게 진동하고 부처님은 미간에서 광명을 놓아 희유한 상서를 나타 내셨습니다.

[해설] 부처님께서 무량의경(無量義經)을 설하시고 결가부좌(結跏趺坐)를 하시고 삼매(三昧)에 드시니 하늘에서 만다라 꽃비가 내리고 하늘의 북은 저절로 울리며, 천신과 용과 귀신

들도 세존께 공양(供養)하였다는 것입니다. 그 때 모든 세계들은 모두 크게 진동하며 부처님의 미간(眉間)에서는 광명이 나와 희유(稀有)한 상서(祥瑞)를 나타내셨다고 말씀하고 있습니다. 만일 부처님이 이러한 상서(祥瑞)를 실제로 나타내셨다면 불신자들은 부처님이 진리의 부처님이 아니라 마술사라고 할 것입니다.

그리고 부처님께서 만일 이렇게 기이(奇異)한 상서(祥瑞)를 나타내셨다면 그 후의 부처님들이나 오늘날 성불(成佛)하신 부처님도 이러한 상서(祥瑞)를 동일(同一)하게 나타낼 수 있어야 하는 것입니다.

그러므로 지금 부처님이 나타내신 상서(祥瑞)는 모두 중생들을 구원하시기 위한 방편으로 사용하신 것이며 또한 희유한 상서(祥瑞) 이면에 부처님의 진정한 뜻이 숨겨 있다는 것을 알아야 합니다.

이 사건은 위에서 이미 충분히 설명을 하였기 때문에 생략하기로 하겠습니다.

74. 此光照東方 萬八千佛土하사 示一切衆生의
    차광조동방 만팔천불토　　시일체중생
    生死業報處하사대 有見諸佛土는 以衆寶莊嚴호대
    생사업보처　　　유견제불토　　이중보장엄

琉璃玻瓈色이라 斯由佛光照시며 及見諸天人과

유리파리색　　사유불광조　　급견제천인

龍神夜叉衆과 乾闥緊那羅가 各供養其佛하며

용신야차중　건달긴나라　　각공양기불

[번역] 그 광명은 동방으로 일만 팔천 세계를 비추어 모든 중생들이 지은 업으로 나고 죽는 곳을 보였습니다. 또 보니 어떤 세계는 온갖 보배로 장엄하였는데 유리 빛 파리 빛들을 부처님의 광명으로 환히 비치며, 또 보니 천신과 사람과 용과 신과 야차와 건달바와 긴나라들이 모두 부처님께 공양합니다.

[해설] 부처님 미간에서 나온 그 광명은 동방으로 퍼져 일만 팔천 세계를 비추니 모든 중생들이 지은 업(業)으로 나고 죽는 것이 모두 보였다고 말씀하고 있습니다. 그러나 부처님의 미간(眉間)에서 나온 광명은 빛이 아니라 진리의 빛으로 부처님의 입에서 나온 진리가 세상에 전파되었다는 뜻입니다. 또 진리의 빛으로 보니 어떤 세계는 온갖 보배로 장엄하게 꾸며졌는데 유리 빛 파리 빛들이 부처님의 광명으로 환하게 비치며, 또한 천신과 사람과 용과 신과 야차와 건달바와 긴나라들이 모두 부처님께 공양하고 있는 것도 보였다고 말씀하고 있습니다. 이렇게 부처님의 미간에서 나와 온 세상을 비추는 광

명은 세상을 비추는 빛이 아니라 부처님의 말씀을 말하고 있는 것입니다.

75. 又見諸如來는 自然成佛道하사 身色如金山하사 端嚴
우견제여래　자연성불도　　신색여금산　　단엄
甚微妙호대 如淨琉璃中에 內現眞金像하며
심미묘　　여정유리중　　내현진금상
世尊在大衆하사 敷演深法義하시니 ——諸佛土에
세존재대중　　부연심법의　　　일일제불토
聲聞衆無數어든 因佛光所照하야 悉見彼大衆하며
성문중무수　　인불광소조　　실견피대중

[번역] 또 보노니 많은 여래께서 자연히 불도를 이루시니 몸빛은 황금산과 같아 단정하고 장엄하고 매우 아름다우시어 깨끗한 유리병 속에 진금(眞金)의 모습을 나타나신 듯 세존께서 대중들에게 깊은 법과 이치를 연설하십니다. 여러 부처님 국토들마다 무수한 성문 대중들이 부처님의 광명이 비치어 저 대중을 보게 됩니다.

[해설] 문수보살이 또 다시 바라보니 많은 여래께서 자연히 불도를 이루시니 여래 몸의 색갈이 황금산과 같이 단정하고 장

엄하고 매우 아름다우시어 깨끗한 유리병 속에 진금(眞金)의 모습으로 나타나신 듯하며 세존께서는 대중들에게 깊은 법과 이치를 연설하고 계신다고 말씀하고 있습니다. 그런데 많은 여래께서 자연히 불도(佛道)를 이루신다고 말씀하고 있습니다.

불도를 이룬다는 것은 곧 성불하여 부처가 된다는 뜻인데 아무런 수행이나 노력 없이 자연적으로 불도가 이루어진다는 말은 이해할 수가 없습니다. 부처님께서 불도(佛道)는 사성제(四聖諦)와 육바라밀(六波羅蜜)의 과정을 통해서 이루어진다고 분명하게 말씀하셨습니다.

그런데 지금 부처님께서는 많은 여래들이 자연히 불도를 이룬다고 말씀하고 있는 것입니다. 그러므로 부처님께서 여래가 불도를 이룬다는 것은 여래가 삼세제불(三世諸佛)로 완성된다는 의미로 이해해야 합니다. 그리고 불도를 이루신 여래는 몸이 황금 산 같이 단정하고 아름다워 마치 유리병 속의 진금과 같다고 말씀하십니다. 이런 말씀 때문에 법당에 모셔놓은 부처님을 모두 금으로 단장하는 것입니다. 그러나 중생이나 불자들이 해탈(解脫) 성불(成佛)하여 부처가 되어도 육신의 몸은 절대로 금으로 변하지 않는다는 것입니다. 그러나 불도를 이루신 부처님은 금이나 보석보다 더 소중한 진리를 소유하고 있는 귀하신 몸입니다.

이어서 여러 부처님 국토마다 무수한 성문(聲聞) 대중들이 부처님의 광명이 비추어 다른 대중들의 모습을 보게 된다고 말씀하고 있습니다.

76. 或有諸比丘는 在於山林中하야 精進持淨戒호대

　　혹유제비구　　재어산림중　　　정진지정계

　　猶如 護明珠하며 又見諸菩薩은 行施忍辱等호대

　　유여호명주　　　우견제보살　　행시인욕등

　　其數如恒沙는 斯由佛光照며 又見諸菩薩은

　　기수여항사　　사유불광조　　우견제보살

　　深入諸禪定호대 身心寂不動하야 以求無上道하며

　　심입제선정　　　신심적부동　　　이구무상도

　　又見諸菩薩은 知法寂滅相하야 各於其國土에

　　우견제보살　　지법적멸상　　　각어기국토

　　說法求佛道하며

　　설법구불도

[번역] 혹 어떤 비구들은 산림 속에 있으면서 정진하고 계행 지키기를 맑은 구슬 보호하듯이 합니다. 또 보니 여러 보살들은 보시하고 인욕하는 이들이 그 수효가 항하 강의 모래 수와 같음을 부처님의 광명으로 모두 봅니다. 또 보노니 여러 보살

들은 선정에 깊이 들어가 몸과 마음을 동요하지 않고 최상의 도를 구합니다. 또 어떤 보살들은 법의 적멸한 모습을 알고 제각기 그 국토에서 법을 설하여 불도를 구합니다.

[해설] 또 어떤 비구들은 깊은 산속에 있으면서 정진(精進)하며 계행(戒行) 지키기를 귀한 구슬을 보호하듯이 하며 또 여러 보살들이 보시도 하고 욕됨을 참기도 하는데 이들의 수효가 항하의 모래수와 같이 많은 것을 부처님의 광명(光明)을 통해서 보게 된다는 것입니다. 이렇게 부처님의 광명을 통해서 본다는 광명은 빛이 아니라 부처님의 말씀이나 지혜를 말합니다. 또 보니 모든 보살들이 모든 선정(禪定)에 깊이 들어가 몸과 마음을 동(動)하지 않고 위없는 도(道)를 구하기도 하고 또 어떤 보살들은 법의 적멸(寂滅)함을 알고 제각기 그 국토(國土)에서 법(法)을 말하여 불도(佛道)를 구(求)하고 있다는 것입니다.

이렇게 산림 속에 들어가 열심히 정진(精進)을 하며 계율(戒律)을 지키면서 보시(布施)와 공양(供養)을 하며 온갖 고행과 욕됨을 참고 견디는 것은 오직 무상(無上)의 도(道)를 깨달아 부처가 되기 위함입니다.

문제는 오늘날 불교는 모든 중생들이 불성을 가지고 있는 부처라고 주장하기 때문에 오늘날 불자들은 이렇게 힘든 인욕정진(忍辱精進)의 고행(苦行)을 하면서 부처가 되려고 하지 않는다는 것입니다.

77. 爾時四部衆은 見日月燈佛의 現大神通力하고
　　　이시사부중　　견일월등불　　현대신통력
　　　其心皆歡喜하야 各各自相問호대
　　　기심개환희　　　각각자상문
　　　是事何因緣인가하더니
　　　시사하인연

[번역] 그때 사부대중들은 일월등명불께서 큰 신통력을 나타내심을 보고 그 마음이 매우 기뻐서 제각기 서로 묻기를 무슨 인연으로 이런 일이 있는가 하였습니다.

[해설] 그 때 기사굴 산에 모여 있던 사부대중(四部大衆)들은 일월등명불(日月燈明佛)께서 큰 신통력(神通力)을 나타내심을 보고 모두 마음이 매우 기뻐서 제각기 서로 묻기를 부처님께서 무슨 인연(因緣)으로 이런 일을 나타내시는가 하며 경탄(敬歎)을 하는 것입니다.

78. 天人所奉尊이 適從三昧起하야 讚妙光菩薩하사대

천인소봉존　　적종삼매기　　찬묘광보살

汝爲世間眼하야 一切所歸信이라 能奉持法藏호대

여위세간안　　일체소귀신　　능봉지법장

如我所說法은 唯汝能證知니라 世尊이 旣讚歎하사

여아소설법　유여능증지　　세존기찬탄

令妙光歡喜케 하시고

영묘광환희

[번역] 천신과 인간들이 받드는 세존께서 마침 삼매에서 일어나서 묘광보살을 찬탄하시되라고 세존께서는 묘광보살을 찬탄하여 기쁘게 하였습니다.

[해설] 세존께서 마침 삼매에서 일어나서 묘광보살을 칭찬하시며 그대는 세상의 눈이기 때문에 모든 사람들이 묘광보살에게 귀의하여 믿으리니 이제 부처님의 법장을 받들어 가지라고 말씀하십니다. 이어서 부처님은 내가 말한 법문은 오직 그대만이 알고 있다고 말씀하시면서 묘광보살을 칭찬하며 기쁘게 하셨습니다. 이렇게 부처님의 말씀은 불자들이 듣는다고 모두 아는 것이 아니라 오직 묘광보살만이 알고 있다는 것입니다. 때문에 오늘날 불자들도 부처님의 말씀을 듣는다거나 경을 몇

번 보고 안다고 하면 안 되는 것입니다. 부처님의 말씀은 소
경이 눈을 뜨듯이 혜안(慧眼)이 열려야 보고 알 수 있는 것입
니다.

왜냐하면 부처님의 말씀은 모두 화두(話頭)로 되어 있어 부
처님의 진정한 뜻은 모두 감추어져 있기 때문에 혜안(慧眼)이
없는 무명의 중생들은 알 수가 없을 뿐만 아니라 볼 수도 없
고 들을 수도 없기 때문입니다. 그러므로 부처님은 중생들에
게 비유(譬喩)와 방편(方便)을 들어서 쉽게 말씀을 하실 수밖
에 없는 것입니다.

79. 說是法華經을 滿六十所劫토록 不起於此座하시고
　　설시법화경　　만육십소겁　　불기어차좌
　　所說上妙法을 是妙光法師가 悉皆能受持하니라
　　소설상묘법　　시묘광법사　　실개능수지

[번역] 세존께서 법화경을 말씀하실 때 육십 소겁 동안 그 자
리에서 일어나지 않고 말씀하신 최상의 묘한 법을 묘광법사가
모두 다 받아 지니었으니

[해설] 상기의 말씀은 세존께서 법화경을 말씀하실 때 육십 소
겁 동안 그 자리에서 일어나지 않고 청종(聽從)한 묘광법사가

부처님께서 말씀하신 최상의 묘한 법을 모두 다 받아 지니었다고 말씀하고 있습니다. 육십 소겁(六十小劫)은 헤아리기조차 힘든 기간이기 때문에 오늘날 불자들은 육십 소겁을 온종일 혹은 며칠 동안이라 이해하면 됩니다.

80. 佛說是法華하사·令衆歡喜已하시고 尋即於是日에
　　불설시법화　　영중환희이　　　심즉어시일
　　告於天人衆하사대 諸法實相義를 已爲汝等說일새
　　고어천인중　　　제법실상의　　이위여등설
　　我今於中夜에 當入於涅槃하리라
　　아금어중야　　당입어열반
　　汝一心精進하야 當離於放逸이니 諸佛甚難値라
　　여일심정진　　　당리어방일　　　제불심난치
　　億劫 時一遇니라 世尊諸子等이 聞佛入涅槃하고
　　억겁시일우　　　세존제자등　　문불입열반
　　各各懷悲惱호대 佛滅一何速이어뇨하더니
　　각각회비뇌　　　불멸일하속

[번역] 이 법화경을 설하여 대중들을 기쁘게 하고 그날 즉시 천인과 인간 대중들에게 말하기를 모든 법의 실상의 도리를 이미 너희들에게 다 말하였으니 나는 오늘 밤중에 열반에 들리

라. 그대들은 일심으로 정진해서 방일하지 말라. 부처님은 매우 만나기 어려워서 억겁에 겨우 한번 만나느니라 하였습니다. 여러 불자들은 부처님께서 열반에 드신다는 말씀을 듣고 제각기 슬퍼하며 부처님의 열반이 이렇게 빠르신가 하였습니다

[해설] 부처님께서 설하신 최상의 묘(妙)한 법은 법화경(法華經)이라 말씀하고 있습니다. 그런데 부처님께서 설하시는 말씀을 묘광법사가 모두 다 받아서 간직하였다는 것입니다. 부처님은 대중들에게 일심(一心)으로 정진(精進)하여 부처님의 법을 방일(放逸)하지 말라고 하십니다. 방일(放逸)하지 말라는 뜻은 부처님의 법을 놓치거나 잃어버리지 말라는 뜻입니다. 부처님은 뵙기가 매우 어려워서 몇 억겁(億劫)이 지나도 한번 만나기가 어려운 분입니다.

때문에 부처님의 말씀은 무상심심미묘법(無上甚深微妙法)으로 백천만겁난조우(百千萬劫難遭遇)라고 말하는 것입니다. 부처님의 말씀을 들은 여러 불자들은 오늘밤 부처님께서 열반(涅槃)에 드신다는 말씀을 듣고 놀라며 부처님의 열반(涅槃)이 이렇게 빠르단 말인가 하며 모두 서글퍼 하는 것입니다. 그러나 부처님의 육신은 떠나셔도 불자들 안에 부처님의 말씀을 가지고 있는 분들은 부처님과 항상 함께 있는 것입니다.

81. 聖主法之王이 安慰無量衆하시대 我若 滅道時에 汝等

　　성주법지왕　안위무량중　　　아약멸도시　　여등

　　勿憂怖니라 是德藏菩薩이 於無漏實相에

　　물우포　　시덕장보살　어무루실상

　　心已得通達하야 其次當作佛하리니

　　심이득통달　　기차당작불

　　號曰爲淨身이라 亦度無量衆하리라 하시고

　　호왈위정신　　역도무량중

[번역] 거룩하신 법왕께서 대중들을 위로하시기를 내가 열반에 드는 것을 너희들은 걱정하지 말라. 이 덕장보살이 무루실상에 모두 다 통달하였고 이다음에 성불하여 정신여래라 하여 무량한 중생들을 제도하리라 하셨습니다

[해설] 부처님께서 열반하신다는 말씀을 듣고 근심 걱정하고 있는 불자들에게 거룩하신 법왕(法王)께서 대중들을 위로하시기를 내가 열반(涅槃)에 드는 것을 너희들은 걱정하지 말라고 하십니다. 왜냐하면 이 덕장(德藏)보살이 무루실상(無漏實相)을 모두 통달(通達)하여 조금 있으면 성불(成佛)하여 정신여래(淨身如來)가 되어서 무량(無量)의 중생들을 제도(濟度)할 것이기 때문이라는 것입니다.

198

즉 덕장(德藏)보살이 무루실상(無漏實相)에 통달(通達)하여 너희를 나(부처님)와 같이 제도(濟度)할 것이니 근심 걱정하지 말라는 것입니다.

무루(無漏)라는 뜻은 흩어지거나 흔들리거나 변함이 없이 요지부동(搖之不動)한 상태를 말하고 있는데 이는 영원불변하는 부처님의 말씀을 말하고 있는 것입니다.

82.　佛此夜滅度하사대　如薪盡火滅이어늘　分布諸舍利하사
　　불차야멸도　　　여신진화멸　　　분포제사리
　　而起無量塔하며　比丘比丘尼가　其數如恒沙라
　　이기무량탑　　　비구비구니　　기수여항사
　　倍復加精進하야　以求無上道니라
　　배부가정진　　　이구무상도

[번역] 이날 밤 부처님이 열반에 드시니 나무가 다 타고 불이 꺼지듯 하였습니다. 부처님이 열반하신 후에 부처님의 사리를 나누어 가지고 가서 수없는 탑을 세웠고 항하 강의 모래 수와 같이 많은 비구와 비구니들은 몇 갑절 더 정진하여 최상의 도를 구하였습니다.

[해설] 부처님이 설법을 마치신 날 밤 부처님이 열반에 드시니 나무가 다 타고 불이 꺼지듯 하였다고 말씀하고 있습니다. 부

처님은 이렇게 떠나셨지만 불자들은 부처님의 사리를 나누어 가지고 가서 수없는 탑을 세웠고 항하 강의 모래 수와 같이 많은 비구와 비구니들은 몇 갑절 더 정진하여 최상의 도를 구하였다는 것입니다.

부처님이 열반에 드셨다는 것은 소천(訴天)하셨다는 뜻이며 부처님의 사리(舍利)는 시신(屍身)에서 나온 유골(遺骨)을 말합니다. 이렇게 부처님의 육신은 불에 타 없어지고 유골이 조금 남아 있지만 부처님 안에 있던 진리의 생명은 삼세제불(三世諸佛)이 되어 영원히 살아계신 것입니다.

그러므로 부처님의 진신사리(眞身舍利)는 부처님의 유골(遺骨)이 아니라 부처님이 불자들에게 가르쳐주신 사성제(四聖諦), 팔정도(八正道), 육바라밀(六波羅蜜), 사구게(四句揭)등 부처님 입에서 나온 말씀들을 말하고 있습니다.

부처님이 열반(涅槃)하신 후 수많은 비구 비구니들이 더 열심히 정진(精進)하여 최상의 도(道)를 구하였다는 도(道)는 무상정등정각(無上正等正覺)인 아녹다라삼먁삼보리(阿耨多羅三邈三菩提)를 말씀하고 있습니다.

83. 是妙光法師가 奉持佛法藏하사 八十小劫中에 廣宣法
　　시묘광법사　　봉지불법장　　팔십소겁중　　광선법

華經이어늘　　是諸八王子는　妙光所開化로

화경　　　　　시제팔왕자　　묘광소개화

堅固無上道하야　當見無數佛하고　供養諸佛已하고

견고무상도　　　당견무수불　　　공양제불이

隨順行大道하야　相繼得成佛하사　轉次而授記하시며

수순행대도　　　상계득성불　　　전차이수기

最後天中天은　號曰然燈佛이라　諸仙之道師로　度脫無

최후천중천　　호왈연등불　　　제선지도사　　도탈무

量衆하시니라

량중

[번역] 이 묘광법사가 부처님의 법장을 받들어 팔십 소겁 동안 법화경을 선포하였으니 여덟 왕자들은 묘광법사의 교화를 받고 최상의 도를 굳게 지니어 무수한 부처님을 뵈었습니다. 여러 부처님께 공양하고 가르침을 따라 큰 도를 행하여 서로 잇달아 성불하고 차례차례로 수기하시니 최후의 부처님 그 이름이 연등불로 여러 신선들의 도사로서 한량없는 중생들을 제도하였습니다.

[해설] 부처님이 열반하신 후 묘광법사는 부처님의 법장을 받들어 팔십 소겁 동안 법화경을 열심히 선포하였고 여덟 왕자

들은 묘광법사의 교화(敎化)를 받고 최상의 도를 마음에 굳게 지니어 무수한 부처님을 뵙게 된 것입니다.

또한 여덟 왕자들은 여러 부처님께 공양하고 가르침을 따라 큰 도를 행하여 서로 잇달아 성불하고 차례차례로 수기(授記)를 받으셨는데 최후의 부처님의 이름은 연등불(然燈佛)로 여러 신선들의 도사가 되어 한량없이 많은 중생들을 제도(濟度)하신 것입니다. 이 말씀을 보면 왕의 권좌를 버리고 출가하신 부왕도 훌륭하지만 부왕을 따라 출가한 여덟 왕자도 대단한 분들이라 생각합니다.

왜냐하면 오늘날 대통령이나 정치인들은 한결같이 세상의 권세를 잡으려고 혈안(血眼)이 되어있는데 왕의 권자나 궁궐을 버리고 출가를 한다는 것은 불가능한 일들이기 때문입니다.

84. 是妙光法師가 是有一弟子하니 心常懷懈怠하야 貪着

　　　시묘광법사　시유일제자　　　심상회해태　　　탐착

　　於名利하며 求名利無厭하야 多遊族姓家하며

　　　어명리　　구명리무염　　다유족성가

　　棄捨所習誦하야 廢忘不通利일새 以是因緣故로

　　　기사소습송　　폐망불통리　　이시인연고

　　號之爲求名이라 亦行衆善業하야 得見無數佛하고

　　　호지위구명　　역행중선업　　득견무수불

供養於諸佛하야 隨順行大道하며 具六波羅蜜일새 今見
공양어제불　　　수순행대도　　　구육바라밀　　　금견

釋師子하고 其後當作佛하리니 號名曰彌勒이라
석사자　　　기후당작불　　　호명왈미륵

廣度諸衆生호대 其數無有量하리라
광도제중생　　　기수무유량

[번역] 그때 묘광법사에게 한 제자가 있었는데 마음은 항상 게
으르고 명예와 이익을 탐하여 명리 구하기를 싫어할 줄 모르
고 귀족들의 집에만 드나들었습니다. 경전을 익히고 외우던
것은 모두 잊어버리고 아무 것도 알지 못하여 이 인연으로 이
름을 구명이라 하였습니다. 그래도 여러 가지 착한 업을 지
어 무수한 부처님을 만나 뵈옵고 부처님께 공양하며 가르침에
따라 큰 도를 행하고 여섯 가지 바라밀도 갖추어서 지금 석가
부처님을 친견하였습니다.

　이 다음에 마땅히 성불하여 그 이름을 미륵 부처님이라 하
리라. 수많은 중생들을 제도하여 그 수효는 한량없으리라는
수기를 받았습니다.

[해설] 그때 묘광법사(妙光法師)에게 한 제자가 있었는데 마음
이 항상 게으르고 명예(名譽)와 이익(利益)만을 탐(貪)하여 명

리(名利) 구(求)하기를 그칠 줄 몰랐고 대가(大家)집만 찾아다 느니라 수행(修行)하던 것을 모두 잊어버려 아무것도 몰라 이런 인연(因緣)으로 이름을 구명(救名)이라 하였습니다.

그러한 가운데서도 착한 업(業)을 많이 지으며 무수(無數)한 부처님을 만나 뵈옵고 부처님께 공양(供養)을 하며 또한 가르침에 따라 큰 도를 행하며 여섯 가지 바라밀(六波羅蜜)을 행하여 지금 석가모니(釋迦牟尼)부처님을 만나게 된 것입니다. 때문에 부처님께서 구명(救名)은 이다음에 마땅히 성불(成佛)하여 그 이름을 미륵불(彌勒佛)이라 할 것이라고 말씀하신 것입니다.

그리고 부처님께서 미륵불(彌勒佛)은 수많은 중생들을 제도(濟度)하여 그 수효가 한량없이 많으리라고 말씀하셨습니다. 이와 같이 미륵불(彌勒佛)은 처음에 삼독(三毒)인 욕심으로 가득 찬 무명의 중생이었지만 선업(善業)을 많이 쌓은 인연(因緣)으로 부처님을 만나 많은 가르침을 받고 육바라밀(六波羅蜜)을 행하여 성불(成佛)하여 미륵불(彌勒佛)이 되신 것입니다.

85. 彼佛滅度後에 懈怠者汝是요 妙光法師者는 今則我
    피불멸도후   해태자여시   묘광법사자   금즉아

身是라이 我見燈明佛의 本光瑞如此일새

신시　　아견등명불　본광서여차

以是知今佛이 欲說法華經이니라

이시지금불　욕설법화경

[번역] 연등불이 열반하신 뒤에 게으르게 살던 사람은 바로 그
대 미륵이요. 묘광법사는 지금의 나 문수입니다. 내가 일월등
명불의 이러한 광명을 놓은 상서를 보았으므로 이제 석가모니
부처님께서도 법화경을 말씀하실 줄 압니다.

[해설] 문수보살은 미륵불에게 연등불이 열반하신 뒤에 게으
르게 살던 사람은 다른 사람이 아니라 바로 그대이며. 묘광법
사는 지금의 나 문수라고 말씀하고 있습니다. 문수보살은 미
륵불에게 내가 일월등명불의 이러한 광명을 발(發)하신 상서
(祥瑞)를 보았으니 이제 석가모니(釋迦牟尼) 부처님께서도 법
화경(法華經)을 설하실 것이라 말씀하고 있습니다.

86. 今相如本瑞는 是諸佛方便이시라 今佛放光明하사

금상여본서　　시제불방편　　　금불방광명

助發實相義하시니 佛當雨法雨하사

조발실상의　　　불당우법우

充足求道者하시리니 諸人今當知하고 合掌一心待어다

충족구도자   제인금당지   합장일심대

諸求三乘人이 若有疑悔者면 佛當爲除斷하야

제구삼승인   약유의회자   불당위제단

令盡無有餘하리라

영진무유여

[번역] 오늘의 이 상서가 옛 상서와 같으니 이것은 모든 부처
님들의 방편입니다. 이제 부처님께서 광명을 놓아 제법실상의
도리를 드러내시니 여러분들은 그런 줄 알고 합장하고 일심으
로 기다리십시오. 부처님께서 법의 비를 내리시어 도를 구하
는 사람들을 만족케 하며, 삼승을 구하는 이들에게는 어떤 의
심도 부처님께서는 모두 다 풀어서 제거해 주실 것입니다

[해설] 문수보살은 이어서 오늘의 이 상서(祥瑞)는 내가 옛적
에 본 상서와 같으니 이 모든 상서는 부처님들이 방편(方便)
으로 사용하시는 것들입니다. 이제 부처님께서 광명을 놓아
모든 법의 실상(實狀)과 그 도리(道理)를 드러내실 것이니 여
러분들은 그런 줄 알고 합장하고 일심(一心)으로 기다리라고
말씀하고 있습니다. 부처님께서 법의 비를 내리시어 도(道)를
구하는 사람들을 만족케 하며, 삼승(三乘)을 구하는 이들에

게는 어떤 의심도 부처님께서는 모두 다 풀어서 제거(除去)해 주실 것입니다. 부처님께서 말씀하신 삼승(三乘)은 보살(菩薩)을 말하고 있습니다. 삼승인 보살은 일승(一乘)인 성문(聲聞)의 과정과 이승(二乘)인 연각(緣覺)의 과정을 모두 마친 자들을 말합니다.

즉 일승(一乘)은 불교의 교리와 각종의식을 행하며 스님들의 가르침을 듣고 있는 불자들이나 승단(僧團)에 귀의(歸依)해 승단의 가르침을 받고 있는 스님들을 말하며 이승인 연각(緣覺)은 승단을 떠나 12인연을 통해서 자신의 존재가 무상하다는 것을 알고 홀로 외롭게 진리를 깨닫기 위해 수행하는 자를 말하며 삼승인 보살(菩薩)은 연각(緣覺)의 과정을 모두 마치고 무상(無上)의 도(道)인 아뇩다라삼먁삼보리(阿褥多羅三邈三菩提)로 깨달아 부처가 되기 위해 이타(利他 : 下化衆生)를 행하고 있는 자를 말하고 있습니다. 이것은 배를 타고 가던 사람이 육지에서는 자동차로 바꾸어 타고 가며 먼 길을 가는 사람은 비행기로 갈아타고 공중을 날아가는 것과 같은 것입니다.

이와 같이 부처님께서 말씀하시는 불자라면 삼승(三乘)의 길은 어느 누구나 반드시 걸어가야 하는 길입니다. 그러므로 오늘날 불자들은 삼승(三乘)인 성문(聲聞) 연각(緣覺) 보살(菩薩)의 길을 따라가서 모두 부처님과 같이 일불승(一佛乘)이 되어 부처가 되어야 하는 것입니다. 이상과 같이 법화경(法華經) 서품(序品)을 통해서 말씀하고 있는 부처님의 뜻은 무명의 중생들이 삼승(三乘)의 과정을 통해서 일불(一佛), 즉 부처님과 한 몸이 되어 모두 부처가 되라는 것입니다. 그러므로 오늘날 불자들은 힘들고 어려워도 부처님이 말씀하신 삼승(三乘)의 길을 따라가서 생로병사(生老病死)와 번뇌망상(煩惱妄想)이 계속 되는 윤회(輪廻)의 틀에서 벗어나 모두 성불(成佛)하여 부처님이 되어야 하는 것입니다.

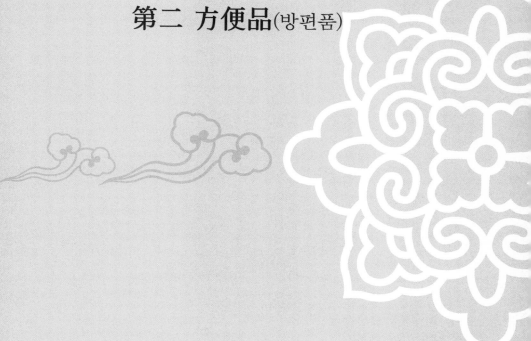

2

第二 方便品(방편품)

第二 方便品 (방편품)

방편(方便)이라는 단어는 방법(方法), 수단(手段) 이라는 뜻
인데 방편(方便)을 비유(譬喩)라고도 말합니다. 그러므로 방
편은 사람들이 알 수 없고 볼 수도 없고 들을 수조차 없는 말
이나 일들을 다른 예를 들어서 알아들을 수 있도록 쉽게 설명
하는 것을 말합니다.

왜냐하면 성불(成佛)하여 천상계에 오르신 부처님의 말씀은
거룩한 영(靈)의 말씀으로 모두 화두(話頭)로 되어 있기 때문
에 방편(方便)이나 비유(譬喩)를 들어서 설명하지 않으면 무
명의 중생들은 들을 수가 없기 때문입니다.

부처님께서 화택(火宅)의 비유나 장자(長子)궁자(窮子)의 비

유(譬喩)를 들어서 말씀하시는 것은 바로 이러한 이유 때문입니다.

부처님께서는 아직 신앙이 어린 무명(無明)의 중생들과 성문(聲聞)들 그리고 벽지불들을 조금이라도 깨우치기 위해서 방편(方便)과 비유(譬喩)를 들어서 말씀하시는 것입니다. 그러나 무명의 중생들도 부처님의 말씀을 깨우쳐 성불(成佛)하여 혜안(慧眼)이 열리면 그동안 감추어져 있던 화두(話頭)의 비밀들을 모두 알고 확연하게 볼 수 있는 것입니다.

1. 爾時世尊이 從三昧安詳而起하사

    이시세존　종삼매안상이기

2. 告舍利弗하사대 諸佛智慧는 甚深無量이시고 其智慧門은

    고사리불　　제불지혜　심심무량　　기지혜문

    難解難入이라 一切聲聞辟支佛의 所不能知니라

    난해난입　　일체성문 벽지불　소불능지

[번역] 그때 세존이 삼매(三昧)로부터 조용히 일어나시어 사리불에게 말씀하시었습니다. 모든 부처님의 지혜는 매우 깊고 한량이 없으며, 그 지혜의 문은 이해하기도 어렵고 들어가기도 어려워서 일체 성문들이나 벽지불들은 알 수가 없느니라.

[해설] 부처님은 육십 소겁 동안 가부좌 자세를 하고 앉아서 삼매(三昧)에 계시다가 조용히 일어나시어 사리불에게 말씀하시는 것입니다. 사리불아 모든 부처님의 지혜는 매우 깊고 한량이 없으며, 그 지혜의 문은 이해하기도 어렵고 들어가기도 어려워서 일체 성문들이나 벽지불들은 알 수가 없다고 말씀하고 있습니다. 상기의 말씀을 보면 부처님의 지혜는 성문(聲聞)이나 벽지불(辟支佛)들은 알 수도 없고 이해하기도 어렵다는 것을 알 수 있습니다. 그러면 오늘날 불자들은 어느 위치에 있는지 생각해보아야 합니다. 왜냐하면 자신이 아직 일승(一乘)인 성문(聲聞)이나 이승(二乘)인 벽지불 상태에 머물고 있다면 부처님의 말씀이나 지혜는 알 수가 없기 때문입니다. 그런데 부처님은 이 세상에 이승인 연각들도 없다고 충격적인 말씀을 하고 계시다는 것입니다.

3.　所以者何오 佛曾親近 百千萬億 無數諸佛하사 盡行
　　소이자하　불증친근　백천만억　무수제불　　진행

　　諸佛無量道法하야 勇猛精進하야 名稱이 普聞하며
　　제불무량도법　　용맹정진　　명칭　보문

　　成就甚深 未曾有法하야 隨宜所說이 意趣難解니라
　　성취심심　미증유법　　수의소설　　의취난해

[번역] 무슨 까닭인가 하면, 부처님은 일찍이 백 천만 억의 무수한 부처님을 친근하여 모든 부처님의 한량없는 도법(道法)을 모두 수행하고 용맹정진 하였으므로 그 명성이 널리 퍼졌으며, 깊고 깊은 미증유한 법을 성취하여 알맞게 말씀하신 것이므로 그 뜻을 알기 어려우니라.

[해설] 부처님께서 무슨 까닭으로 이렇게 말씀을 하시는가 하면, 부처님은 일찍이 백 천만 억의 무수한 부처님을 친근히 모시며 모든 부처님의 한량없는 도법(道法)을 모두 수행하고 용맹정진 하였기 때문에 그 명성이 널리 알려졌으며, 또한 깊고 깊은 미증유(未曾有)한 법(法)을 알맞게 말씀하셨지만 불자들은 그 진정한 뜻은 알기 어렵다고 말씀하고 있습니다. 미증유(未曾有)한 법(法)은 지금까지 알 수 없었던 혹은 지금까지 알려지지 않은 법을 말합니다. 이렇게 부처님은 미증유한 법인 아녹다라삼먁삼보리(阿耨多羅三邈三菩提)를 성취하여 말씀하신 것이므로 성문(聲聞)이나 벽지불(辟支佛)들은 그 뜻을 알기 어렵다는 것입니다.

문제는 부처님의 말씀을 이해하지 못하고 깨닫지도 못하는 성문이나 벽지불들은 오늘날 불자들과 수행불자들을 말씀하고 있다는 것입니다. 왜냐하면 오늘날 불자나 수행자들도 부처님이 하시는 지혜(智慧)의 말씀을 깨닫지 못하는 것은 물론 이해조차 하지 못하고 있기 때문입니다.

4. 舍利弗아 吾從成佛已來로 種種因緣과 種種譬喻로
   사리불   오종성불이래   종종인연   종종비유
   廣演言教 無數方便하야 引導衆生하야 令離諸著하노니
   광연언교 무수방편   인도중생   영리제자
   所以者何오 如來는 方便知見波羅蜜을 皆已具足이니라
   소이자하   여래   방편지견바라밀   개이구족

[번역] 사리불이여 내가 성불한 뒤로 갖가지 인연과 갖가지 비유로써 여러 가지 교법을 널리 말하여 수없는 방편으로 중생들을 인도하여 온갖 집착을 떠나게 하였으니, 왜냐하면 여래는 방편 바라밀과 지견 바라밀을 모두 구족하였기 때문이다.

[해설] 부처님은 사리불(舍利佛)에게 내가 성불(成佛)한 후로 갖가지 인연(因緣)과 갖가지 비유(譬喻)와 여러 가지 교법(教法)으로 많이 말하고 수 없는 방편(方便)을 가지고 여러 중생을 인도하여 욕심을 버리게 하였다는 것입니다. 그런데 부처님께서 어떻게 중생들을 인도하고 또한 중생들의 욕심을 버리게 할 수 있었는가 하면 여래(如來)의 방편(方便)바라밀과 지견(知見)바라밀을 모두 갖추고 있었기 때문이라는 것입니다.

이 말씀은 부처님께서 여래(如來)의 방편(方便)바라밀과 지견(知見)바라밀이 없었다면 중생들을 인도하거나 욕심을 버리게 할 수 없었다는 뜻입니다.

5. 舍利弗아 如來知見은 廣大深遠하사 無量 無礙와 力 無所畏와
　　사리불　여래지견　광대심원　　무량 무애　력 무소외
　　禪定 解脫 三昧에 深入無際하사 成就一切 未曾有法하시나니라
　　선정 해탈 삼매　심입무제　　성취일체 미증유법

[번역] 사리불이여 여래의 지견은 넓고 크고 심원하여 한량없는 마음과 걸림 없는 변재와 힘과 두려움 없음과 선정과 해탈과 삼매에 끝없는 데까지 깊이 들어가 일체 미증유한 법을 성취하였느니라.

[해설] 부처님은 사리불에게 여래의 지견(智見)은 넓고 크고 심원(甚遠)하여 한량없는 마음과 걸림이 없는 언변과 능력과 두려움이 없으며 또한 선정과 해탈과 깊고 깊은 삼매에 들어가 미증유(未曾有)한 법을 모두 성취하였다는 것입니다. 이렇게 부처님도 지견과 욕심이 없는 마음을 가지고 깊고 깊은 삼매(三昧)에 들어가 미증유(未曾有)한 법을 성취하였다는 것입니다.

6. 舍利弗아 如來가 能種種分別하사 巧說諸法하시니

　　사리불　　여래　능종종분별　　　교설제법

　　言辭柔軟하야 悅可衆心이니라

　　언사유연　　　열가중심

[번역] 사리불이여, 여래는 가지가지로 분별하여 모든 법을 능숙하게 설하므로 말씨가 부드러워 대중의 마음을 기쁘게 하느니라.

[해설] 부처님은 이어서 사리불에게 여래는 가지가지로 중생들을 분별하여 모든 법을 능숙하게 설하시며 또한 여래는 말씀을 부드럽게 하여 대중들의 마음을 기쁘게 하여 준다고 말씀하고 있습니다.

7. 舍利弗아 取要言之컨댄 無量無邊 未曾有法을 佛悉成就니라

　　사리불　　취요언지　　무량무변 미증유법　불실성취

[번역] 사리불이여 요점만 들어 말하자면 한량없고 그지없는 미증유한 법을 부처님이 모두 성취하였느니라.

[해설] 부처님은 사리불(舍利佛)에게 내가 모든 법을 가지고 중생들을 기쁘게 할 수 있는 것은 한량없고 그지없는 미증유법(未曾有法)을 모두 성취했기 때문이라는 것입니다. 미증유법(未曾有法)은 세상에서 볼 수 없는 진귀(珍貴)하고 신비(神秘)한 법을 말하고 있습니다. 그러므로 오늘날 불자들도 부처님과 같이 육바라밀의 과정과 팔정도(八正道)의 수행을 통해서 미증유법(未曾有法)을 모두 성취한다면 부처님과 같이 설법을 하여 중생들의 마음을 기쁘고 편안하게 할 수 있다는 것입니다.

8. (三止三請章, 十如是章)

止하라 舍利弗아 不須復說이니 所以者何오

지   사리불   불수부설   소이자하

佛所成就 第一希有

불소성취 제일희유

難解之法은 唯佛與佛이라사 乃能究盡 諸法實相하나니라

난해지법   유불여불   내능구진 제법실상

[번역] 그만 두어라 사리불이여 굳이 다시 말할 것이 없느니라. 왜냐하면 부처님이 성취한 제일이며 희유하고 알기 어려운 법은 오직 부처님만이 모든 법의 실상을 철저히 깨달았기

때문이다.

[해설] 부처님은 지금까지 사리불에게 말씀을 잘 해주시다가 갑자기 그만 두라고 말씀하시면서 굳이 더 말할 것이 없다는 것입니다. 왜냐하면 부처님이 성취한 제일이며 희유(稀有)하고 알기 어려운 법은 오직 부처님만이 모든 법의 실상을 철저히 깨달아 알고 있기 때문에 무명의 중생들에게는 더 말을 해도 소용없기 때문이라는 뜻입니다.

9. 所謂諸法에 如是相이며 如是性이며 如是體며 如是力이며
   소위제법   여시상   여시성   여시체   여시력
   如是作이며 如是因이며
   여시작   여시인
   如是緣며 如是果며 如是報며 如是本末究竟等이니라
   여시연   여시과   여시보   여시본말구경등

[번역] 이른바 모든 법의 이러한 모양(相) 이러한 성품(性) 이러한 본체(體) 이러한 힘(力) 이러한 작용(作) 이러한 원인(因) 이러한 연유(緣) 이러한 결과(果) 이러한 보응(報), 이러한 시작과 끝(本末)과 구경(究竟)등이니라.

[해설] 이렇게 부처님께서 성취(成就)한 제일이고 희유(稀有)하고 알기 어려운 법은 부처님과 성불(成佛)한 부처님들만이 모두 그 실상(實相)을 깨달아 알고 있다는 것입니다. 즉 성불(成佛)하신 부처님들만이 모든 법(法)의 모양(相), 이러한 성품(性品), 이러한 본체(本體), 이러한 힘, 이러한 작용(作用), 이러한 원인, 이러한 인연(因緣), 이러한 결과, 이러한 보응(報應), 이러한 시작과 끝, 그리고 구경(究竟)등을 모두 알고 있다는 것입니다.

이렇게 중생들은 알 수 없고 이해하기조차 어려운 것들을 성불(成佛)하신 부처님들은 모두 알고 계신 것입니다. 그러나 아직 무명(無明)에 머물고 있는 성문(聲聞)이나 벽지불(辟支佛)들은 이러한 부처님의 말씀을 볼 수도 없고 들을 수도 없기 때문에 법문을 설해야 아무 소용이 없다는 것입니다. 그러므로 부처님은 사리불에게 법문을 끝내겠다고 말씀하신 것입니다. 때문에 무명의 중생들은 하루속히 일승(一乘)과 이승(二乘)과 삼승(三乘)의 과정을 마치고 성불(成佛)을 하여 모두 부처가 되어야 합니다.

10. 爾時 世尊이 欲重宣此義하사 而說偈言하사대
　　 이시　세존　욕중선차의　　 이설게언

[번역] 이때 세존(世尊)께서 이 뜻을 거듭 펴시려고 게송(偈頌)으로 말씀하셨습니다.

11. 世雄不可量이라 諸天及世人과 一切衆生類는 無能知佛者
    세웅불가량   제천급세인   일체중생류   무능지불자
    니라
    佛力無所畏와 解脫諸三昧와 及佛諸餘法을 無能測量者니라
    불력무소외   해탈제삼매   급불제여법   무능측량자

[번역] 세상의 영웅이신 부처님은 헤아릴 길 없어 천신이나 이 세상 여러 사람과 여러 가지 종류의 중생들은 부처님을 알 사람 아무도 없네. 부처님의 힘이나 두려움이 없음과 해탈과 여러 가지 삼매들이며 그 밖의 부처님의 모든 법들을 누구도 측량하지 못하느니라.

[해설] 부처님은 게송(偈頌)으로 세상의 영웅이신 부처님을 중생들이 헤아릴 길 없어 모든 천신이나 이 세상 사람과 중생들은 부처님을 알 수 있는 사람은 아무도 없다고 말씀하십니다. 또한 부처님의 능력이나 두려움 없음과 해탈과 삼매와 그 밖의 부처님의 모든 법들을 사람들은 어느 누구도 측량할 수 없다는 것입니다.

왜냐하면 성불하신 부처님의 세계와 무명의 중생의 세계가 너무 다르기 때문입니다. 때문에 부처님께서 보리수나무 아래서 성불(成佛)을 하신 후 나는 천상천하(天上天下) 유아독존(唯我獨尊)이라고 외치신 것입니다. 부처님이 독백(獨白)처럼 하신 이 말씀은 내가 가장 위대하다는 말씀이 아니라 내가 성불(成佛)하여 부처가 되고 보니 하늘 위나 하늘 아래에 나와 같이 깨달은 부처가 오직 나 하나 밖에 없다는 것을 알고 너무나 외롭다는 뜻으로 하신 말씀입니다. 그런데 서품(序品)에 보면 깨달은 아라한(阿羅漢)과 보살(菩薩)들이 한, 두 명이 있는 것이 아니라 수천, 수만 명이 있다고 말씀하고 있는 것입니다. 이렇게 부처님과 같이 깨달은 부처님과 아라한들이 헤아릴 수 없이 많이 있는데 부처님은 무엇 때문에 천상천하유아독존(天上天下唯我獨尊)이라는 말씀을 하셨을까?

12. 本從無數佛로 具足行諸道이신 甚深微妙法은 難見難可了
    본종무수불　구족행제도　　심심미묘법　난견난가료
    니라
    於無量億劫에 行此諸道已하시고 道揚得成果를 我已悉知見
    어무량억겁　행차제도이　　도량득성과　아이실지견
    호라

[번역] 본래부터 무수한 부처님을 따라 구족하게 모든 도를 행하였으므로 매우 깊고 미묘한 그 법은 보기도 어렵고 알기도 어려우니라. 한량없는 억겁의 오랜 세월에 이와 같은 모든 도를 닦아 행하시고 보리도량에서 이루신 그 결과를 나는 이미 다 알고 다 보노라.

[해설] 부처님은 이어서 나는 본래부터 무수한 부처님을 따라 구족(具足:충분하게 부족함이 없음)하게 모든 도를 행하여 득도(得道)하였기 때문에 매우 깊고 미묘한 그 법은 너희 중생들은 보기도 어렵고 알기도 어렵다는 것입니다. 부처님은 한량없는 억겁(億劫)의 오랜 세월 동안 모든 도를 닦아 행하셨기 때문에 보리도량에서 이루신 그 결과를 나는 이미 다 알고 다 본다고 말씀하시는 것입니다.

13. 如是大果報인 種種性相義는 我及十方佛이 乃能知是事니라
　　여시대과보　　종종성상의　　아급시방불　　내능지시사
　　是法不可示라 言辭相寂滅이니 諸餘衆生類는 無有能得解요
　　시법불가시　　언사상적멸　　　제여중생류　　무유능득해
　　際諸菩薩衆의 信力堅固者하고 諸佛弟子衆이 曾供養諸佛하고
　　제제보살중　　신력견고자　　　제불제자중　　증공양제불

一切漏已盡하야 住是最後身인 如是諸人等 其力所不堪이니라

일체누이진　　주시최후신　　여시제인등 기력소불감

[번역] 이와 같이 크나큰 과보인 갖가지 성품과 모양과 뜻을 오직 나와 시방세계의 부처님만이 이 일을 능히 아느니라. 이 법은 누구에게도 보일 수 없고 말로도 형용할 수 없느니라. 그래서 다른 여러 종류의 중생들로는 이해할 수가 없고 믿는 힘이 남달리 견고한 보살들만 아느니라. 그 외에 부처님의 여러 제자들이 일찍이 많은 부처님께 공양도 하고 여러 가지 번뇌가 모두 다하여 중생의 몸을 최후로 받아 태어난 이러한 사람들의 힘으로써도 능히 감당할 수가 없느니라.

[해설] 부처님은 이어서 부처님의 크나큰 과보인 갖가지 성품과 모양과 뜻은 오직 나와 시방세계(十方世界)의 성불한 부처님만이 알 수 있다고 말씀하고 있습니다. 부처님께서 깨달은 이 법은 누구에게도 보일 수 없고 말로도 형용할 수 없다는 것입니다. 그러므로 다른 여러 종류의 중생들로는 이해할 수가 없고 믿는 힘이 남달리 견고(堅固)한 보살들만 안다는 것입니다. 문제는 부처님의 여러 제자들이 일찍이 많은 부처님께 공양을 하여 번뇌(煩惱)가 모두 다한 제자들의 힘으로도 능히 감당할 수가 없다는 것입니다.

이렇게 부처님의 법은 높고 위대하기 때문에 누구에게 보일 수 없고 말로도 표현할 수 없고 따라서 중생들은 이해할 수 없고 부처님의 제자들도 감당하기 어렵다고 말씀하고 있습니다. 결국 성불(成佛)한 부처님의 세계는 혜안(慧眼)이 없으면 부처님의 제자들이라 해도 알 수 없다는 것입니다.

14. 假使滿世間이 皆如舍利弗하야 盡思共度量이라

　　　가사만세간　　개여사리불　　　진사공도량

　　　不能測佛智하며 正使滿十方이

　　　불능측불지　　　정사만시방

　　　皆如舍利弗하며 及餘諸弟子가 亦滿十方刹하야

　　　개여사리불　　　급여제제자　역만시방찰

　　　盡思共度量이라도 亦復不能知하며

　　　진사공도량　　　　역부불능지

[번역] 가령 이 세상에 가득 찬 수없는 사람들이 사리불의 지혜와 모두 같아서 온갖 생각을 다하여 헤아린다 하더라도 부처님의 지혜는 측량하지 못하느니라. 시방의 모든 세계에 가득 찬 이들이 모두 다 사리불의 지혜와 같고 그밖에 다른 모든 제자들도 시방세계에 가득하여 온갖 생각을 다 해가며 헤아려도 또한 부처님의 지혜는 알지 못하리라

[해설] 부처님께서는 이 세상에 수없는 사람들이 사리불의 지혜를 가지고 온갖 생각을 다하여 헤아린다 하더라도 부처님의 지혜는 알지 못한다고 충격적인 말씀을 하시는 것입니다. 이 것은 부처님께서 성불(成佛)하신 부처님의 지혜(智慧)와 아직 성불(成佛)하지 못한 중생들과 제자들의 지식(知識)에 대해서 알려주시는 것입니다. 이렇게 성불한 부처님이 소유하고 있는 것은 지혜(智慧)이며 아직 성불 하지 못한 중생들의 지혜(知慧)는 지식(知識)으로 지혜와 지식은 하늘과 땅과 같은 차이가 있다는 것을 말씀하신 것입니다.

15. 辟支佛利智인 無漏最後身이 亦滿十方界하야 其數如竹林커든
    벽지불이지 무루최후신   역만시방계   기수여죽림
    斯等共一心으로 於億無量劫에 欲思佛實智라 莫能知少分
    사등공일심   어억무량겁   욕사불실지   막능지소분
    하며

[번역] 벽지불의 영특한 지혜를 가지고 무루의 최후신에 있는 사람이 시방세계에 가득히 차서 그 수효가 대숲과 같다 하여도 이런 이들이 한 마음이 되어 한량없는 억만 겁 동안 부처님의 실다운 지혜를 생각하려 하더라도 아주 적은 부분도 알지 못하리라.

[해설] 부처님은 계속해서 부처님이 소유하고 있는 법과 지혜가 얼마나 소중하고 위대하다는 것과 중생들은 이 부처님의 법(法)과 지혜(智慧)는 아무리 찾고 공양(供養)을 하며 가르침을 받아 지식(知識)을 많이 쌓아도 얻을 수 없고 알 수도 없다는 것을 말씀하고 있는 것입니다.

이와 같이 부처님의 말씀을 지식적으로 아는 것은 몇 년 만 열심히 공부하면 알 수 있지만 부처님의 말씀을 깨닫는 것은 몇백 년 혹은 몇천 년이 걸려도 깨달을 수가 없다는 것입니다. 이렇게 무명의 중생들이 부처님의 말씀을 깨닫기가 어렵다는 것은 곧 부처님이 되기가 이렇게 어렵다는 것을 말씀하고 있는 것입니다.

그런데 스님들이나 불교에서 이러한 말씀의 뜻을 모르기 때문에 중생이 곧 부처라 말하고 있는 것입니다. 그러나 중생은 단지 불성(佛性), 즉 부처님의 성품(性品)을 가지고 있기 때문에 부처님의 가르침을 받고 열심히 수행(修行)과 정진(精進)을 한다면 누구나 부처가 될 수 있는 가능성(可能性)이 있다는 것입니다. 만일 중생이 곧 부처라면 무엇 때문에 석가모니 부처님이 성불하여 부처가 되기 위해서 가르침과 더불어 그토록 힘든 인욕정진의 고행을 해가며 수행(修行)을 하셨을까? 그 이유는 중생이 곧 부처가 아니라는 것을 말씀하고 있는 것입니다. 때문에 부처님은 불자들은 누구나 불성을 가지고 있다는 말씀을 하신 것이며 중생이 곧 부처라는 말씀은 단 한 번도 하신 적이 없습니다.

16. 新發意菩薩이 供養無數佛하야了達諸義趣하 又能善說法
　　　신발의보살　공양무수불　　요달제의취　우능선설법
　　　하는이가
　　　如稻麻竹葦하야 充滿十方刹하야　一心以妙智로
　　　여도마죽위　　충만시방찰　　일심이묘지
　　　於恒河沙劫에
　　　어항하사겁
　　　咸皆共思量하야도 不能知佛智하며
　　　함개공사량　　　불능지불지

[번역] 처음으로 발심한 보살들이 수없이 많은 부처님께 공양하고, 모든 법의 이치를 분명히 알며 설법도 훌륭하게 잘 하는 이가, 벼와 삼과 갈대처럼 그렇게 많은 이들이 시방의 여러 세계에 가득히 차서, 한결같은 마음과 묘한 지혜로 항하의 모래처럼 많은 겁 동안, 생각을 함께하여 헤아린다 하여도 부처님의 지혜는 알지 못하리라.

[해설] 상기의 말씀은 발심(發心)한 보살들이 수많은 부처님께

공양(供養)을 하고 법의 이치(理致)를 알고 불자들에게 설법 (說法)을 훌륭하게 잘하여도 부처님의 지혜(智慧)는 알지 못 한다는 것입니다.

이렇게 발심한 수많은 보살들이 수많은 부처님께 공양을 하고 가르침을 받으며 수행을 해도 부처님의 지혜(智慧)를 알 수 없다는 것은 말씀을 깨달아 부처가 되는 것이 얼마나 힘들고 어렵다는 것을 말씀하고 있는 것입니다. 그런데 오늘날 불자들은 스님들이 중생이 곧 부처라는 말만 듣고 자신들도 부처라고 말하는 것입니다. 그러나 부처님은 삼승(三乘)인 보살(菩薩)이 없는 것이 아니라 이승(二乘)인 연각(緣覺)도 없다고 한탄하시는 것입니다.

17. 不退諸菩薩이 其數如恒沙하야 一心共思求라
　　　불퇴제보살　　기수여항사　　　일심공사구
　　　亦復不能知니라
　　　역부불능지

[번역] 불퇴전의 지위에 오른 보살로서 항하 강의 모래처럼 많은 이들이 일심으로 생각하여 함께 찾아도 그래도 부처님의 지혜는 알 수 없느니라.

[해설] 부처님은 계속해서 부처님의 지혜는 불퇴전의 지위에 오른 보살로서 항하 강의 모래처럼 많은 자들이 일심으로 생각하여 함께 찾는다 해도 부처님의 지혜는 알 수 없다는 것입니다. 왜냐하면 부처님의 지혜를 알 수 있는 분은 오직 해탈 성불하여 부처가 되신 분이기 때문입니다.

18. 又告舍利弗하노니 無漏不思議인
    우고사리불　　　무루부사의
    甚深微妙法 我今已具得호니
    심심미묘법 아금이구득
    唯我知是相하고 十方佛亦然이니라
    유아지시상　　　시방불역연

[번역] 또 다시 사리불에게 말하노니 무루의 불가사의한 매우 깊고 미묘한 법문을 내가 이제 구족하게 얻었으므로 오직 나만이 이 모습을 자세히 알고 시방의 부처님도 또한 그러하니라.

[해설] 부처님은 이어서 사리불에게 무루(無漏)의 불가사의(不可思議)한 매우 깊고 미묘(微妙)한 법문을 내가 이제 구족(具足)하게 얻었으므로 오직 나만이 이 모습을 자세히 알고 있으며 또한 시방세계(十方世界)에 깨달아 성불하신 부처님도 알

고 있다는 것입니다. 그러나 앞으로 너희도 깨달아 부처가 된다면 무루의 불가사의한 부처님의 지혜를 알게 된다는 것을 말씀하고 있는 것입니다. 문제는 부처님께서도 불가사의(不可思議)한 지혜(智慧) 곧 매우 깊고 미묘(微妙)한 법문(法門)을 얻었다고 말씀하고 있다는 것입니다. 그러면 부처님에게 지혜(智慧)를 주신 분이 계시다는 것입니다,

그런데 부처님께 영원한 지혜를 주신 분이 과연 어느 분일까? 부처님께 영원한 지혜를 주신 분은 반야심경(般若心經)을 통해서 시대신(是大神)이신 반야(般若)라 말씀하고 있습니다. 그런데 불교에서 지금까지 반야(般若)는 단순히 지혜(智慧)라고 알고 있을 뿐 반야(般若)가 시대신(是大神)이며 창조신(創造神)이라는 것을 모르고 신(神)을 부정해오고 있는 것입니다. 그러나 석가모니(釋迦牟尼) 부처님은 반야심경(般若心經)을 통해서 반야(般若)는 시대신(是大神), 즉 참으로 큰 신이라고 분명히 말씀하고 있습니다.

19. 舍利弗當知하라 諸佛語無異니 於佛所說法에
　　사리불당지　　제불어무이　　어불소설법
　　當生大信力 世尊法久後에
　　당생대신력 세존법구후

要當說眞實이니라
요당설진실

[번역] 사리불이여, 그대는 마땅히 알라. 부처님의 말씀은 다르지 않나니 부처님이 말씀하신 법문에 큰 믿음의 힘을 내어라. 세존은 오랫동안 설법한 뒤에 진실한 참된 법문을 말하느니라.

[해설] 부처님은 사리불에게 너는 반드시 알라고 하시면서. 깨달은 부처님들의 말씀은 다르지 않으니 부처님이 말씀하신 법문에 큰 믿음의 힘을 내어 정진하라고 말씀하십니다. 부처님은 오랫동안 설법을 하신 뒤에 진실한 참된 법문을 말한다고 말씀하시는데 이것은 성문이나 연각들에게 방편(方便)이나 비유(譬喩)를 들어 말씀하시지만 보살들에게는 진리로 말씀하신다는 뜻입니다.

20. 告諸聲聞衆과 及求緣覺乘에 我令脫苦縛하야
　　고제성문중　　급구연각승　　아령탈고박
　　逮得涅槃者하노니
　　체득열반자

佛以方便力으 示以三乘教는 衆生處處著일새

불이방편력   시이삼승교   중생처처착

引之令得出하노라

인지령득출

[번역] 성문법을 구하는 여러 대중과 연각을 구하는 이들에게
분명히 말하노라. 그 동안 괴로움의 속박을 벗고 열반을 얻도
록 가르친 것은 부처님은 편의한 방법을 쓰는 능력으로 삼승
의 교법을 가르친 것이니 중생들이 가는데마다 집착하므로 그
들을 이끌어서 나오게 한 것이니라.

[해설] 부처님은 사리불(舍利佛)에게 부처님의 말씀은 모두 같
지만 말씀을 듣는 사람들이 믿음과 신앙의 차원(次元)이 각기
달라 그들의 신앙 근기(根基)에 맞추어서 전하기 때문에 다
르게 보인다는 것입니다. 이렇게 부처님은 중생들에게 그동
안 괴로움과 업장(業障)의 속박(束縛)을 벗고 열반(涅槃)에 이
르도록 가르친 것인데 듣는 자들의 신앙의 근기(根基)에 따라
듣기 편하고 알기 쉽게 삼승(三乘)의 교법(教法)으로 가르쳐
서 모든 집착(執着)에서 벗어나게 하였다는 것입니다. 즉 일
승(一乘)은 일승들이 들을 수 있도록 쉬운 말씀으로 가르치시
고 이승(二乘)은 이승의 수준에 맞는 말씀으로 가르치셨다는

것입니다.

21. 爾時 大衆中에 有諸聲聞 漏盡阿羅漢인

　　이시　대중중　유제성문 누진아라한

　　阿若憍陳如等 千二百人과

　　아야교진여등 천이백인

　　及發聲聞 辟支佛心인 比丘比丘尼와

　　급발성문 벽지불심　비구비구니

　　優婆塞優婆夷가 各作是念호대

　　우바새우바이　각작시념

[번역] 그 때 대중 가운데에 성문으로서 번뇌가 없어진 아라
한인 아야교진여 등 일천 이백 명과 처음으로 성문, 벽지불의
마음을 낸 비구, 비구니, 우바새, 우바이가 있다가 모두 이렇
게 생각하셨습니다.

[해설] 상기의 말씀은 성문으로 출발하여 온갖 수행을 통해서
번뇌에서 벗어나 아라한이 된 아야교진여 등 일천 이백 명과
처음으로 성문, 벽지불의 마음을 낸 비구, 비구니, 우바새, 우
바이가 모여 있다가 부처님의 방편을 찬탄하시는 이유를 생각
하게 되었다는 것입니다.

22. 今者世尊이 何故로 慇懃稱歎方便하시고

　　금자세존　　하고　　은근칭탄방편

　　而作是言하사대 佛 所得法은

　　이작시언　　　　불　소득법

　　甚深難解하야 有所言說을 意趣難知라

　　심심난해　　유소언설　　의취난지

　　一切聲聞 辟支佛의 所不能及이라하시난고

　　일체성문 벽지불　　소불능급

[번역] 지금 세존께서 무슨 까닭으로 은근하게 방편을 찬탄하시며 말씀하시기를 부처님의 얻은 법은 매우 깊어서 이해하기 어려우며, 말씀하시는 취지도 알기 어려워서 모든 성문이나 벽지불로서는 따를 수 없다고 하시는가?

[해설] 지금 아야교진여 등 일천 이백 명과 처음으로 성문, 벽지불의 마음을 낸 비구, 비구니, 우바새, 우바이들은 세존께서 무슨 까닭으로 은근하게 방편(方便)을 찬탄(贊歎)하시며 말씀하시기를 부처님의 얻은 법은 매우 깊어서 이해하기 어렵고 부처님이 말씀하시는 취지도 알기 어려워서 모든 성문이나 벽지불로서는 따를 수 없다고 하시는가? 하며 서로 근심이 되어 고민을 하는 것입니다.

23. 佛說 一解脫義하시면 我等도 亦得此法하야

　　불설 일해탈의　　　아등　역득차법

　　到於涅槃이어늘

　　도어열반

　　而今不知 是義所趣로 다하니

　　이금부지 시의소취

[번역] 부처님이 말씀하신 해탈의 이치는 우리들도 그 법을 얻어서 열반에 이르는데, 이제 그 말씀하신 진정한 뜻을 알 수 없구나.

[해설] 아야교진여 등 일천 이백 명과 처음으로 성문, 벽지불들은 부처님이 말씀하신 해탈의 이치는 우리들도 그 법을 얻어서 이미 열반(涅槃)에 이르고 있는데, 지금 부처님께서 열반에 이르기가 어렵고 힘들다고 하시는 진정한 뜻을 알 수 없다고 의아해 하며 한탄(恨歎)을 하는 것입니다. 즉 이들은 부처님이 말씀하신 해탈(解脫)의 법과 그 이치(理致)는 우리들도 이미 얻어서 열반(涅槃)에 이르렀는데 부처님께서 이제 와서 부처님의 법은 매우 깊고 오묘하여 따를 수 없다고 말씀을 하시니 또 이들은 부처님의 말씀하시는 뜻을 알 수가 없다

며 이구동성(異口同聲)으로 의아(疑訝)해 하고 불만을 나타내
며 모두 난리가 났다는 것입니다.

24. 爾時에 舍利弗이 知 四衆心疑하며 自亦未了하야
　　　이시　 사리불　 지 사중심의　　 자역미료
　　　而白佛言하사대
　　　이백불언

[번역] 이때 사리불이 사부대중들의 의심을 알아차리고, 자기
자신도 분명히 알지 못하여 부처님께 말씀드리고 있습니다.

[해설] 사리불(舍利佛)은 성문이나 벽지불들은 부처님의 법을
따를 수 없다는 부처님의 말씀에 사부대중들이 모두 의구심을
갖고 있는 것을 알고 또한 자신도 부처님의 말씀이 잘 이해되
지 않아 부처님께 말씀을 드리는 것입니다.

25. 世尊이시여 何因何緣으로 慇懃稱歎 諸佛第一方便이
　　　세존　　 하인하연　　 은근칭탄 제불제일방편
　　　甚深微妙하야 難解之法하시닛고
　　　심심미묘　　 난해지법

我自昔來로 未 曾從佛聞 如是說호이다

아자석래　미 증종불문 여시설

[번역] 세존이시여 무슨 인연으로 '모든 부처님의 제일방편이 매우 깊고 미묘하여 이해하기 어려운 법'이라고 은근하게 찬탄하십니까? 제가 예전부터 지금까지 한 번도 부처님께서 이렇게 말씀하시는 것을 듣지 못하였습니다.

[해설] 이때 사리불(舍利佛)은 사부(四部)대중의 의심하는 바를 알고 또한 자기도 부처님께서 말씀하시는 뜻을 분명히 알지 못하기 때문에 부처님께 다시 말씀을 드리고 있습니다. 세존(世尊)이시여 무슨 연고(緣故)로 여러 부처님의 법은 최고의 법으로 매우 깊고 미묘(微妙)하여 이해하기 어렵다고 은근히 법을 높이십니까? 저는 예전부터 지금까지 한번도 부처님께서 이렇게 말씀하시는 것을 듣지 못하였고 지금 사부대중도 모두 궁금해 하고 있으니 원하옵건대 세존(世尊)께서 말씀하신 의미를 우리에게 분명히 알려주십시오. 왜냐하면 세존께서 전에는 부처님의 법이 그렇게 어렵다고 말씀하신 적이 없었는데 부처님께서 지금 새삼스럽게 법은 매우 깊고 미묘(微妙)하여 이해하기조차 어렵다는 뜻으로 은근히 말씀하시기 때문입니다. 사리불은 부처님께 저는 예전부터 지금까지 부처님께서

한 번도 부처님의 법이 이렇게 어렵고 깨닫기 힘들다고 말씀하시는 것을 듣지 못하였다고 말씀드리고 있습니다.

26. 今者四衆이 咸皆有疑하사오니 惟願世尊은
　　　금자사중　　함개유의　　　　유원세존
　　敷演斯事하소서
　　부연사사
　　世尊이 何故로 慇懃稱歎 甚深微妙 難解之法하시닛고
　　세존　　하고　은근칭탄 심심미묘 난해지법

[번역] 지금 사부 대중들이 모두 다 궁금해 하고 있으니 바라옵건대 세존께서 이 일에 대해 말씀하여 주십시오. 세존께서는 무슨 일로 '매우 깊고 미묘하여 이해하기 어려운 법'이라고 은근히 찬탄하십니까?

[해설] 그러나 부처님께서는 사부대중들의 신앙이 너무 어리기 때문에 지금까지 부처님의 법을 방편(方便)으로 누구나 들을 수 있도록 쉽게 가르치며 열반에 이르기도 쉽다고 가르쳐 주셨지만 이제는 신앙이 좀 자랐기 때문에 부처님의 법은 매우 깊고 미묘하여 이해하기도 힘들고 알기는 더 어려우며 열반에 이르는 것은 매우 어렵다고 올바르게 말씀하신 것입니다.

27. 爾時에 舍利弗이 欲重宣此義하야 而說偈言하사대

　　이시　사리불　욕중선차의　　　이설구언

[번역] 그때 사리불이 이 뜻을 거듭 펴려고 게송으로 말하였습니다.

[해설] 사리불이 부처님의 뜻을 알기 위해 직접 말씀드리지는 못하고 게송(偈頌)으로 대신하는 것은 부처님이 어렵기도 하지만 부처님을 존경하기 때문입니다.

28. 慧日大聖尊이 久乃說是法이샷다

　　혜일대성존　구내설시법

[번역] 지혜의 태양이신 위대하고 거룩하신 세존이 오랜만에 이 법을 말씀하십니다.

[해설] 사리불은 부처님의 말씀을 듣고 자신의 생각을 거듭 나타내려고 게송(偈頌)으로 말하였습니다. 사리불은 부처님을 지혜의 태양이며 위대하고 거룩하신 세존이라 칭송을 하며 부처님께서 오랜만에 이 법을 나타내신다고 말씀하고 있습니다.

29. 自說得如是 力無畏三昧와 禪定解脫等

   자설득여시 역무외삼매   선정해탈등

   不可思議法이라하시며

   불가사의법

   道揚所得法을 無能發問者하며 我意難可測하야

   도량소득법   무능발문자   아의난가측

   亦無能問者라하시며

   역무능문자

   無問而自說하사 稱歎所行道하사대 智慧甚微妙하야

   무문이자설   칭탄소행도   지혜심미묘

   諸佛之所得이라하시니

   제불지소득

[**번역**] 이와 같은 힘과 두려움 없음과 여러 가지 삼매와 선정과 해탈인 불가사의한 법을 얻었노라고 스스로 말씀하십니다. 보리도량에서 얻으신 이러한 법을 아무도 물어보는 사람이 없고 내 뜻은 측량하기 어렵건만 아무도 이런 일을 묻는 이 없습니다. 그러나 묻는 이 없는데도 말씀하시며 수행하던 바른 길을 찬탄하시기를 '매우 깊고 미묘한 이런 지혜는 부처님들만 얻으신 바'라 하셨습니다.

[해설] 부처님께서는 지금 이와 같이 힘과 두려움 없음과 여러 가지 삼매(三昧)와 선정(禪定)과 해탈(解脫)인 불가사의(不可思議)한 법을 얻었노라고 스스로 말씀하고 계십니다. 부처님께서 얻었다는 불가사의한 법은 무엇을 말할까? 그보다 불교에서 부처님께서 그 누구의 도움이나 얻음도 없이 자각에 의해서 성불하여 부처가 되셨다고 말씀하는데 부처님은 누군가에 의해서 불가사의한 법을 얻었다고 말씀하고 있는 것입니다. 불가사의한 법은 하늘의 법이며 시대신(是大神)의 법인 반야(般若)의 법을 말씀하고 있습니다. 이법은 이 세상에 없고 오직 하늘, 즉 반야의 세계에만 존재하고 있는 법입니다. 그러므로 부처님께서 보리도량에서 얻으신 이러한 하늘의 법은 아무도 물어보는 사람이 없고 또한 부처님의 뜻은 측량(測量)하기도 어렵기 때문에 아무도 이런 법을 묻는 사람도 없다는 것입니다. 그러나 부처님은 불가사의한 법을 묻는 자가 없는데도 말씀하시며 또한 수행하던 바른 길을 찬탄(贊嘆)하시기를 '매우 깊고 미묘한 이런 지혜는 부처님들만 얻으신바'라고 말씀하고 있는 것입니다.

문제는 부처님께서 불가사의한 법(말씀)을 스스로 깨달은 것이 아니라 무엇에 의해서 얻은 것이라고 충격적인 말씀을 하고 있다는 것입니다. 왜냐하면 지금까지 오늘날 불자들은 물론 사부대중들도 부처님이 깨달아 성불(成佛)하신 것은 다른 종교와 같이 신을 믿고 의지하거나 신의 도움 없이 부처님 자신이 스스로 깨달았다고 알고 있었기 때문입니다.

　그런데 부처님은 이미 반야심경(般若心經)을 통해서 행심반 야바라밀다시(行深般若波羅蜜多時) 조견오온개공(照見五蘊皆 空)하여 도일체고액(度一切苦厄)을 하셨다고 말씀하고 있습니 다. 즉 부처님께서 해탈하기 위해 반야를 향해 육바라밀(六波 羅蜜)을 열심히 수행정진(修行精進)할 때 시대신(是大神)이신 반야(般若)의 도우심으로 자신의 존재가 무상(無常)하다는 것 을 깨닫고 도일체고액(度一切苦厄)을 하여 부처님이 되셨다는 것입니다. 여기서 다시(多時)라는 뜻은 수많은 시간, 즉 수억 겁의 오랜 세월을 말하고 있습니다. 이렇게 부처님은 해탈을 하시기 위해 전생과 현생과 내생을 수도 없이 윤회(輪廻)하면 서 수행정진을 하셨는데 그 기간을 아승기겁(阿僧祇劫)이라 말씀하고 있습니다.

　불교에서 말하는 겁(劫)은 무한의 시간, 영원한 시간, 우주 론적 시간, 인간이 측정할 수 없는 오랜 기간을 말하고 있습 니다. 이와 같이 부처님은 성불을 하기 위해서 아승기겁(阿僧 祇劫) 동안 육바라밀(六波羅蜜)을 행하면서 인욕정진(忍辱精 進)을 하셨다고 말씀하고 있습니다. 육바라밀(六波羅蜜)은 부 처님께서 무명(無明)의 중생들이 해탈을 하여 피안(彼岸)의 세계에 들어가는 길을 여섯 단계의 과정으로 나누어 말씀하신 것입니다. 육바라밀(六波羅蜜)은 지옥계(地獄界)에 살고 있는 중생들이 여섯 과정의 수행을 통해 천상계(天上界)에 올라 부처가 되는 것을 말씀하고 있습니다.

석가모니(釋迦牟尼) 부처님께서 해탈하여 부처가 되기까지 수많은 고행을 겪으며 정진수행을 하였는데 그 과정을 육바라밀이라 말씀하고 있습니다. 중생들이 육바라밀(六波羅蜜)을 반드시 행해야 하는 이유는 중생들이 살아가는 세계가 모두 동일한 세상이 아니라 사람의 상태와 차원에 따라 여섯으로 분류된 세계, 즉 육계(六界) 에서 살아가고 있기 때문입니다. 육계(六界)는 육 차원의 세계를 말하는데 첫째 지옥(地獄)계, 둘째 아귀(餓鬼)계, 셋째 축생(畜生)계, 넷째 수라(修羅)계, 다섯째 인간(人間)계, 여섯째 천상(天上)계를 말씀하고 있습니다. 인간들이 처음에 머물고 있는 곳은 생로병사(生老病死)와 번뇌망상(煩惱妄想)의 고통이 계속되는 지옥계인데 지옥에서 벗어나 천상에 올라 부처가 되기 위해서는 반드시 육바라밀을 행해야 하는 것입니다.

부처님께서 말씀하시는 육바라밀(六波羅蜜)은 첫째 보시(布施), 둘째 지계(持戒), 셋째 인욕(忍辱), 넷째 정진(精進), 다섯째 선정(禪定), 여섯째 지혜(智慧)입니다. 이것은 부처님께서 무명의 중생들이 지옥에서 나와 천상에 이르러 부처가 되기까지 반드시 거쳐야 하는 과정을 여섯 가지 길(六道)로 가르쳐

주신 것입니다. 만일 오늘날 불자들이 부처님의 가르침에 따라 육바라밀의 모든 과정을 마칠 수 있다면 누구나 석가모니 (釋迦牟尼) 부처님과 같이 해탈(解脫)이 되어 부처가 될 수 있습니다.

석가모니 부처님은 생로병사(生老病死)가 계속되는 윤회 (輪廻)의 고통에서 벗어나 영원한 생명을 찾기 위해서 출가를 하여 많은 스승들의 가르침과 더불어 온갖 수행을 해보았지만 해탈에 이르지 못하다가 오직 반야를 향해 육바라밀을 열심히 행할 때에 비로소 해탈하여 관자재보살(觀自在菩薩)이 되신 것입니다. 그리고 조견오온개공(照見五蘊皆空)은 부처님께서 도일체고액(度一切苦厄)을 하여 관자재보살(觀自在菩薩)이 되신 근원적 요소(要素)를 말씀하고 있습니다. 조견오온(照見五蘊)이란 존재발견(存在發見), 즉 자아발견(自我發見)을 말하고 있습니다. 중생들이 자기 자신은 모두 잘 알고 있는 것과 같이 생각을 하지만 부처님께서는 자신을 본다는 것은 해탈하기 만큼이나 어렵고 힘들다 말씀하고 있습니다.

왜냐하면 부처님께서 해탈(解脫)하시어 관자재보살(觀自在菩薩)이 되신 것은 조견오온(照見五蘊), 즉 오온(五蘊)을 조견 (照見)하여 도일체고액(度一切苦厄)을 하였다고 말씀하고 있기 때문입니다. 오온(五蘊)은 다섯으로 구성(構成)된 인간의 존재를 말하는데 부처님이 조견오온(照見五蘊)을 하였다는 것은, 즉 자신의 존재를 밝히 본 것은 스스로 본 것이 아니라 반야의 비춤을 통해서 보았다는 뜻입니다. 즉 부처님께서 반야(般若)의 도우심이 없었다면 오온(五蘊)이 개공(皆空)한 것, 즉 자신의 존재가 무상(無常)하다는 것을 보지 못했다는 뜻입니다. 그러므로 불자들이 다른 것은 모른다 해도 오온(五蘊)에 대해서는 분명히 알아야 합니다. 오온(五蘊)은 불교에서만 사용하는 용어로 인간의 구성요소(構成要素)인 색수상행식(色受想行識)을 말합니다. 이제 오온(五蘊)에 대해서 자세히 살펴보기로 하겠습니다.

오온(五蘊) : 색(色), 수(受), 상(想), 행(行), 식(識)

1) 색온(色蘊) : 육신(몸)

색(色)은 물질적 요소로 사람의 육신인 몸을 말하는 것인데 사람의 몸은 사대(四大), 즉 지수화풍(地水火風)으로 구성되어 있습니다. 이 때문에 사람의 몸을 바라보면서 우주(宇宙) 삼라만상(森羅萬象)은 대우주(大宇宙)요 사람은 소우주(小宇宙)라고 말하기도 합니다. 그런데 인간의 몸의 구조를 바라보면 지구와 인간의 구성요소(構成要素)가 같다는 것을 알 수 있습니다. 왜냐하면 지구도 인간처럼 지수화풍으로 구성되어 있기 때문입니다. 이것은 사람이 지수화풍(地水火風)으로 구성되어 살아 숨 쉬듯이 지구도 지수화풍으로 구성되어 있기 때문에 살아있는 생명체(生命體)라는 뜻입니다. 만일 지구에 생명이 없다면 인간은 물론 지구 안의 어떤 생물도 존재할 수 없고 살아갈 수도 없습니다.

이것은 지구가 지수화풍(地水火風)으로 구성되어 있고 살아 숨 쉬는 생명체이기 때문에 인간들과 모든 생물들이 지구라는 거대한 몸에 기생(寄生)하며 살고 있다는 뜻입니다. 이는 사람들의 몸속에 박테리아와 같은 미생물이 기생하며 사는 것과 같은 것입니다. 생명이 없는 것은 활동할 수가 없습니다. 사람을 비롯해서 모든 생물들이 활동할 수 있다는 것은 생명이 있기 때문입니다. 이처럼 생명이 없거나 생명이 죽어있는 것은 움직일 수가 없는데 어떤 물체가 활동을 하고 있다는 것은 생명, 즉 에너지가 있기 때문입니다.

이와 같이 이 거대한 지구가 수억만 년 전부터 지금까지 공전(空轉)과 자전(自轉)을 하면서 활동하고 있는 것은 지구에 생명이 있기 때문이다. 이렇게 지구가 살아있기 때문에 지구 속에 존재하는 생물들도 지구와 더불어 오늘도 살아가고 있는 것입니다. 만일 지구가 지수화풍으로 구성되어 있지 않거나 지구에 생명이 없다면 지구 속의 인간은 물론 모든 생물도 존재할 수가 없습니다.

그러므로 불자들은 지수화풍(地水火風)으로 구성되어 있는 자신의 몸을 바라보면서 자신의 존재를 생각해 보아야 합니다. 이 우주공간 속에는 수많은 별들이 존재하지만 지구와 같이 살아 있는 별이 없다는 것은 지수화풍(地水火風)으로 구성(構成)되어 있는 별이 없다는 말과 같습니다. 이제 우주 속에 존재하고 있는 지구와 지구에 기생(寄生)하며 살고 있는 인간의 존재를 살펴보기로 하겠습니다. 우리가 살고 있는 이 지구를 거대한 우주공간 속에서 바라보면 공중에 떠돌고 있는 자그마한 먼지 털 하나에 불과합니다. 그러면 먼지 털과 같은 지구 속에 붙어서 살고 있는 인간의 존재는 과연 얼마만한 존재일까? 우주적 관점에서 인간을 바라본다면 고도의 현미경으로도 찾아보기 힘든 미생물에 불과한 존재가 바로 인간입니다. 이렇게 반야께서 우리 인간들을 바라볼 때 인간의 존재는 티끌보다 작은 미생물과 같은 존재들입니다.

그럼에도 불구하고 인간들은 이렇게 미약한 존재라는 사실도 잊은 채 안하무인(眼下無人)처럼 만물의 영장이라고 큰소리치며 살아가고 있습니다. 그러므로 불자들은 부처님의 말씀을 통해서 자신의 존재나 반야의 실체에 대하여 알아야만 합니다. 그리고 부처님의 뜻에 따라서 이 세상사는 동안에 반드시 그 뜻을 이루어야 합니다. 인간의 몸은 지구와 같이 지수화풍(地水火風), 즉 흙과 물과 불과 바람으로 구성되어 있습니다. 그런데 지수화풍 중에서 화풍(火風)에 대해서 더욱 확실하게 알아야 합니다. 왜냐하면 사대(四大) 가운데 지수는 화풍에 의해서 움직이고 있기 때문입니다.

화풍(火風)은 사람 속에 존재하는 근원적 에너지를 말하는데 이 에너지가 바로 사람의 몸속에 존재하고 있는 생명의 실체입니다. 이 생명을 사람들은 혼(魂), 혹은 혼령, 또는 영혼이라고 부릅니다. 이 혼이 육신 안에서 몸을 운행하고 있는 것입니다. 이 혼의 생명은 몸이 병들거나 노쇠하여 죽게 되면 몸에서 분리되어 구천(九天)을 떠돌다가 다른 몸속에 다시 들어가 새로운 생명으로 태어나게 됩니다. 이렇게 사람의 몸이 죽고 다시 태어나는 것을 윤회(輪廻)라 말합니다.

지수화풍(地水火風)으로 구성되어 있는 사람의 몸에는 각 기관이 존재하고 있는데 그 기관들은 육근(六根)이라 칭하는 안(眼), 이(耳), 비(鼻), 설(舌), 신(身), 의(意)입니다. 즉 사람의 몸에 붙어서 활동하는 눈, 귀, 코, 혀(입), 몸(피부), 생각(두뇌)을 말합니다. 그런데 육근은 상대적으로 보고, 듣고, 느끼고, 알 수 있는 대상인 육경(六境)이 존재할 때만이 활동할 수 있습니다. 즉 육근이 있다 해도 상대적인 육경이 없다면 아무런 활동을 할 수 없다는 말입니다. 육경은 색(色), 성(聲), 향(香), 미(味), 촉(觸), 법(法)의 여섯 가지를 말합니다.

색(色) : 눈으로 볼 수 있는 모든 것
성(聲) : 귀로 들을 수 있는 소리들
향(香) : 코로 맡을 수 있는 냄새들
미(味) : 혀로 맛볼 수 있는 것
촉(觸) : 몸의 감각으로 느낄 수 있는 것
법(法) : 머리로 생각할 수 있는 세상의 이치, 법 등

이러한 육근과 육경의 상호작용(相互作用)에 의해서 알음알이, 즉 육식(六識)이 발생하게 됩니다. 육식이란 안식(眼識), 이식(耳識), 비식(鼻識), 설식(舌識), 신식(身識), 의식(意識)

의 여섯 가지를 말하는데 이렇게 육근과 육경에 의해서 인식된 관념들이 쌓이고 쌓여 자신의 존재가 형성되는 것입니다. 이와 같이 육근과 육경에 의해서 육식이 발생된 것인데 이 모두를 합쳐서 18계(界)라고 말합니다. 사람들이 사물을 볼 때 육근과 육경과 육식이 현재와 과거와 미래로 전개되어 번뇌가 나타나는데 불교에서는 이를 백팔번뇌(百八煩惱)라고 말합니다.

이와 같이 색(色)은 사람의 몸과 그 몸에 붙어있는 각 기관을 포함하고 있습니다. 그러나 육신의 몸은 인간의 실체가 결코 아니며 단지 인간의 생명인 혼을 담고 있는 그릇에 불과한 것입니다. 그러므로 이 세상을 살면서 육신에 사로잡혀 몸에 종노릇하면서 허무한 인생을 살 것이 아니라 부처님의 가르침을 따라서 자신의 존재를 올바로 알고 자신의 내적완성(內的完成)을 위해 끊임없이 정진해야 합니다.

2) 수온(受蘊): 느끼는 기관(心)

수온(受蘊)은 오온(五蘊)의 한 부분으로 느끼는 감각기관(感覺器官)을 말하는데 수온은 사람의 마음을 말하고 있습니다. 사람이 이 세상을 살아가면서 슬픔과 괴로움 그리고 기쁨과 행복감을 느끼는 것은 모두 수온(受蘊)인 마음이 있기 때문입니다. 불교에서는 수온(受蘊)을 느끼는 기관으로 말할 뿐 마음의 실체를 구체적으로 분명하게 제시(提示)하지 못하고 있습니다. 그러므로 수온을 단지 오온의 하나인 감각기관으로 알고 있습니다. 그런데 마음을 사람의 생명이라 말하는 사람도 있습니다. 그러나 마음도 육경(六境)과 육근(六根)을 통해서 느끼며 감지하는 일종의 감각기관이지 사람의 생명이나 실체가 아닙니다. 사람은 감정이 있기 때문에 마음을 통해서 희로애락(喜怒哀樂)을 느끼는 것인데 느끼는 주체(主體), 즉 생명이 없다면 아무 것도 느낄 수 없습니다.

왜냐하면 생명이 없는 죽은 자는 몸과 마음의 감각기관(感覺器官)이 존재한다 해도 아무 것도 느끼지 못하기 때문입니다. 그러므로 기독교에서는 마음이 사람의 실체가 아니라 피를 인간의 생명이라 말하고 있습니다. 그러나 피도 생명자체가 아니라 피 속에 존재하고 있는 생기(生氣)를 생명이라 말합니다. 생명의 실체는 피를 작용케 하는 힘, 즉 원동력(原動力)인 에너지를 말하는데 이를 성경에서는 생기(生氣)라 말하고 있습니다. 사람들은 생기를 혼(魂) 혹은 혼령이라고도 말하는데 이 혼을 기(氣)라고도 말합니다. 이렇게 육안으로 보이지 않는 기(힘, 에너지)의 작용에 의해 피가 운행되고 있는 것이며 이 에너지의 활동에 의해서 사람이 살아가고 있는 것입니다. 사람들은 모두 생명인 혼이 있기 때문에 살아가는 것인데 혼의 활동이 잠시 정지되거나 혼이 몸에서 떠나갔을 때 사람들은 혼이 나갔다 혹은 정신 나간 사람이라 말들을 합니다. 그런데 만일 몸에서 혼의 활동이 정지되거나 잠시 분리된 혼이 오랫동안 다시 되돌아오지 않는다면 그 사람은 곧 죽은 사람이 되는 것입니다. 이렇듯 사람의 몸에는 각 기관(器官)이 있고 사람의 몸속에 피가 존재한다 해도 생명의 실체인 혼(魂), 즉 기가 빠져나가면 그 사람은 전혀 활동이 불가능한 죽은 사람이 되는 것입니다. 그러므로 인간의 죽음이란 곧 혼과 몸이 분리되는 것을 말합니다.

이와 같이 사람의 몸은 생명이 아니며 단지 혼을 담고 있는 그릇에 불과하다는 사실입니다. 사람들은 어린아이가 이 세상에 태어날 때에 막연히 한 생명이 태어났다고만 할 뿐 사람의 생명이 어떻게 구성(構成)되어 있는지, 어떻게 하여 사람이 태어나는가를 구체적으로 모르고 있을 뿐만 아니라 이러한 문제에 대하여 별 관심 없이 살아가고 있습니다. 사람의 생명은 이미 앞서 언급한 것처럼 육신과 혼으로 구성(構成)되어 있는데 사람의 육신은 육신의 씨에 의해서 잉태할 수 있으나 사람의 혼은 사람이 잉태할 수도 낳을 수도 없습니다.

즉 사람의 생명은 전생에 존재하던 영혼이 죽은 후 구천을 떠돌다가 반야께서 정하신 때가 이르면 이 세상에 태어나는 어린아이의 몸 속으로 들어가 다시 태어나게 되는 것입니다.

이와 같이 사람이 죽고 사는 것은 몸이며 혼은 죽는 것이 아닙니다. 인간 속에 있는 혼의 생명은 부처님의 영원한 생명으로 완성될 때까지 전생(前生)과 현생(現生)과 내생(來生)을 오고가며 계속하여 윤회(輪廻)하게 되는 것입니다. 그러면 사람들의 근본 생명인 혼은 본래 어디서부터 온 것인가?

사람이라면 누구나 반드시 알아야 할 중요한 문제입니다. 혼(魂)은 본래 오직 반야(般若)에 의해 인간에게 주어진 것이며 또한 모든 혼들은 반야의 주관 하에 지금도 존재하고 있습니다. 사람들이 인간의 힘으로는 어쩔 수 없는 운명이 닥칠 때 혹은 죽음을 눈앞에 둔 사람 앞에서 인명(人命)은 재천(在天)이라 말합니다. 이 말은 사람의 생명이 하늘에 달려 있다는 뜻인데 하늘은 저 창공을 말하는 것이 아니라 하늘에 계신 반야, 즉 절대신(神)을 가리키는 말입니다.

이러한 사실들을 인간들이 분명하게 안다면 어느 누구나 반야(般若)를 의지하며 신앙생활을 할 수밖에 없고 반야께 귀의(歸依)할 수밖에 없는 것입니다. 그러므로 불교에서 마음을 닦으라고 하는 말의 정확한 의미는 이 세상의 욕심으로부터 더러워진 혼을 깨끗이 닦으라는 뜻입니다. 이렇듯 생로병사 속에서 윤회(輪廻)하는 인간의 생명이 바로 혼인 것입니다. 불교에서의 수온(受蘊)은 오온(五蘊)의 가장 중추적이며 핵심이 되는 인간의 마음을 말하고 있습니다.

그러므로 중생들이 해탈(解脫)하기 위하여 도를 닦는다는 것은 곧 마음을 닦는다는 것이며 마음을 깨끗이 닦아 청정심 (淸淨心)이 되면 바로 부처가 되는 것입니다. 이와 같이 사람이 해탈되어 영원한 극락세계로 이어지는 생명은 부처님의 마음 곧 반야의 생명이며 지옥 불에서 고통 받는 것은 중생들의 마음, 즉 혼적인 생명인 것입니다. 결국 이 세상에서 해탈되지 못한 혼의 생명이 몸이 죽어 구천을 떠돌고 있다가 내생에 다시 어린아이의 몸속에 들어가 환생(還生)되는 생명체가 바로 인간의 혼인 것입니다. 이렇게 자신이 전생부터 가지고 나온 혼의 상태를 천성(天性) 혹은 성품(性品)이라고도 말하는 것입니다. 그런데 이 세상에서 해탈하지 못해 내생에 다시 태어날 때에 타고나는 사주팔자(四柱八字), 즉 좋은 환경과 나쁜 환경 혹은 좋은 조건과 악조건들은 모두 자신이 지은 업, 즉 행업(行業) 때문입니다.

3) 상온(想蘊): 생각하는 기관(두뇌)

상온(想蘊)은 생각하는 기관, 즉 사람의 두뇌(頭腦)를 지칭하는 말입니다. 사람들이 살아가면서 두뇌 속에 기록되는 생각을 관념(觀念)이라고도 하는데 이 관념들이 쌓여서 고정관념(固定觀念)이 되는 것입니다. 사람들의 머릿속에 이러한 생각들이 눈덩이처럼 불어나게 되는데 이것이 바로 인간들의 각종 고뇌(苦惱)와 번뇌(煩惱)와 망상(妄想)을 일으키는 근본입니다. 이 세상에 태어날 때 본래 사람의 두뇌는 아무것도 입력되지 않은 컴퓨터의 디스크와 같이 맑고 깨끗한 상태에서 시작됩니다. 이렇게 깨끗한 두뇌가 육근(六根)-(眼耳鼻舌身意)과 육경(六境)-(色聲香味觸法)에 의해 이 세상으로부터 경험한 것들을 두뇌(頭腦) 속에 하나하나 기록하게 되는데 이렇게 사람의 뇌리(腦裏) 속에 입력된 생각들이 사람들의 인격(人格)으로 나타납니다.

이와 같이 사람들은 이 세상에 태어나서 부모로부터 배우고 또 학교에서 선생님들의 가르침을 받으며 사회에 나아가서 경험하고 익힌 모든 생각, 즉 뇌리(腦裏) 속에 기억된 것을 가지고 이 세상을 살아가고 있는 것이다. 사람들이 무식(無識)하다 혹은 유식(有識)하다고 말하는 것은 바로 뇌리 속에 기록된 양이 많다 혹은 적다는 말과 같습니다. 그러므로 사람들의 인격이나 품격은 곧 그 사람의 머리에 기록된 지식과 비례합니다.

이렇게 인간의 뇌리 속에 입력된 관념(觀念)들이 쌓여서 사람의 고정관념(固定觀念)이 되는 것이며 이 고정관념이 바로 이 세상으로부터 형성된 자신의 실체인데 이것을 부처님은 전도몽상(顚倒夢想)이라고 말씀하고 있습니다. 왜냐하면 진리만

이 영원하며 이 세상에 존재하고 있는 모든 것들은 잠깐 보이다가 사라지는 안개와 같은 것들이기 때문입니다. 그런데 사람들은 이렇게 세상의 헛된 것으로부터 배우고 익히고 경험한 모든 것을 자기의 존재로 내세우며 살아가고 있습니다. 그러나 이 세상의 헛된 것으로부터 형성된 자기 존재(自我)는 모두 무너져야 하며 모두 버려야 합니다. 그리고 영원한 반야의 생명으로 다시 태어나야 하는 것입니다.

그러므로 중생들은 자아를 모두 버리고 무아(無我)의 상태로 돌아가서 반야로부터 다시 부처님의 영원한 생명(眞我)으로 창조를 받아야 하는 것입니다. 이렇게 반야에 의해 해탈(解脫)하여 다시 태어난 생명을 관자재보살(觀自在菩薩)이라 말합니다. 그런데 불자들이 해탈을 하려고 해도 해탈이 되지 않는 이유는 허상(虛像)인 자아를 실상(實像)으로 착각하며 그 썩어 없어질 육신의 생명에 종노릇하며 포기하지 않기 때문입니다. 그러나 자신의 혼적 존재가 없어져 무아(無我)의 상태가 되지 않고는 해탈(解脫) 할 수가 없습니다. 잘못된 생각이 몸을 범죄하게 만들며 마음까지 병들게 하는 것입니다. 마음이 병든다는 것은 곧 나무의 뿌리가 썩을 때 나무 전체가 시들어 무너져 내리듯이 인간의 마음도 병들어 부패하게 되면 인간들도 결국 죽게 되는 것입니다.

인간의 죽음은 결국 잘못된 생각으로부터 시작된다는 것을 알아야 합니다. 잘못된 관념이 마음을 병들게 하며 자신을 죽이며 남들도 망하게 하는 근본 원인이 됩니다. 그러므로 부처님께서는 이 세상과 자신 안에 자리 잡고 있는 탐, 진, 치로부터 뇌리 속에 잘못 입력된 고정관념(固定觀念)들, 즉 전도(顚倒)된 몽상(夢想)을 버리고 무아(無我)가 되라고 말씀하시는 것입니다. 그러나 인간이 무아가 된다는 것은 결코 쉬운 일이 아닙니다. 무아(無我)가 되라는 말의 의미는 결국 머리에 잘못 입력된 모든 고정관념과 더러운 마음을 깨끗이 씻으라는 뜻인데 사람의 잘못된 생각을 버린다는 것은 바로 자신의 존재를 포기하라는 말과 같으며 이 말은 곧 자신을 죽이라는 것과 같습니다. 왜냐하면 자신이 죽지 않으면 다시 태어나는 해탈(解脫)이 없기 때문입니다. 그러나 부처님의 가르침에 의해서 죽는 죽음은 삶이 전제된 죽음이며 그것은 곧 해탈(解脫)의 생명을 보장하고 있는 죽음입니다. 이렇듯 무아(無我)의 진정한 뜻은 거짓된 생각과 탐, 진, 치로 인해 더러워진 마음을 깨끗이 씻어 모든 생각과 마음을 진실로 바꾸라는 말입니다.

그래서 지금까지 이 세상으로부터 형성된 잘못된 고정관념(固定觀念)을 모두 버리고 참이시며 진실의 본체이신 부처님의 가르침을 받아 영원한 생명으로 다시 태어나야 합니다. 불자들이 오늘날 해탈(解脫)하신 부처님의 가르침을 받아서 날마다 잘못된 생각을 버리고 더러워진 마음을 깨끗이 씻는다면 모두가 부처님의 생명으로 거듭날 수 있을 것입니다.

4) 행온(行蘊): 인간의 행동, 행위, 활동 (인간의 삶)

행온(行蘊)은 수상(마음과 생각)에 의해서 혹은 수상의 지시에 따라 행해지는 몸의 행동, 즉 사람의 행위를 말합니다. 사람들이 현생에서 받는 행복과 불행은 전생에 지은 선업과 악업에 의해서 나타나는 것인데 이것을 가리켜 불교에서는 업보(業報) 혹은 인과응보(因果應報)라 말합니다. 이렇게 사람들의 선행(善行)은 덕(德)을 지어 복(福)으로 나타나며 악행은 죄(罪)가 쌓여 화(禍)로 나타나는 것입니다. 그러므로 인간들이 받는 복이나 화는 모두 자신의 행동에 의한 결과로 나타나는 것이지 우연적으로 발생되는 것이 아닙니다.

그러나 몸의 행동은 감각기관(感覺器官)인 마음과 생각에 의해 결정된 지시에 따라서 행동하는 것이지 몸 자체가 스스로 행동할 수 있는 것이 아닙니다. 그러므로 모든 행동, 즉 행온(行蘊)은 신중한 마음과 생각에 의해서 행해져야 합니다. 사람들이 타고나는 운명(運命)이나 이 세상에 태어날 때에 주어진 사주팔자(四柱八字)는 우연적으로 주어진 것이 아니라 전생의 행업(行業), 즉 업보(業報)에 의해서 나타나는 것입니다.

이렇게 현생에 자신이 타고 나는 운명(運命)이나 사주팔자 (四柱八字)는 모두가 전생의 업보(業報)의 결과로 나타난 것이며 또한 내생의 운명도 현생의 업에 의해서 결정되어지는 것입니다. 그러므로 불자들은 신행생활을 통해서 현생의 삶이 얼마나 중요한가를 알아야 합니다. 그러므로 현생에 사주팔자를 잘 타고나서 행복하게 잘 살고 있는 사람은 전생에 선행으로 선업을 쌓은 결과인 것이며 현생에 고통과 괴로움 속에서 벗어나지 못하고 불행한 삶을 사는 것도 역시 전생의 악업의 결과로 그 죄의 대가를 받는 것이라는 사실을 명심해야 합니다. 이렇게 인간들이 받는 복이나 화는 자신이 만들어낸 것이지 그 어느 것에 의해서 혹은 우연히 주어진 것이 결코 아닙니다. 그러므로 불자들은 부처님의 가르침에 따라 욕심으로 가득 찬 거짓된 마음을 버리고 진실한 마음으로 변화시켜 올바른 삶을 살아야 합니다. 그럼에도 불구하고 오늘날 불자들은 부처님의 가호(加護)로 화(禍)는 피하고 복(福)만을 받으려는 욕심에서 열심히 신행생활을 하고 있는 것입니다. 그러나 이러한 기복(祈福)신앙은 잘못된 신앙이라는 것을 알아야 합니다. 부처님의 모든 가르침은 진실한 마음과 올바른 생각으로 자신을 변화 받아 오직 해탈(解脫)에 이르라고 말씀하고 있습니다. 이렇게 해탈된 생명은 이 세상에서 다시 윤회(輪廻)되지 않는 생명으로서 생사화복(生死禍福)이 초월된 영원한 열반의 세계 곧 극락에서 영원한 삶을 누리는 것입니다.

　이와 같이 부처님의 참 뜻은 인간들이 이 세상에서 신행생활을 잘하여 복을 받아 잘 살라고 하는 것이 아니라 부처님의 가르침을 통해 해탈이 되어 번뇌 망상과 고통이 계속되는 이 세상으로부터 완전히 벗어나라고 말씀하고 있습니다. 그러므로 진정한 불자라면 이 세상사는 동안에 화(禍)나 복(福)만을 지을 것이 아니라 부처님의 가르침을 받아서 이생의 모든 삶을 오직 해탈에 힘써야 합니다. 즉 행온(行蘊)이 우리에게 주는 진정한 교훈은 부처님의 진리로 마음을 잘 닦아서 해탈(解脫)이 되라는 것입니다. 이것이 부처님께서 우리에게 가르쳐 주시는 행온(行蘊)의 의미이며 부처님의 뜻입니다.

5) 식온(識蘊): 의식, 인식의 집합체

　식온(識蘊)은 육근(六根-眼, 耳, 鼻, 舌, 身, 意)과 육경(六境-色, 聲, 香, 味, 觸, 法)에 의해서 형성된 인식(認識)의 집합체(集合體)를 말합니다. 즉 육근(六根)과 육경(六境)에 의해서 이 세상으로부터 배워서 알고 경험함으로 인식(認識)된 것들을 말하는데 이것을 알음알이라고도 말합니다. 이렇게 색(色), 수(受), 상(想), 행(行)에 의해서 하나하나 쌓여 형성된 인식들을 식온(識蘊)이라 말합니다. 이렇게 식온이란 색, 수,

상, 행에 의해 후천적(後天的)으로 만들어진 것인데 이렇게 쌓여 형성된 인식(認識)의 집합체(集合體)를 자아(自我) 혹은 자기존재(自己存在)라 말하는 것입니다. 결국 식온(識蘊)은 본래적 자신의 존재가 아니라 후천적(後天的)으로 나타난 혹은 만들어진 자기의 존재입니다.

때문에 부처님께서 중생들에게 이 세상으로부터 만들어진 전도몽상(顚倒夢想)인 자기 존재(自我)를 버리고 무아(無我)가 되라고 말씀하시는 것입니다. 왜냐하면 오온(五蘊)으로 형성된 존재가 깨끗이 비워지지 않으면 해탈할 수 없고 또한 반야의 생명(眞我)으로 다시 태어날 수 없기 때문입니다. 그럼에도 불구하고 중생들은 이렇게 세상으로부터 전도(顚倒)된 몽상(夢想)에 의해서 형성된 존재를 자신의 실체로 착각(錯覺)하면서 살아가고 있는 것입니다. 그보다 자신이 어떠한 존재인가에 대하여 아무런 관심도 없이 한 세상을 살다가 허무하게 죽어 가는 것입니다.

사람들이 죽어 가면서 인생을 무상하다 혹은 인생은 일장춘몽(一場春夢)과 같다고 말하는 사람은 인생의 의미도 모르면서 인생을 무가치하게 살았기 때문에 하는 말입니다. 그러나 자신의 무상한 존재를 알고 부처님의 뜻에 따라서 내생을 열심히 준비한 사람들은 인생이 가치 있고 소중하다고 말합니다. 석가모니(釋迦牟尼) 부처님께서 중생(衆生)들에게 해탈

(解脫)하여 부처가 되라고 말씀하시는 것은 무상한 혼적 존재로부터 벗어나 영원한 존재로 거듭나라는 뜻입니다. 이렇게 인간들은 무상한 존재들이기 때문에 다시 반야(般若)에 의해서 영원한 존재로 창조(創造)를 받아야 하는 것입니다. 반야(般若)는 시대신(是大神)이며 영원한 생명이기 때문에 반야(般若)만이 무상한 중생들을 영원한 존재로 만들 수 있는 것입니다.

그러므로 성불하여 영원한 존재가 되기 위해서 부처님의 가르침을 받는 것이며 그 가르침에 따라 자아를 모두 버려야 새롭고 영원한 반야(般若)의 생명으로 다시 태어나게 되는 것입니다. 이렇게 해탈(解脫)하여 영원한 생명으로 다시 창조될 때 윤회(輪廻)도 없고 죽음도 없는 영원한 부처님의 생명이 되는 것입니다. 그런데 불행한 것은 사람들이 이 세상을 살아가면서 자신이 어떠한 존재라는 것을 알려고도 하지 않고 오직 세상의 부귀영화(富貴榮華)만을 좇아 살다가 허무하게 죽어 가는 것입니다. 사람이 "철들자 망령 든다"는 옛말과 같이 젊을 때는 자신의 존재가 무상하다는 것을 전혀 생각지도 않고 살다가 늙고 병들어 죽음이 눈앞에 다가오면 인생의 무상함을 깨닫게 되는 것입니다. 만일 인생의 무상(無常)함을 젊어서 분명히 알 수 있다면 어느 누구나 현생의 모든 삶을 영원한 생명을 위해서 투자할 것이며 이 세상사는 동안에 해탈(解脫)을 위하여 정진할 것입니다. 석가모니(釋迦牟尼) 부처님께서 해탈하신 이유 중의 하나가 바로 인간의 존재가 무상한 것을 젊어서 깨달아 일찍부터 해탈의 생명을 준비했기 때문입니다. 결국 해탈을 할 수 있느냐 없느냐 하는 것은 자신의 무상한 존재를 일찍 깨달아 젊어서부터 영원한 생명을 준비하느냐 못하느냐에 달려있는 것입니다.

그러므로 조견오온개공(照見五蘊皆空)이란 우리 중생들에게 아주 중요한 가르침입니다. 만일 인간의 존재가 모두 무상하다는 것을 하루라도 일찍 발견하여 젊어서부터 해탈(解脫)을 위하여 준비 할 수 있다면 어느 누구나 반드시 도일체고액(度一切苦厄)을 할 수가 있습니다. 부처님께서 우리에게 설하신 모든 법문들은 결국 인간은 오온(五蘊)으로 구성(構成)되어 있는 무상(無常)한 존재이기 때문에 모두 해탈(解脫)하여 부처가 되라는 것입니다. 때문에 부처님께서는 반야심경(般若心經)을 통하여 오온(五蘊)인 인간의 존재가 모두 무상한 존재라는 것을 가르쳐 주고 있는 것입니다. 그러나 부처님의 가르침을 통하여 자신의 존재가 무상하다는 것을 관념적으로 알았다고 해서 자신의 존재를 모두 안 것은 결코 아닙니다.

불교에서 안다는 것은 발견이요 깨달음을 말합니다. 즉 알았다면 절실한 마음으로 해탈(解脫)을 위하여 행동에 옮길 수 있을 때 알았다고 말하는 것입니다. 중생들이 해탈하기 힘들다고 말하는 것은 행동에 옮기기가 어렵다는 말과 같습니다. 예를 들면 학생들이 공부를 열심히 하지 않으면서 공부가 어렵다고 말합니다. 그러나 공부를 열심히 하는 학생은 공부가 결코 어렵다고 불평하지 않습니다. 이와 같이 해탈을 위해 열심히 정진한다면 해탈은 결코 어려운 것이 아니며 누구나 반드시 이루어질 수 있는 일입니다. 지금까지 오온(五蘊)이 모두 공(空)한 것을 설명한 이유는 바로 자신의 존재가 무상하다는 것을 알아야 해탈(解脫)의 길을 갈 수 있으며 성불(成佛)하여 부처가 될 수 있기 때문입니다.

　반야심경(般若心經)의 핵심사상(核心思想)은 오온(五蘊)을 조견(照見)하여 자신의 존재가 모두 허상임을 깨닫는데 그 중요성을 두고 있습니다. 석가모니께서 해탈을 하여 부처가 되신 것도 오온(五蘊), 즉 자신의 존재가 모두 허상(虛像)인 것을 깨달았기 때문입니다. 이렇게 자신의 존재를 발견한다는 것은 중요한 것이며 자신의 존재를 분명히 알 수 있다면 어느 누구나 해탈(解脫)을 할 수 있는 가능성이 있다는 것을 반야심경(般若心經)은 가르쳐 주고 있는 것입니다. 그런데 중요한 것은 석가모니 부처님께서도 자신의 존재가 모두 허상인 것을 발견할 수 있었던 것이 바로 행심반야바라밀다시(行深般若波羅蜜多時)라고 말씀하고 있다는 것입니다. 즉 육바라밀(六波羅蜜)을 열심히 정진하고 있을 때에 자신을 밝히 볼 수 있었다는 것인데 이 뜻은 자신을 밝히 본 것이 스스로 본 것이 아니라 바로 반야를 의지하여 정진수행 할 때 자신이 무상한 존재임을 발견할 수 있었다는 것입니다. 그러므로 오늘날의 불자들도 자신의 존재를 분명히 알기 위해서는 반드시 반야를 의지하면서 육바라밀을 향하여 열심히 정진수행을 해야 하는 것입니다. 불자들이 지금부터라도 전도(顚倒)된 몽상(夢想)을 버리고 부처님의 가르침에 따라 반야바라밀다(般若波羅蜜多)를 깊이 행한다면 부처님과 같이 오온(五蘊)이 모두 허상인 것을 분명히 보고 깨닫게 될 것이며 도일체고액(度一切苦厄)을 하여 모두가 부처가 될 것입니다.

이어지는 말씀은 지금 부처님께서 보리도장(道場)에서 법을 얻었다고 말씀하고 계신데 부처님께서 도량(度量)에서 얻은 법은 곧 육바라밀을 말씀하고 있습니다. 부처님께서 이러한 힘든 과정을 통해서 얻은 법은 아무도 물어보는 사람이 없고 또한 내 뜻을 측량하기 어렵지만 아무도 이런 일에 관심을 가지고 묻는 자도 없다는 것입니다. 그러나 부처님은 묻는 이가 없어도 자신이 수행하던 올바른 길을 찬탄(讚嘆)하시며 매우 깊고 미묘(微妙)한 이런 지혜는 부처님들만 얻으신 바라고 말씀하고 있습니다.

30. 無漏諸羅漢과 及求涅槃者는 今皆墮疑網이어늘

　　무루제나한　급구열반자　영개타의망

　　佛何故說是닛고

　　불하고설시

　　其求緣覺者인 比丘比丘尼와 諸天龍鬼神과 及乾闥婆衆이

　　기구연각자　비구비구니　제천룡귀신　급건달바중

　　相視懷猶豫하야 瞻仰兩足尊호이다 是事爲云何닛고

　　상시회유예　　첨앙양족존,　　시사위운하

　　願佛爲解說하소서

　　원불위해설

[번역] 무루법을 얻은 아라한들과 열반을 구하려는 여러 사람들은 지금 모두 의심의 그물에 걸리었으니 부처님께서는 무슨 까닭에 이런 말씀을 하십니까? 연각의 법을 구하는 여러 사람과 출가한 비구와 비구니와 온갖 천신들과 용과 귀신들과 건달바와 그 밖의 여러 대중들이 머뭇거리고 망설이며 서로를 쳐다보면서 양족존인 부처님을 우러러 보고 있습니다. 이 사연이 어떠한 까닭인지 원컨대 부처님께서는 설명하여 주십시오.

[해설] 지금 무루(無漏)법을 얻은 아라한들과 열반을 구하려는

여러 사람들은 지금 부처님이 말씀하신 진의(眞意)를 몰라 모두 의심의 그물에 걸려 있다는 것입니다. 때문에 사리불은 지금 부처님께서 무슨 까닭에 이런 말씀을 하시냐고 묻고 있는 것입니다. 지금 연각(緣覺)의 법을 구하는 여러 사람과 출가(出家)한 비구 비구니와 온갖 천신들과 용과 귀신들과 건달바와 그 밖의 여러 대중들이 머뭇거리고 망설이며 서로 마주보면서 모두 양족존(兩足尊) 곧 자비(慈悲)의 부처님의 얼굴만 바라보고 있는 것입니다. 그러므로 사리불은 부처님께 무엇 때문에 갑자기 이런 말씀을 하셨는지 모든 사람이 의아해 하고 있으니 바라옵건대 자세히 설명을 해 달라는 것입니다.

31. 於諸聲聞衆에 佛說我第一이나 我今自於智에
    어제성문중　　불설아제일　　　아금자어지
    疑惑不能了니다
    의혹불능료
    爲是究竟法이닛고 爲是所行道닛가 佛口所生子로
    위시구경법　　　위시소행도　　　불구소생자
    合掌瞻仰待호니
    합장첨앙대
    願出微妙音하사 時爲如實說하소서
    원출미묘음　　　시위여실설

[번역] 부처님께서 여러 성문 대중 가운데서 저를 제일이라고 말씀하셨지만 오늘날 제가 얻은 지혜로써도 의문이 많아서 분명히 모르겠습니다. 이것은 궁극의 법입니까? 이것이 저희가 닦아 행할 길입니까? 부처님의 설법 듣고 발심한 제자들은 합장하고 우러러 기다리고 있습니다. 바라옵건대 아름다운 음성으로써 지금 바로 사실대로 말씀해 주십시오.

[해설] 사리자는 부처님께 말씀드리기를 여러 성문(聲聞) 대중 가운데서 저를 지혜(智慧)가 제일이라고 말씀하셨지만 오늘날 제가 얻은 지혜를 가지고도 지금 부처님의 말씀에 의문(疑問)이 생기며 분명히 모르겠다고 하며 이것이 궁극(窮極)의 법이며 이것이 곧 저희가 닦아 행할 길이냐고 묻는 것입니다. 지금 부처님의 설법 듣고 발심(發心)한 제자들이 모두 합장(合掌)하고 부처님을 우러러 보며 답변을 기다리고 있습니다. 부처님 바라옵건대 아름다운 음성으로써 지금 바로 사실대로 말씀해 달라고 하는 것입니다.

32. 諸天龍神衆이 其數如恒沙하며 求佛諸菩薩은
　　제천룡신중　　　기수여항사　　　구불제보살
　　大數有八萬이며
　　대수유팔만

又諸萬億國에 轉輪聖王至하야 合掌以敬心으로

우제만억국   전륜성왕지   합장이경심

欲聞具足道호이다

욕문구족도

[번역] 모든 천신과 용과 신의 대중들이 그 수효가 항하 강의
모래와 같이 많고 부처님이 되기를 원하는 모든 보살들도 거
의 팔만여 명입니다. 또 여러 천만 억의 세계에서 이 자리에
찾아 온 전륜성왕들이 합장하고 공경하는 마음으로 훌륭한 그
도리를 듣고 싶어 합니다.

[해설] 부처님! 모든 천신과 용과 신의 대중들이 그 수효가 항
하 강의 모래와 같이 많고 부처님이 되기를 원하는 팔만여명
의 보살들도 모두 부처님의 답변을 기다리고 있습니다. 그리
고 여러 천만 억의 세계에서 이 자리에 찾아 온 전륜성왕들도
모두 합장을 하고 부처님을 공경하는 마음으로 부처님의 훌륭
한 그 도리를 듣고 싶어 하고 있습니다. 이렇게 부처님의 말
씀을 듣고 그 말씀들이 이해되지 않아 의문을 갖게 된 사부대
중들은 부처님의 올바른 답변을 기다리고 있는 것입니다.

33. 爾時에 佛告 舍利弗하사대 止止하라 不須復說이니
　　이시　불고 사리불　　　지지　　불수부설
　　若說是事하면 一切世間에
　　약설시사　　일체세간
　　諸天及人이 皆當驚疑하리라
　　제천급인　　개당경의

[번역] 이때 부처님께서 사리불에게 말씀하셨습니다. 그만두자, 그만두자, 더 이상 말할 것이 아니니라. 만약 이 일을 말한다면 모든 세간과 천신들과 사람들이 모두 놀라고 의심하리라.

[해설] 지금 사리불을 비롯한 사부대중들이 부처님의 말씀에 의문을 갖고 궁금하고 의아해 하는 일들을 부처님께서 시원하게 풀어주실 줄을 알고 기다리고 있는데 부처님은 사리불에게 그만두자고 거듭 말하면서 나는 다시 말할 수 없다고 답변을 회피하고 있습니다. 왜냐하면 만일 부처님께서 이 일에 대해서 답변을 올바로 말한다면 세간(世間)의 하늘 사람과 아수라(阿修羅)들이 모두 놀라서 부처님을 의심한다는 것을 이미 알고 계시기 때문입니다.

34. 舍利弗이 重白佛言하사대 世尊이시여

　　사리불　중백불언　　　세존

　　惟願說之하시며 惟願說之하소서 所以者何오

　　유원설지　　　　유원설지　　　소이자하

　　是會無數 百千萬億 阿僧祇衆生이 曾見諸佛하야

　　시회무수 백천만억 아승기중생　증견제불

　　諸根이 猛利하며

　　제근　맹리

　　智慧明了하야 聞佛所說하면 則能敬信하리다

　　지혜명료　　　문불소설　　　즉능경신

[번역] 사리불이 다시 부처님께 말씀드렸습니다. 세존이시여, 원컨대 말씀하여 주십시오. 원컨대 말씀하여 주십시오. 왜냐하면 이 회상에 있는 무수한 백 천만 억 아승기 중생들은 일찍이 여러 부처님을 친견하여 모두 근이 영리하고 지혜가 명철하여 부처님의 말씀을 들으면 능히 공경하고 믿을 것입니다.

[해설] 부처님께서 답변을 회피하시는 것을 보고 사리불은 거듭 부처님에게 사부대중들이 모두 간절히 원하오니 말씀을 해 달라고 간청을 하고 있습니다. 사리불은 부처님께서 올바르

게 가르쳐주시면 이 회상(會上)에 있는 수 없는 백 천만 억의 아승기(阿僧祇) 중생들이 근기(根基)가 날카롭고 지혜가 명철(明哲)하여 부처님의 말씀을 들으면 오히려 모두 공경(恭敬)하며 더욱 잘 믿을 것입니다. 그러하오니 부처님은 조금도 염려하지 마시고 말씀을 해달라는 것입니다. 사리불은 사부대중들을 대신하여 부처님께 다시 간곡히 청을 하고 있습니다.

35. 爾時에 舍利弗이 欲重宣此義하사 而說偈言하사대
　　　이시　사리불　욕중선차의　　이설게언
　　　法王無上尊이시여 惟說願勿慮하소서 是會無量衆이
　　　법왕무상존　　　유설원물려　　　시회무량중
　　　有能敬信者리다
　　　유능경신자

[번역] 이때 사리불이 이 뜻을 거듭 펴려고 게송으로 말하였습니다. 최상의 법왕이신 세존이시여, 원컨대 염려치 마시고 말씀하여 주십시오. 여기 모인 한량없는 여러 대중들은 능히 공경하고 믿을 사람들입니다.

[해설] 부처님께서 아무 말씀도 하시지 않는 것을 보고 사리불은 자신의 뜻을 게송으로 부처님께 거듭 말씀을 드리고 있습

니다. 사리불은 "최상의 법왕이신 세존이시여, 원컨대 조금도 염려하지 마시고 말씀하여 주세요. 여기 모인 한량없는 여러 대중들은 부처님이 어떤 말씀을 하시더라도 모두 이해할 뿐만 아니라 부처님을 더욱 공경하고 믿을 사람들입니다"라고 부처님께 말씀드리는 것입니다. 이렇게 사리불은 부처님께서 아무런 말씀을 하더라도 모두 잘 듣고 더 잘 공경할 것이니 염려하지 말고 말씀을 해달라고 간청을 하는 것입니다.

36. 佛이 復止하사대 舍利弗아 若說是事면
　　　불　　부지　　　사리불　　약설시사
　　一切世間 天人阿修羅가 皆當驚疑하며
　　　일체세간 천인아수라　 개당경의
　　增上慢 比丘는 將墜於大坑하리라
　　　증상만 비구　 장추어대갱

[번역] 부처님께서 또 사리불에게 그만두어라 하시면서 말씀하셨습니다. 만약 이 일을 말한다면 모든 세간의 천신과 인간과 아수라들이 모두 놀라고 의심하며 매우 교만한 비구들이 큰 구렁텅이에 떨어지리라.

[해설] 사리불이 부처님께 계속 말씀을 해달라고 조르고 있는

데 부처님은 계속해서 말할 수 없다고 거부하고 있습니다. 왜
냐하면 부처님께서 이 일에 대해서 바른 말을 해준다면 세간
의 천신과 인간과 아수라들이 모두 놀라서 부처님을 의심할
것이며 교만한 비구들은 큰 구덩이 곧 지옥에 떨어지기 때문
이라는 것입니다. 이렇게 부처님은 이 일에 대해 사부대중들
에게 올바른 답변을 해준다면 이 말씀을 들은 그들이 어떻게
될 것이라는 것을 이미 알고 계시기 때문에 계속 거절을 하시
는 것입니다.

37. 爾時에 世尊이 重說偈言하사대

　　이시　세존　중설게언

[번역] 이때 부처님께서 다시 게송으로 말씀하셨습니다

38. 止止不須說이니 我法妙難思라 諸增上慢者는

　　지지불수설　　아법묘난사　　제증상만자

　　聞必不敬信하리라

　　문필불경신

[번역] 그만 두어라 그만 두어라. 더 이상 말하지 말자. 나의
법은 미묘하고 불가사의하여 뛰어난 체하여 너무 교만한 사람

들이 들으면 반드시 공경하지도 않고 믿지도 않으리라.

[해설] 부처님은 다시 게송으로 말씀하시며 그만 두어라 그만 두어라 더 이상 묻지 말라고 하시면서 나의 법은 미묘(微妙)하고 불가사의하여 자신도 깨달았다고 잘난 체하는 교만(驕慢)한 자들이 들으면 반드시 공경하지도 않고 믿지도 않으며 더 나아가서는 부처님이 잘못 되었다고 비방(誹謗)하고 대적(對敵)까지 한다는 것입니다. 왜냐하면 오늘날도 생불(生佛)이 오시면 부처님으로 믿고 그 입에서 나오는 말씀을 청종(聽從)해야 하는데 자신들도 이미 깨달았다고 하거나 이미 부처가 되어 있기 때문에 부처님을 생불(生佛)로 인정하지 않을 뿐만 아니라 이단(異端)자처럼 배척(排斥)하며 핍박까지 하고 있기 때문입니다.

39. 爾時에 舍利弗이 重白佛言하사대 世尊이시여
　　　이시　　사리불　중백불언　　　　세존
　　　惟願說之하시며 惟願說之하소서
　　　유원설지　　　　유원설지
　　　今此會中에 如我等比 百千萬億은 世世에
　　　금차회중　여아등비　백천만억　세세

已曾 從佛受化호니 如此人等은

이증 종불수화   여차인등

必能敬信하고 長夜安隱하야 多所饒益하리다

필능경신   장야안온   다소요익

[번역] 이때 사리불이 다시 부처님께 말씀드렸습니다. 세존이시여, 원컨대 말씀하여 주십시오. 원컨대 말씀하여 주십시오. 지금 이 모임에 있는 저와 같은 백 천만 억 대중들은 세세 부처님의 교화를 받았습니다. 이 사람들은 반드시 공경하고 믿을 것입니다. 부처님의 설법을 들으면 생사의 긴긴 밤에 편안하고 이익이 많을 것입니다.

[해설] 사리불은 부처님께서 세 번씩이나 말할 수 없다고 거절하시는 것을 보고도 굽히지 않고 거듭 부처님께 말씀드리고 있습니다. 세존이시여, 원컨대 말씀하여 주십시오. 원컨대 말씀하여 주십시오. 지금 이 모임에 있는 저와 같은 백 천만 억 대중들은 수많은 세월 동안 부처님의 교화를 받았기 때문에 이 사람들은 부처님께서 어떤 말씀을 하신다 해도 반드시 공경하고 믿을 것입니다. 이들이 부처님의 설법을 들으면 생사의 긴긴 밤에도 편안하고 많은 도움이 될 것이라 말씀드리고 있습니다. 이 말씀을 보면 부처님은 이들의 마음을 이미 알고

있는데 사리불은 전혀 모르고 있다는 것을 알 수 있습니다.

40. 爾時에 舍利弗이 欲重宣此義하사 而說偈言하사대

　　　이시　　사리불　　욕중선차의　　　이설게언

　　　無上兩足尊이시여 願說弟一法하소서 我爲佛長子호니

　　　무상양족존　　　원설제일법　　　　아위불장자

　　　惟垂分別說하소서

　　　유수분별설

　　　是會無量衆이 能敬信此法하리다

　　　시회무량중　　능경신차법

[번역] 이때 사리불이 이 뜻을 거듭 펴려고 게송으로 말하였습니다. 최상의 양족존 부처님이시여, 제일가는 그 법을 말씀하여 주소서. 저는 부처님의 장자입니다. 원컨대 분별하여 말씀하여 주소서. 여기 모인 수없는 대중들은 이 법을 공경하고 믿을 것입니다.

[해설] 사리불이 자신의 간절한 뜻을 부처님께 전달하기 위해 다시 게송(偈頌)으로 말씀드리고 있습니다. 최상의 양족존(인간 가운데 가장 존귀한 사람)이신 부처님이시여, 제발 부처님이 소유하고 계신 제일가는 그 법을 말씀하여 주십시오. 저는

부처님께서 법으로 낳고 키워주신 장자입니다. 원하건대 저에게 분별하여 말씀하여 달라고 간청을 하고 있습니다. 부처님! 여기 모인 수없는 대중들은 모두 부처님이 말씀하시는 법을 공경하고 잘 믿을 것이라 말씀드리고 있습니다. 부처님은 대중들의 마음을 이미 알고 거절을 하시는데 사리불은 대중들의 마음을 모르기 때문에 계속해서 대중들을 변명하며 말씀해주실 것을 간청하고 있는 것입니다.

41. 佛已曾世世에 敎化如是等일새 皆一心合掌하

불이증세세　　교화여시등　　　개일심합장

欲聽受佛語호이다 我等千二百과

욕청수불언　　　아등천이백

及餘求佛者는 願爲此衆故로 惟垂分別說하소서

급여구불자　　원위차중고　　유수분별설

是等聞此法하면 則生大歡喜리다

시등문차법　　　즉생대환희

[번역] 부처님은 지나간 여러 세상에서 이러한 이들을 교화하였습니다. 모두 다 일심으로 합장하고서 부처님의 말씀을 듣고자 합니다. 우리들 일천 이백 여러 대중과 그밖에도 부처님

의 도를 구하는 많은 사람들이 여기 모인 대중들을 위하여 분별하여 말씀해 주시기를 원합니다. 이들은 이 법을 듣기만 하면 모두 다 크고 큰 환희심을 낼 것입니다.

[해설] 사리불은 이어서 지나간 여러 세상에서 부처님은 이러한 이들을 수없이 교화(敎化)하셨습니다. 이들은 모두 다 일심(一心)으로 합장(合掌)하고서 부처님의 말씀을 듣고자 하고 있습니다. 지금 여기 모인 대중 일천 이백 명과 그밖에도 부처님의 도를 구하는 많은 사람들을 위하여 분별하여 말씀해 주시기를 간절히 원합니다. 이들은 이 법을 듣기만 하면 모두 기뻐하며 공경(恭敬) 할 것이라 말씀드리고 있습니다.

부처님은 사리불에게 대중들에게 말을 하지 못하겠다고 계속적으로 거절하심에도 불구하고 사리불은 굴하지 않고 대중들의 입장을 대변하며 말씀을 해달라고 계속 청하는 것입니다. 이러한 사리불의 모습이 부처님을 대하는 제자의 자세이며 오늘날 불자들도 부처님의 말씀을 들으려면 이렇게 지속적으로 간절하게 청해야 한다는 것을 보여주는 것입니다.

42. 爾時에 世尊이 告 舍利弗하사대 汝已慇懃三請하니
    이시   세존   고 사리불   여이은근삼청

豈得不說이리요
기득불설

汝今諦聽하야 善思念之하라 吾當爲汝하야 分別解說하리라
여금제청　　선사념지　　오당위여　　분별해설

[번역] 이때 세존께서 사리불에게 말씀하셨습니다. 그대가 이제 은근하게 세 번이나 청하였으니 어찌 말하지 않을 수 있겠는가? 그대는 자세히 듣고 잘 생각하라. 내 이제 그대들을 위해서 분별하여 해설하리라.

[해설] 사리불이 부처님께 지속적으로 간청을 하니 세존께서 사리불에게 그대가 지금까지 세 번씩이나 간청하였으니 내가 어찌 말하지 않을 수 있겠는가? 이제 그대는 내가 하는 말을 자세히 듣고 깊이 생각을 하여라. 내가 이제 그대들을 위해서 분별하여 해설할 것이라고 말씀하십니다. 부처님은 사리불의 끈질긴 간청에 결국 말씀을 해 주기로 결심을 하신 것입니다. 어린 아기가 울어야 엄마가 젖을 주듯이 이렇게 끈질기게 매달리면 부처님도 마음이 동하게 되는 것입니다.

43. 說此語時에 會中에 有 比丘比丘尼와
　　설차언시　　회중　　유 비구비구니

優婆塞優婆夷五千人等이 卽從座起하야

우바새우바이오천인등　즉종좌기

禮佛而退하니 所以者何오 此輩는 罪根이 深重하고

예불이퇴　　소이자하　차배　죄근　심중

及增上慢일새 未得을 謂得하고

급증상만　　미득　위득

未證을 謂證하야 有如此失이라

미증　위증　　유여차실

是以不住어늘 世尊이 默然하사 而不制止하시니라

시이부주　　세존　묵연　　이부제지

[번역] 이 말씀을 하실 때에 법회 중에 있던 비구, 비구니와 우바새, 우바이들 오천 명이 자리에서 일어나 부처님께 예배하고 물러갔습니다. 왜냐하면 이 사람들은 죄의 뿌리가 깊고 무거우며 매우 교만해서 얻지 못하고도 얻었노라 하고 깨닫지 못하고도 깨달았노라 하는 이들이었습니다. 이러한 허물이 있으므로 법회에 머물러 있지 아니하였습니다. 그리고 세존께서도 묵묵히 계시면서 그들을 말리지 아니하였습니다.

[해설] 부처님께서 사부대중과 미륵불과 사리불이 그토록 궁금하여 듣고 싶어 하는 법문을 무엇 때문에 주저하시며 말씀

을 하지 못하시는 것일까? 부처님께서 법문을 하시지 못하는 이유는 사부대중들이 부처님의 말씀을 들으면 모두 놀라서 자리를 떠나갈 것이기 때문입니다. 왜냐하면 부처님은 천상계에 계신 분이며 대중들은 삼악도(三惡道), 즉 지옥계와 아귀계와 축생계에 머물고 있는 존재들이기 때문입니다. 그러므로 부처님이 말씀하시기 전에 법회 중에 모여 있던 비구 비구니와 우바새 우바이들 오천 명이 자리에서 일어나 부처님께 예(禮)를 올리고 물러가게 된 것입니다.

왜냐하면 이 사람들은 죄의 뿌리가 깊고 무거워서 매우 교만하여 지혜를 얻지 못하고 얻었다 하며 깨닫지 못하고 깨달았다 하는 자들이기 때문입니다. 이들은 이러한 허물이 있으므로 법회(法會)에 머물러 부처님의 말씀을 들어서는 안 되는 자들입니다. 그러므로 세존께서 이들이 물러가는 것을 묵묵(默默)히 바라보시면서 만류(挽留)하지 않으신 것입니다.

44. 爾時에 佛告舍利弗하사대 我今此衆은

이시　불고사리불　　아금차중

無復枝葉이고 純有貞實하니

무부지엽　　순유정실

舍利弗아 如是增上慢人은 退亦佳矣라

사리불　여시증상만인　퇴역가의

汝今善聽하라 當爲汝說호리라

여금선청　　당위여설

[번역] 이때 부처님께서 사리불에게 말씀하셨습니다. 이제 여기 있는 대중은 더 이상 잎과 가지는 없고 오로지 열매들만 있구나. 사리불이여 저와 같이 교만한 사람들은 물러가도 또한 좋다. 그대들은 자세히 들어라. 그대들을 위하여 말하리라.

[해설] 부처님의 말씀을 들어서는 안 되는 자들이 모두 물러가니 이때 부처님께서 사리불에게 말씀하셨습니다. 이제 여기 있는 대중은 더 이상 잎과 가지는 없고 오로지 열매들만 있구나. 사리불이여 저와 같이 교만한 사람들은 지금이라도 물러가는 것이 좋다고 말씀하십니다. 부처님은 이제 그대들은 자세히 들어라. 그대들을 위하여 말하리라. 부처님께서 지금까지 말씀하시기를 거부하고 주저하신 것은 말씀을 들어서는 안 될 사람들이 함께 모여 있었기 때문이었습니다. 왜냐하면 대학교 교수님이 강의 하시는 말씀을 유치원생이나 초등학생이나 중학생들은 들을 수가 없듯이 부처님이 말씀하시는 최고의 법문이나 말씀은 비구나 비구니 그리고 우바새와 우바이와 같이 신앙이 어린 자들은 들을 수가 없기 때문입니다. 부처님께

서 말씀하신 잎과 가지는 곧 비구나 비구니 그리고 우바새와 우바이들을 비유로 말씀하신 것입니다.

45. 舍利弗이 言하사대 唯然世尊이시여 願樂欲聞호이다
　　사리불　　언　　　유연세존　　　　원요욕문

[번역] 사리불이 말하였습니다. 세존이시여 원컨대 듣고자 합니다.

[해설] 부처님께서 사리불을 위해서 설하겠다는 말씀을 듣고 사리불은 기뻐하며 부처님께 세존이시여 잘 듣겠다고 말씀드리고 있습니다.

46. 佛告舍利弗하사대 如是妙法을 諸佛如來가
　　불고사리불　　　　여시묘법　　제불여래
　　時乃說之하시니
　　시내설지
　　如 優曇鉢華 時一現耳니라
　　여 우담바라 시일현이

[번역] 부처님께서 사리불에게 말씀하셨습니다. 이렇게 미묘

한 법은 모든 부처님 여래가 항상 때가 되어야 말씀하느니라.
마치 우담바라 꽃이 때가 되어야 한번 피는 것과 같으니라.

[해설] 사리불의 말을 들으신 부처님은 입을 여시어 사리불에게 말씀을 하셨습니다. 이렇게 미묘(微妙)한 법은 모든 부처님이나 여래가 언제나 때가 되어야 말씀하는데 이는 마치 우담바라 꽃이 때가 되어야 한번 피는 것과 같다고 말씀하고 있습니다. 우담바라(優曇鉢華)는 삼천년에 한번 핀다는 꽃으로 실제 존재하는 꽃이 아니라 무명(無明)의 중생이 해탈(解脫)하여 부처가 되는 것을 우담바라(優曇鉢華)로 비유(譬喩)하여 말씀하고 있습니다. 즉 무명의 중생이 해탈하여 부처가 되려면 삼천년이 걸린다는 뜻입니다. 그것도 부처님의 올바른 가르침과 올바른 수행을 하였을 때 한해서입니다. 이렇게 우담바라(優曇波羅) 꽃은 성불(成佛)한 부처님을 상징(象徵)하여 말씀하고 있는데 스님들은 이러한 화두(話頭)의 말씀을 모르기 때문에 사찰(寺刹)에 이상한 꽃이 피면 우담바라(優曇波羅) 꽃이 피었다고 야단법석(野壇法席)을 떠는 것입니다.

　이와 같이 성불하여 살아계신 부처님의 미묘(微妙)한 법과 말씀을 한번 듣는 것도 우담바라(優曇波羅) 꽃과 같이 때가 되어야 들을 수 있다는 것입니다. 문제는 오늘날 우담바라(優曇波羅) 꽃과 같은 생불(生佛)이 없는 것이 아니라 부처님의 말씀을 들을 준비가 된 불자들이 없다는 것입니다.

47. 舍利弗아 汝等은 當信 佛之所說이니 言不虛妄이시니라
　　사리불　여등　당신　불지소설　　언불허망

[번역] 사리불이여 그대들은 마땅히 부처님이 설한 법을 믿어라. 말이 결코 허망하지 아니하니라

[해설] 부처님은 사리불에게 그대들은 마땅히 부처님이 설한 법을 믿고 받아들이어라. 이렇게 부처님이나 여래의 말씀은 결코 허망하지 않고 많은 도움이 될 것이니 잘 들으라고 말씀하고 있습니다.

48. 舍利弗아 諸佛의 隨宜說法은 意趣難解니라
　　사리불　제불　수의설법　　의취난해

[번역] 사리불이여 모든 부처님들이 마땅한 대로 법을 말하는 그 뜻을 이해하기 어려우니라.

[해설] 부처님은 사리불에게 부처님들이 법을 방편(方便)이나 비유(譬喩)를 들지 않고 올바르게 사실 대로 말한다면 중생들

은 그 뜻을 이해하기 어렵고 행하기는 더욱 어렵다는 뜻으로 말씀을 하시는 것입니다.

49. 所以者何오 我以 無數方便과 種種因緣과
소이자하　아이　무수방편　종종인연
譬喩言辭로 演說諸法호니
비유언사　연설제법
是法은 非 思量分別之所能解요
시법　비 사량분별지소능해
唯有諸佛이라사 乃能知之니라
유유제불　　　내능지지

[번역] 왜냐하면 내가 무수한 방편과 갖가지 인연과 비유와 말로써 법을 설하느니라. 이 법은 생각하고 분별하는 것으로는 이해할 수 없느니라. 오직 부처님들만 능히 아시느니라.

[해설] 왜냐하면 나는 지금까지 대중들에게 무수한 방편(方便)과 갖가지 인연(因緣)과 비유(譬喩)와 말로써 법을 설했기 때문에 너희가 조금 들을 수 있고 이해할 수 있었던 것이다. 그러나 이 법은 너희가 생각하고 분별하는 것으로는 이해할 수 없으며 오직 성불(成佛)하신 부처님들만 능히 알고 있는 것이

다. 이렇게 성불한 부처님들이 하시는 말씀은 무명의 중생들이 들을 수도 없고 볼 수도 없다는 뜻입니다.

50. 所以者何오 諸佛世尊이 唯以 一大事因緣故로
    소이자하   제불세존   유이 일대사인연고
    出現於世하시니라
    출현어세

[번역] 왜냐하면 부처님 세존은 오직 하나의 큰 일대사인연(一大事因緣)으로 세상에 출현하기 때문이다.

[해설] 부처님이신 세존께서 이 세상에 출현하시는 것은 오직 일대사인연(一大事因緣)때문이라 말씀하고 있습니다. 부처님이 말씀하시는 일대사인연(一大事因緣)은 큰 일, 즉 중생을 구제(救濟)하기 위한 목적의 인연(因緣)으로 세상에 태어나는 것을 말하고 있습니다. 즉 부처님은 이 세상에 태어나는 인연은 무명의 중생들을 구원하기 위한 인연(因緣), 즉 목적으로 출현한다는 뜻입니다.

51. 舍利弗아 云何 名 諸佛世尊이
    사리불   운하 명 제불세존

唯以 一大事因緣故로 出現於世오

유이 일대사인연고　출현어세

[번역] 사리불이여 무엇 때문에 부처님(세존)은 오직 하나의 큰 인연으로 세상에 출현한다 하는가?

[해설] 부처님은 사리불(舍利佛)에게 세존이신 부처님이 이 세상에 무엇 때문에 오직 하나의 큰 인연, 즉 일대사인연(一大事因緣)으로 이 세상에 출현(出現)한단 말이냐고 묻고 있습니다. 부처님이 이 세상에 출현(出現)하시는 목적은 단 하나 무명의 중생들을 생로병사(生老病死)의 윤회(輪廻)에서 벗어나게 하여 영원한 생명을 주시기 위한 것입니다.

52. (開示悟入佛之知見)

諸佛世尊이 欲令衆生으로 開 佛知見하사

제불세존　욕령중생　개 불지견

使得清淨故로 出現於世하시며

사득청정고　출현어세

欲示衆生의 佛之知見故로 出現於世하시며

욕시중생　불지지견고　출현어세

欲令衆生으로 悟 佛知見故로 出現於世하시며
욕령중생　　오 불지견고　　출현어세
欲令衆生으로 入 佛知見道故로 出現於世하시니라
욕령중생　　입 불지견도고　　출현어세

[번역] 부처님 세존은 중생들로 하여금 부처님의 지견을 열어서 청정하게 하기 위하여 세상에 출현하며 중생들에게 부처님의 지견을 보여주기 위하여 세상에 출현하며 중생으로 하여금 부처님의 지견을 깨닫게 하기 위하여 세상에 출현하며 중생으로 하여금 부처님의 지견의 길에 들어가게 하기 위하여 세상에 출현하느니라.

[해설] 부처님은 사리불에게 세존(世尊)은 중생들로 하여금 부처님의 지견(知見)을 열어서 마음을 청정(淸淨)하게 하기 위하여 세상에 출현하는 것이며 중생들에게 부처님의 지견을 보여서 혜안(慧眼)을 열어 주기 위하여 세상에 출현하는 것이며 중생으로 하여금 부처님의 지견(知見)을 깨닫게 하여 성불(成佛)하게 하기 위하여 세상에 출현하는 것이며 중생으로 하여금 부처님과 같이 지견(知見)의 길에 들어가 중생들을 구제하게 하기 위하여 세상에 출현한다고 말씀하십니다. 부처님께서 이렇게 말씀하시는 이유는 예전이나 오늘이나 불자들이 부처

님을 믿고 따르며 절을 하며 공양(供養)을 드리는 목적이 모두 해탈(解脫)이나 성불(成佛)이 아니라 기복(祈福)을 위한 신앙, 즉 만사형통(萬事亨通)과 운수대통(運輸大通)의 복을 받기 위해서 신앙생활(信仰生活)을 하고 있기 때문입니다.

53. 舍利弗아 是爲諸佛이 唯以 一大事因緣故로
    사리불   시위제불   유이 일대사인연고
    出現於世하시니라
    출현어세

[번역] 사리불이여 이것을 모든 부처님이 하나의 큰 일 인연을 위하여서 세상에 출현한 것이라 하느니라.

[해설] 부처님은 사리불에게 내가 지금 말한바와 같이 모든 부처님은 일대사인연(一大事因緣), 즉 무명(無明)의 중생들을 구제하고 깨닫게 하여 부처를 만들기 위하여서 세상에 출현하는 것이라고 말씀하고 계십니다.

54. 佛告舍利弗하사대 諸佛如來가 但 教化菩薩하사
    불고사리불   제불여래   단 교화보살

諸有所作이 常爲一事시니

제유소작　　상위일사

唯以佛之知見으로 示悟衆生이니라

유이불지지견　　시오중생

[번역] 부처님께서 사리불에게 말씀하셨습니다. 모든 여래는 다만 보살들만을 교화하시기 때문에 모든 하시는 일이 항상 한 가지 일을 위함이니 오직 부처님의 지견을 중생들에게 보여주고 깨닫게 함이니라.

[해설] 부처님께서 사리불에게 모든 여래는 오직 보살들만을 교화(敎化)하시며 또한 모든 일들이 항상 한 가지 일을 행하기 위함이니 그 일은 오직 부처님의 지견(知見)을 중생들에게 보여주고 깨닫게 하여 부처를 만들기 위함이다. 문제는 부처님께서 오직 삼승(三乘)인 보살들만 교화하여 부처를 만든다는 것입니다. 왜냐하면 일승(一乘)인 성문(聲聞)이나 이승(二乘)인 연각(緣覺)은 지금 보살이 되기 위해 정진하고 있는 수행자들로 아직 깨달아 부처가 될 수 있는 자격이 없기 때문입니다.

55. 舍利弗아 如來가 但以 一佛乘故로 爲衆生說法이요

　　사리불　여래　단이 일불승고　위중생설법

　　無有餘乘이 若二若三이니라

　　무유여승　약이약삼

[번역] 사리불이여 여래는 다만 일불승(一佛乘)으로서 중생들에게 법을 말씀하시는 것이요 이승(二乘)이나 삼승(三乘)의 다른 법이 없느니라.

[해설] 부처님은 사리불에게 여래(如來)는 중생들에게 오직 일불승(一佛乘), 즉 깨달아서 부처님과 하나가 되어 모두 부처를 만들기 위하여 법을 말씀하시는 것이며 이승(二乘)이나 삼승(三乘)의 다른 법이나 다른 뜻이 없다고 말씀하시는 것입니다. 이와 같이 여래가 이 세상에 출현하시는 것은 오직 무명의 중생들을 제도(濟度)하고 진리를 깨닫게 하여 부처님을 만들기 위함이라는 것입니다.

56. 舍利弗아 一切十方諸佛의 法도 亦如是니라

　　사리불　일체시방제불　법　역여시

[번역] 사리불이여 모든 시방세계의 여러 부처님들의 법도 또

한 그러하느니라.

[해설] 부처님은 이어서 사리불에게 시방세계(十方世界) 계신 모든 부처님들이 전하는 법도 모두 동일하다고 말씀하고 있습니다. 즉 부처님이 전하고 가르치는 법은 예전이나 오늘이나 앞으로 영원토록 오직 일불승(一佛乘) 곧 무명의 중생들을 부처님과 같은 몸이 되기 위함이라는 뜻입니다.

57. (過去佛章)

舍利弗아 過去諸佛이 以　無量無數方便과

사리불　과거제불　이　무량무수방편

種種因緣과 譬喩言辭로

종종인연　비유언사

而爲衆生하야 演說諸法하시니 是法은 皆爲 一佛乘故라

이위중생　연설제법　　시법　개위　일불승고

是諸衆生이 從諸佛 聞法하고 究竟에 皆得 一切種智하니라

시제중생　종제불 문법　　구경　개득 일체종지

[번역] 사리불이여 과거의 여러 부처님들이 한량없고 수많은 방편과 갖가지 인연과 비유와 말로써 중생들을 위하여 온갖 법을 연설하시는데 이 법은 모두 일불승을 위한 것이니라. 이

모든 중생들이 부처님께 법을 듣고는 필경에는 모두 일체 지혜를 얻었느니라.

[해설] 부처님은 사리불에게 과거의 여러 부처님들이 한량없고 수많은 방편(方便)과 갖가지 인연(因緣)과 비유(譬喩)와 말로써 중생들을 위하여 온갖 법을 연설하셨지만 이 법은 모두 일불승(一佛乘)이 되게 하기 위함이라 말씀하고 있습니다. 때문에 부처님의 말씀을 듣는 중생들이 부처님의 설법을 듣고 필경에는 모두 일체의 지혜(智慧)를 얻게 되었다는 것입니다.

58. (未來佛章)

舍利弗아 未來諸佛이 當出於世하야 亦以 無量無數方便과

사리불　미래제불　당출어세　　역이 무량무수방편

種種因緣과 譬喩 言辭로 而爲衆生하야

종종인연　비유 언사　이위중생

演說諸法하시니라 是法은

연설제법　　　　　시법

皆爲一佛乘故라 是諸衆生이 從佛聞法하고

개위일불승고　　시제중생　종불문법

究竟에 皆得 一切種智하리라

구경　개득 일체종지

[번역] 사리불이여 미래의 모든 부처님들도 세상에 출현하시면 또한 한량없고 수없는 방편과 갖가지 인연과 비유와 말로써 중생들을 위하여 온갖 법을 연설하시는데 이 법은 모두 일불승을 위한 것이니라. 이 모든 중생들이 부처님께 법을 듣고는 필경에 일체 지혜를 얻으리라.

[해설] 부처님은 이어서 사리불에게 앞으로 나타나실 미래의 모든 부처님들도 세상에 출현하시면 모두 한량없고 수없는 방편(方便)과 갖가지 인연(因緣)과 비유(譬喩)와 말로 중생들을 위하여 온갖 법을 연설하실 것인데 미래의 부처님이 전하는 법도 모두 일불승(一佛乘)을 위한 것이라 말씀하십니다. 왜냐하면 현재나 미래의 부처님들이 하시는 일은 모두 사바세계(娑婆世界)에서 고통 받고 살아가는 모든 중생들을 구제(救濟)하고 깨닫게 하여 결국에는 모두 부처님의 지혜(智慧)를 얻게 하여 부처를 만드는 목적이기 때문입니다.

59. (現在佛章)

舍利弗아 現在十方無量 百千萬億 佛土中에

사리불   현재시방무량 백천만억 불토중

諸佛世尊이 多所饒益하야 安樂衆生하나니

제불세존   다소요익   안락중생

是諸佛도 亦以 無量無數方便과 種種因緣과

시제불　역이 무량무수방편　종종인연

譬喩言辭로 而爲衆生하야

비유언사　이위중생

演說諸法하시나니 是法은 皆爲一佛乘故라

연설제법　　　 시법　 개위일불승고

是諸衆生이 從佛聞法하고 究竟에 皆得 一切種智하니라

시제중생　종불문법　　구경　 개득 일체종지

[번역] 사리불이여 현재 시방세계의 한량없는 백 천만 억 국토에 계시는 여러 부처님 세존께서 중생들의 이익과 행복을 위하시니라. 이 여러 부처님들도 한량없고 수없는 방편과 갖가지 인연과 비유와 말로써 중생들을 위하여 온갖 법을 연설하시는데 이 법은 모두 일불승을 위한 것이니라. 이 모든 중생들이 부처님께 법을 듣고는 필경에는 일체 지혜를 얻느니라.

[해설] 부처님은 이어서 사리불(舍利佛)에게 현재 시방세계의 한량없는 백 천만 억 국토에 계시는 여러 부처님(세존)들이 행하시는 일은 모두 무명의 중생들이 부처님의 법을 듣고 도움이 되어 행복하게 만들기 위함이라는 것입니다. 이와 같이 시방세계(十方世界)에 계시는 여러 부처님들도 한량없고 수없

298

는 방편(方便)과 갖가지 인연(因緣)과 비유(譬喩)와 말로써 중생들을 위하여 온갖 법을 설(說)하시는데 이 법은 모두 일불승(一佛乘)을 위한 것이라 말씀하고 있습니다. 그러므로 무명의 중생들이 시방세계에 계시는 부처님, 즉 생불(生佛)의 입에서 나오는 말씀을 들으면 반드시 일체지혜(一切智慧)를 얻어 부처가 된다는 것입니다.

60. 舍利弗아 是諸佛이 但 敎化菩薩하사

　　　사리불　시제불　단 교화보살

　　　欲以 佛之知見으로 示衆生故며

　　　욕이 불지지견　　시중생고

　　　欲以 佛之知見으로 悟衆生故며 欲令衆生으로

　　　욕이 불지지견　　오중생고　욕령중생

　　　入 佛之知見故니라

　　　입 불지지견고

[번역] 사리불이여 모든 부처님은 오직 보살들을 교화하여 부처님의 지견을 얻게 하여 지견을 얻은 보살들이 무명의 중생들에게 부처님의 지견을 보여주어 중생들도 부처님의 지견을 깨닫게 하려는 연고며 또한 중생들로 하여금 부처님의 지견에 들어가 보살이 되게 하려는 연고이니라.

[해설] 부처님은 이어서 사리불에게 모든 부처님은 오직 보살들을 교화(敎化)하여 부처님의 지견(知見)을 얻게 하며 또한 부처님의 지견을 얻은 보살들은 그 지견으로 무명의 중생들을 찾아가 부처님의 지견을 보여주어 중생들도 부처님의 지견을 깨닫게 하려는 것이며 또한 중생들로 하여금 부처님의 지견에 들어가 일불승(一佛乘)이 되게 하려는 것입니다.

일불승은 부처님의 법문을 듣고 깨달아 모두 부처님과 한 몸, 즉 부처님과 동일(同一)한 부처가 된다는 뜻입니다. 그런데 일불승은 삼승(三乘), 즉 성문(聲聞) 연각(緣覺) 보살(菩薩)의 과정을 모두 통과해야 일불승(一佛乘), 즉 부처님과 같이 동일한 부처가 되는 것입니다.

때문에 부처님께서 모든 중생들이 부처님의 법문(法門)을 듣고 삼승의 과정을 모두 마치면 반드시 부처님의 지혜(智慧)를 얻어 부처님과 같이 모두 부처가 될 것이라 말씀하시는 것입니다. 부처님은 사리불에게 현재 시방세계의 한량없는 백천만 억 국토(國土)에 계시는 여러 부처님과 세존께서 지금도 중생들을 유익하고 평안하고 즐겁게 하고 있다고 말씀하십니다. 이 부처님들은 한량없고 수없는 방편(方便)과 갖가지 인연(因緣)과 비유(譬喩)와 갖은 말로써 중생을 위하여 모든 법을 연설하시는데 이 법 역시 오직 일불승(一佛乘)으로 모든 중생들이 부처님의 법을 듣고 마침내 모든 지혜를 얻게 된다는 것입니다.

　그러므로 부처님은 사리불에게 모든 부처님은 오직 보살(菩薩)만을 교화(敎化)하시기 위함이며 또한 부처님의 지견(知見)을 중생에게 보이려는 연고(緣故)며 그리고 부처님의 지견(知見)으로 중생들로 하여금 부처님의 지견(知見)으로 들어가게 하려는 연고(緣故)라고 말씀하시는 것입니다. 이렇게 부처님께서 사리불에게 오직 일불승만을 강조하시는 이유는 부처님도 일불승(一佛乘)이 되신 부처님에 의해서 진리를 깨달아 부처가 되셨기 때문입니다.

　그러므로 부처님의 말씀이 기록된 팔만대장경(八萬大藏經) 역시 모두 한 뜻으로 일불승(一佛乘), 즉 무상의 도를 깨달아 성불(成佛)하여 부처가 되는 길을 말씀하고 있는 것입니다. 그런데 불자들은 이러한 부처님의 뜻을 망각하고 부처님을 통해서 복을 받아 잘살기 위한 목적, 즉 자신의 욕심을 채우기 위해서 신행생활을 하고 있는 것입니다. 때문에 기복(祈福)을 위한 목적으로 법회(法會)에 모여 있던 비구와 비구니와 우바새와 우바이들은 모두 부처님의 말씀을 듣지 못하고 떠나가게 된 것입니다.

61. (釋迦佛章)

舍利弗아 我今에 亦復如是하야

사리불　아금　역부여시

知諸衆生의 有種種欲과 深心所著일새

지제중생　유종종욕　심심소착

隨其本性하야 以 種種因緣과 譬喻言辭와

수기본성　이 종종인연　비유언사

方便力으로 而爲說法하노니

방편력　이위설법

[**번역**] 사리불이여 지금 나도 또한 그와 같아서 여러 중생들이 갖가지 욕망에 깊이 집착함을 알고 그 본 성품을 따라서 갖가지 인연과 비유와 말과 방편으로서 법을 설하노라

[**해설**] 부처님은 사리불에게 지금 내 생각도 그들과 같아서 여러 중생들이 갖가지 욕망(慾望)에 깊이 집착하고 있기 때문에 그들의 성품에 따라서 갖가지 인연과 비유와 말과 방편(方便)을 가지고 중생들이 듣고 이해할 수 있도록 법을 설한다고 말씀하십니다. 왜냐하면 부처님의 말씀은 그 뜻이 너무 깊고 넓고 심오(深奧)하여 무명의 중생들은 들을 수 없기 때문입니다.

62. 舍利弗아 如此 皆爲 得一佛乘과 一切種智 故니라

　　 사리불　여차　개위 득일불승　일체종지 고

[번역] 사리불이여 이렇게 하는 것은 모두 일불승과 일체 지혜를 얻게 하려는 연고니라.

[해설] 부처님은 이어서 사리불에게 내가 이렇게 하는 것은 무명의 중생들을 모두 교화(敎化)하여 일불승(一佛乘)에 이르게 하여 일체지(一切智)를 얻게 하려는 것이라 말씀하고 있습니다. 왜냐하면 부처님의 소망과 행하시는 일들은 무명의 중생들을 교화(敎化)하고 일체의 지혜를 얻게 하여 모두 부처를 만드시는 것이기 때문입니다.

63. 舍利弗아 十方世界中에 尙無二乘이어늘 何況有三가

　　 사리불　시방세계중　상무이승　　　하황유삼

[번역] 사리불이여 시방세계에는 이승도 없는데 하물며 삼승이 있겠는가?

[해설] 부처님은 사리불에게 시방세계에는 이승(二乘)도 없는데 하물며 삼승(三乘)이 있겠느냐고 묻고 있습니다. 부처님

께서 말씀하시는 이승은 연각(緣覺)을 말하며 삼승은 보살(菩薩)을 말하는데 이승이 없다는 것은 모두 일승인 성문(聲聞)들뿐이며 부처님의 말씀을 깨닫기 위해 출가하여 홀로 수행을 하는 연각(緣覺)도 없다는 뜻입니다. 그런데 문제는 오늘날 불자들 중에는 연각(緣覺)이 없는 것이 아니라 일승인 성문(聲聞)도 찾아보기 힘들다는 것입니다. 왜냐하면 오늘날 불자들은 대부분이 부처님의 말씀을 들으려고 절에 가는 것이 아니라 부처님을 통해서 복을 받기 위해 가기 때문입니다.

64. 舍利弗아 諸佛이 出於 五濁惡世하나니

　　사리불　제불　출어　오탁악세

　　所謂 劫濁 煩惱濁 衆生濁 見濁 命濁이라

　　소위 겁탁 번뇌탁 중생탁 견탁 명탁

　　如是하야 舍利弗아 劫濁亂時에 衆生이

　　여시　　사리불　겁탁난시　중생

　　垢重하야　慳貪嫉妬하며

　　구중　　　간탐질투

　　成就 諸不善根 故로 諸佛이 以方便力으로

　　성취 제불선근 고　제불　이방편력

　　於一佛乘에 分別說三이니라

　　어일불승　분별설삼

[번역] 사리불이여 부처님이 다섯 가지 흐리고 나쁜 세상(五濁惡世)에 출현하였으니, 이른바 겁의 흐림, 번뇌의 흐림, 중생의 흐림, 견해의 흐림, 수명의 흐림이니라. 이와 같이 사리불이여, 겁이 흐리고 어지러운 시대에는 중생들의 번뇌가 많아 이기고 탐하고 시기 질투하여 나쁜 근성을 이루고 있으므로 부처님들이 방편력으로써 일불승에서 쪼개고 나누어 삼승을 설하느니라.

[해설] 부처님은 다시 사리불에게 부처님께서 오탁(五濁), 즉 다섯 가지 더럽고 악한 세상에 오셨다고 말씀하십니다.

오탁(五濁)은 다음과 같습니다.

첫째 겁탁(劫濁)―시대가 부패하여 질병과 전쟁과 기아로 혼탁한 것

둘째 번뇌탁(煩惱濁)―생각이 욕심과 분 냄과 시기와 질투로 악해지는 것.

셋째 견탁(見濁)―부정한 생각으로 사상이 혼란해지는 것.

넷째 중생탁(衆生濁)―중생들이 욕심으로 마음이 더러워지고 혼탁해지는 것.

다섯째 명탁(命濁)―공해와 전쟁으로 세상이 부패되어 인간의

수명이 짧아지는 것.

부처님은 사리불에게 이렇게 부패하여 혼탁(混濁)한 시대에는 중생들이 욕심으로 인해 번뇌(煩惱)가 많고 시기(猜忌)와 질투(嫉妬)로 사람들이 악해져 있기 때문에 부처님들이 일불승이 되는 길을 방편(方便)과 비유(譬喻)를 들어서 중생들을 각기 분리하여 삼승(三乘)을 설법(說法)하는 것이라고 말씀하시는 것입니다.

65. 舍利弗아 若我第子가 自謂 阿羅漢 辟支佛者가 不聞不知
　　사리불　약아제자　자위 아라한 벽지불자　불문부지
　　諸佛如來가 但 敎化菩薩事면 此 非佛第子며
　　제불여래　단 교화보살사　차 비불제자
　　非阿羅漢이며 非辟支佛이니라
　　비아라한　　비벽지불

[번역] 사리불이여 만일 나의 제자로서 스스로 아라한이나 벽지불의 경지를 얻었노라고 하는 이들이 부처님 여래가 보살들만을 교화하는 줄을 듣지 못하고 알지 못한다면 이 사람은 부처님의 제자도 아니며 아라한도 아니고 벽지불도 아니니라.

[해설] 부처님은 사리불(舍利佛)에게 만일 나의 제자로서 스스로 아라한(阿羅漢)이나 벽지불(辟支佛)의 경지를 얻었다고 하면서 부처님께서 보살들만 교화(敎化)하는 것을 알지 못하고 있다면 이런 사람은 부처님의 제자도 아니며 아라한(阿羅漢)도 아니고 벽지불(辟支佛)도 아니라는 것입니다. 왜냐하면 부처님과 여래가 교화(敎化)하는 대상은 오직 보살(菩薩)이기 때문입니다. 이것은 대학교 교수의 강의를 들을 수 있는 학생은 오직 초, 중, 고등학교를 졸업하여 대학에 들어간 대학생들인 것과 같습니다. 이렇게 부처님이 가르쳐서 부처를 만들수 있는 대상은 오직 삼승(三乘)인 보살(菩薩)이라는 것입니다. 그런데 부처님의 제자나 아라한(阿羅漢)이라고 하면서 이러한 것을 알지 못한다면 부처님의 제자나 아라한(阿羅漢)이 아니라는 것입니다.

66. 又 舍利弗아 是諸比丘比丘尼가 自謂 已得 阿羅漢이라

　　우 사리불　시제비구비구니　　자위 이득 아라한

　　是 最後身 究竟涅槃이라하야

　　시　최후신　구경열반

　　便 不復志求 阿耨多羅三邈三菩提라하면

　　변 불부지구 아뇩다라삼먁삼보리

當知此輩는 皆是 增上慢人이니

당지차배   개시 증상만인

所以者何오 若有比丘가 實得阿羅漢하고

소이자하   약유비구   실득아라한

若 不信此法이 無有是處니라

약 불신차법   무유시처

[번역] 또 사리불이여 이 비구 비구니들이 스스로 말하기를 이
미 아라한의 경지를 얻어 최후의 몸이 되었으니 마침내 열반
에 이르리라 하고 더 이상 최상의 깨달음을 구하지 않는다면
이런 사람들은 모두 교만심이 높은 사람인 줄을 알아야 하느
니라. 왜냐하면 만일 비구로서 참된 아라한의 경지를 얻고도
이 법을 믿지 않는다면 그것은 옳지 않느니라.

[해설] 부처님은 다시 사리불(舍利佛)에게 비구 비구니들이 스
스로 말하기를 나는 이미 아라한(阿羅漢)의 경지를 얻어 최후
의 몸, 즉 보살(菩薩)이 되었으니 마침내 열반(涅槃)에 이르리
라는 생각으로 깨달음을 더 구하지 않는다면 이런 사람들은
모두 교만심(驕慢心)이 높은 사람인 줄 알아야 한다고 말씀하
고 있습니다. 왜냐하면 만일 비구로서 참된 아라한의 경지를
얻었다고 하면서 깨달음을 얻기 위해 더욱 정진(精進)하지 않

거나 또한 부처님의 법이나 지금 내가 하는 말을 믿고 받아들이지 않는다면 그는 진정한 아라한(阿羅漢)이 아니라는 것입니다.

67. 除 佛滅度後 現前無佛이니 所以者何오
　　제 불멸도후 현전무불　　소이자하
　　佛滅度後에 如是等經을
　　불멸도후　여시등경
　　受持讀誦 解義者는 是人 難得이니
　　수지독송 해의자　시인 난득
　　若遇餘佛이면 於此法中에 便得決了니라
　　약우여불　　어차법중　　편득결로

[번역] 다만 부처님이 열반한 뒤에 부처님이 없을 때는 제외하느니라. 왜냐하면 부처님이 열반한 뒤에는 이런 경전을 받아지니고 읽고 외우고 뜻을 해석하는 사람을 만나기가 어려우니라. 이 사람이 만일 다른 부처님을 만난다면 이 법문 가운데서 곧 확연히 통달하게 되리라.

[해설] 부처님은 이어서 다만 부처님이 열반(涅槃)하시고 지금 부처님이 없을 때는 제외(除外)라고 말씀하십니다. 왜냐하면

부처님이 열반(涅槃)한 뒤에는 이런 경전(經典)을 받아 지니고 읽고 외우고 뜻을 해석(解釋)하는 사람을 만나기가 어렵기 때문이라는 것입니다. 그런데 이런 사람이 만일 살아계신 부처님을 만난다면 생불(生佛)을 통해서 법문을 확연히 통달하게 될 것이라 말씀하고 있습니다. 이렇게 예전이나 오늘날이나 생불(生佛)이 계시느냐 안 계시느냐는 매우 중요한 것입니다. 왜냐하면 현존하는 생불(生佛)이 없다면 올바른 가르침을 받을 수 없고 따라서 해탈(解脫)이나 성불(成佛)이 될 수 없기 때문입니다.

68. 舍利弗아 汝等은 當 一心信解하야 受持佛語니
   사리불   여등   당 일심신해   수지불어

   諸佛如來가 言無虛妄이라
   제불여래   언무허망

   無有餘乘이요 唯一佛乘이니라
   무유여승   유일불승

[번역] 사리불이여 그대들은 마땅히 일심으로 부처님의 말씀을 믿고 이해하고 받아 가지라. 여래의 말씀은 허망하지 않느니라. 다른 승은 없고 오직 일불승뿐이니라.

[해설] 부처님은 사리불에게 그대들은 생불의 말씀을 일심(一心)으로 믿고 이해하고 받아 간직하라고 말씀하고 있습니다. 왜냐하면 부처님과 여래의 말씀만이 중생들에게 진리이며 생명으로 허망(虛妄)하지 않으며 또한 부처님말씀 외에 다른 법은 없기 때문입니다. 그러므로 부처님의 뜻이나 불자들이 추구하는 목적은 오직 일불승(一佛乘)이라야 하는 것입니다. 그런데 만일 오늘날 생불이 존재하지 않거나 생불이 존재한다 해도 생불(生佛)을 부처님으로 믿지 않거나 말씀을 받아들이지 않으면 아무런 소용이 없는 것입니다.

69. 爾時에 世尊이 欲重宣此義하사 而說偈言하사대
　　이시　　세존　욕중선차의　　　이설게언

[번역] 이 때 세존께서 이 뜻을 거듭 펴려고 게송(偈頌)으로 말씀하셨습니다.

[해설] 부처님의 말씀을 대신하여 펴시는 게송(偈頌)은 3자 내지 8자를 일구로 하여 4구를 1게송으로 하는데 이는 부처님의 공덕(功德)을 찬탄(贊嘆)하거나 불자들을 가르치기 위해 펴시는 말씀을 말합니다.

70. 比丘比丘尼 有懷增上慢과 優婆塞我慢과 優婆夷不信과

비구비구니　유회증상만　우바새아만　우바이불신,

如是四衆等이 其數有五千이라 不自見其過하고

여시사중등　기수유오천　　부자견기과

於戒有缺漏어든

어계유결루

護惜其瑕疵하나니 是小智已出이라 衆中之糟糠이니

호석기하자　　시소지이출　　중중지조강

佛威德故去니라

불위덕고거

斯人尠福德하야 不堪受是法이니라

사인선복덕　　불감수시법

[번역] 비구나 비구니로서 높은 교만심을 가졌거나 우바새로서 아만이 있거나 우바이로 믿지 않는 사부대중들의 그 수효가 오천 명이라. 자신의 허물은 스스로 보지 못하고 계행에도 잘못됨이 있느니라. 자기의 허물을 감추려는 작은 지혜를 가진 이들은 다 나가버렸으니 대중 가운데 술지게미나 쌀겨 같은 이들은 부처님의 위엄과 덕에 질려 나갔느니라. 이 사람들은 복덕이 적어서 이 법을 들을 수 없느니라.

[해설] 부처님은 게송(偈頌)으로 비구나 비구니로서 높은 교만심을 가졌거나 우바새로서 아만(我慢)이 있거나 우바이로서 믿지 않는 사부(四部)대중들이 그 수효가 오천 명이라 말씀하고 있습니다. 이들은 교만하여 부처님보다 자신을 더 믿는 자로서 자신의 허물을 스스로 보지 못하고 계행(戒行)도 잘못 지키고 있는 자들입니다. 이들은 전생에 지은 복덕(福德)이 적어서 부처님이 말씀하시는 법을 들을 수 없다는 것입니다. 그러므로 이들은 부처님의 계율(戒律)을 세상의 윤리도덕(倫理道德) 정도로 알고 지키고 있는 것입니다. 이제 자기의 허물을 감추려는 작은 지혜를 가진 자들은 모두 떠났는데 이들은 대중 가운데 술지게미나 쌀겨와 같은 자들로 부처님의 위엄과 덕의 겁에 질려서 모두 떠나갔다는 것입니다. 그런데 이런 사람들이 부처님을 떠나간 것은 전생(前生)에 쌓은 복덕(福德)이 적어서 부처님의 법을 들을 수 없기 때문이라는 것입니다.

71. 此衆無枝葉하고 唯有諸貞實이니

　　　차중무지엽　　　유유제정실

　　　舍利弗善聽하라 諸佛所得法은

　　　사리불선청　　　제불소득법

　　　無量方便力으로 而爲衆生說호대

　　　무량방편력　　　이위중생설

衆生心所念과 種種所行道와

중생심소념　　종종소행도

若干諸欲性은 先世善惡業이어늘

약간제욕성　　선세선악업

佛悉知是已하시고 以諸緣譬喩와

불실지시이　　　이제연비유

言辭方便力으로 令一切歡喜케하며

언사방편력　　　영일체환희

或說修多羅와 伽陀及本事와

혹설수다라　　가타급본사

本生未曾有하시며 亦說於因緣과

본생미증유　　　역설어인연

譬喩并祇夜와 優婆提舍經하노라

비유병기야　　우바제사경

[번역] 여기 이 대중들은 이제 지엽은 없고 오직 열매뿐이니라. 사리불이여 잘 들어라. 모든 부처님들이 얻은 법은 한량없는 방편의 힘으로 중생들을 위해서 말씀하느니라. 중생들의 마음에 생각하는 일과 갖가지로 행하는 도와 그러한 욕망과 성품과 전생에 지은 착하고 나쁜 업을 부처님은 이미 다 알고 여러 가지 인연과 비유와 말과 방편으로 그 모두들을 기쁘게

하려 하느니라. 혹은 수다라를 말하고 가타와 본사도 말하고 본생과 미증유와 인연과 비유와 기야와 우바제사경을 말하느 니라.

[해설] 지금 여기 모인 이 대중들은 이제 지엽(枝葉 : 가지와 잎)은 없고 오직 열매들뿐이라 말씀하고 있습니다. 부처님은 사리불에게 잘 들으라고 말씀하시면서 모든 부처님이 얻은 법 을 중생들을 위해 한량없는 방편(方便)의 힘으로 말씀하신다 는 것입니다. 즉 부처님은 중생들의 마음에 생각하는 일과 갖 가지로 행하는 도(道)와 그러한 욕망(欲望)과 성품(性品)과 전 생(前生)에 지은 착하고 나쁜 업(業)을 부처님은 이미 다 알고 있다는 것입니다. 그러므로 부처님은 여러 가지 인연(因緣)과 비유(譬喩)와 말과 방편(方便)으로 모두 쉽게 듣고 즐겁게 하 시려고 때로는 수다라(修多羅 ; 소승의 삼장)를 말하고 혹은 가타(伽陀 ; 풍송, 게송)와 본사(本事 ; 본래의 뜻)를 말하고 혹은 본생(本生 ; 전생)과 미증유(未曾有: 미지의 것)와 인연 (因緣)과 비유(譬喩)와 기야(祇夜 : 운송, 중송)와 우바제사경 (優婆提舍經 ; 교훈, 지시)을 들어서 말씀하신 다는 것입니다.

72. 鈍根樂小法하며 貪著於生死하야
   둔근락소법   탐착어생사

於諸無量佛에 不行深妙道하고

어제무량불　불행심묘도

衆苦所惱亂일새 爲是說涅槃하니

중고소뇌란　　위시설열반

我設是方便하야 令得入佛慧하고

아설시방편　　영득입불혜

未曾說汝等이 當得成佛道호니

미증설여등　당득성불도

所以未曾說은 說時未至故니라

소이미증설　설시미지고

今正是其時일새 決定說大乘하노라

금정시기시　　결정설대승

我此九部法은 隨順衆生說하야

아차구부법　수순중생설

入大乘爲本일새 以故說是經하노라

입대승위본　　이고설시경

[번역] 아둔한 근기들은 소승법을 좋아하고 나고 죽는 일을 탐하고 집착하여 한량없는 부처님을 만나도 깊고 묘한 도는 행하지 않고 온갖 고통에 시달리기에 그들에게 열반의 도리를 말하느니라. 내가 이러한 방편을 마련한 것은 중생들을 부처

님의 지혜에 들어가게 한 것이지만 그대들에게 일찍이 성불
하리라고 말하지 않았느니라. 내가 그런 말을 하지 않은 것은
그런 말을 할 때가 되지 않았기 때문이니라. 지금 바로 그 때
가 되었으므로 결단코 대승법을 말하는 것이니라. 나의 이 구
부(九部) 경법(經法)은 중생들의 근기를 수순하여 설한 것이
니라. 모두 이 대승법에 들어가게 하는 기본을 삼으려고 이
구부경법을 설하였느니라.

[해설] 부처님은 이어서 아둔(我鈍)한 근기(根基)를 가지고 있
는 사람은 소승(小乘)을 좋아하고 나고 죽는 일을 탐(貪)하고
세상에 집착(執着)하기 때문에 한량없는 부처님을 만나도 깊
고 묘(妙)한 도(道)는 행하지 않으며 온갖 고통에 시달리고 있
다는 것입니다. 때문에 그들에게 열반(涅槃) 곧 죽음에 대해
서 말해주는 것은 내가 이러한 방편을 통해서 중생들을 부처
님의 지혜에 들어가게 하기 위함이라는 것입니다. 그러므로
소승(小乘)을 좋아하는 자들에게는 성불(成佛)하라고 하는 말
을 단 한 번도 하지 않았다는 것입니다. 이렇게 내가 그들에
게 성불(成佛)하라는 말을 하지 않은 것은 그들에게는 아직
그런 말을 할 때가 되지 않았기 때문이라고 말씀하십니다.

"그러나 너희에게는 지금 성불(成佛)할 때가 준비되어 있기
때문에 대승법(大乘法)을 말해 주기로 결정한 것이다. 나의

이 구부(九部) 경법(經法)은 중생들의 근기(根基), 즉 신앙의 차원(次元)에 따라서 설(說)하는 것이다. 내가 이 구부경(九部 經)을 설하는 목적은 모두 대승(大乘)에 이르도록 그 기본을 갖추게 하려는 것이니라" 부처님께서 말씀하시는 구부경(九 部經)은 대승(大乘)에 이르게 하기 위한 아홉 가지 가르침으로 수다라(修多羅), 기야(祇夜) , 가타(伽陀), 이제목다가(伊帝目多伽 : 12부경의 하나), 사다가, 아부갈마, 우타나, 미불략, 화가라를 말합니다.

73. 有佛子心淨하야 柔輭亦利根하며

　　유불자심정　　유연역이근

　　無量諸佛所에 而行深妙道라

　　무량제불소　　이행심묘도

　　爲此諸佛子하야 說是大乘經호니

　　위차제불자　　설시대승경

　　我記如是人은 來世成佛道하리라

　　아기여시인　　내세성불도

　　以深心念佛하고 修持淨戒故로

　　이심심염불　　수지정계고

　　此等聞得佛하고 大喜充徧身하리니

　　차등문득불　　대희충편신

佛知彼心行일새 故爲說大乘이시니라

불지피심행　　고위설대승

[번역] 불자의 마음은 청정하고 부드럽고 영리하여 한량없는 부처님이 계신 곳에서 깊고도 묘한 도를 행하였으니 이와 같은 여러 불자들에게는 대승경을 설해 주고 또 나는 이런 사람에게는 오는 세상에 불도를 이루리라고 수기하느니라. 깊고 깊은 마음으로 염불하고 깨끗한 계행을 닦은 까닭에 이러한 사람들이 나의 이 말을 듣고 큰 기쁨이 몸에 가득하리라. 부처님은 저 사람들의 마음을 알기 때문에 대승경전을 설하는 것이다

[해설] 부처님은 이어서 불자의 마음이 청정(淸淨)하고 부드럽고 영리하여 수없이 많은 부처님이 계신 곳에서 깊고 묘(妙)한 도를 듣고 도를 따라 행하였다고 말씀하고 있습니다. 그러므로 나는 이러한 불자들에게는 대승경(大乘經)을 설해 주었고 또한 내가 이런 사람에게는 오는 세상에 불도(佛道)를 이루리라고 수기(受記)하였다는 것입니다. 수기(受記)는 예언 혹은 서약을 하였다는 뜻입니다. 이러한 사람들은 깊고 깊은 마음으로 염불(念佛)하고 깨끗한 계행(戒行)을 닦은 까닭에 내가 하는 말을 잘 듣고 큰 기쁨이 몸에 가득하게 될 것이라 말씀하

고 있습니다. 부처님은 이러한 사람들의 마음을 알기 때문에 이들에게는 대승(大乘)경전(經典)을 설하신다는 것입니다

74. 聲聞若菩薩이 聞我所說法호대
    성문약보살   문아소설법
    乃至於一偈하면 皆成佛無疑리라
    내지어일게   개성불무의

[번역] 성문이나 보살들까지도 내가 설하는 법문을 듣고 한 게송만 기억하여도 성불에 의심이 없느니라.

[해설] 상기의 말씀은 부처님께서 성문(聲聞)이나 보살(菩薩)들까지도 내가 설(說)하는 법문(法門)을 듣고 한 게송(偈頌)만 기억하여도 성불(成佛)에 의심이 없다고 말씀하고 있습니다.
 이들은 마음이 청정(淸淨)하고 부드럽고 영리한 불자들로 부처님이 계신 곳에서 깊고도 묘한 도를 행한 자들을 말합니다. 그러나 아직 일승인 성문(聲聞)이 부처님의 법문을 듣고 한 게송(偈頌)만 기억하여도 성불(成佛)이 된다는 것은 좀 모순(矛盾)이 있다고 생각합니다. 왜냐하면 일승인 성문(聲聞)은 부처님의 법문(法門)을 듣고 이승인 연각(緣覺)은 될 수는 있지만 성불(成佛)하여 부처가 된다는 것은 어불성설(語不成說)

이라 생각합니다.

75. 十方佛土中에 唯有一乘法이요

　　시방불토중　　유유일승법

　　無二亦無三이니 除佛方便說이니라

　　무이역무상　　제불방편설

　　但以假名字로 引導於衆生하나니

　　단이가명자　　인도어중생

　　說佛智慧故니라 諸佛出於世에

　　설불지혜고　　제불출어세

　　唯此一事實이요 餘二則非眞이니

　　유차일사실　　여이즉비진

　　終不以小乘으로 濟度於衆生이니라

　　종불이소승　　제도어중생

[번역] 시방세계에는 오직 일승법만 있고 이승도 없고 또한 삼승도 없느니라. 그러나 오직 부처님이 방편으로 설하신 것은 예외이니라. 다만 삼승이라는 이름을 빌려서 중생들을 인도하는 것이니 부처님의 지혜를 말씀하기 위한 까닭이니라. 부처님의 지혜를 설하기 위하여 모든 부처님들은 이 세상에 출현하였느니라. 오직 이 한 가지 사실만 진실이요, 그 외의 다른

것들은 진실이 아니니라. 마침내 소승법으로서는 중생들을 제도하지 않느니라.

[해설] 부처님은 시방세계에는 오직 일승법(一乘法)만 있고 이승(二乘)도 없고 또한 삼승(三乘)도 없다고 말씀하십니다. 일승법은 일불승(一佛乘)과 같은 의미로 사람은 모두 성불하여 부처가 되어야 한다는 뜻입니다. 그러므로 부처님께서 이승도 없고 삼승도 없다고 말씀하시는 것은 이승인 연각도 소용없고 삼승인 보살도 소용없고 오직 일불승(一佛乘), 즉 부처가 되어야 한다는 뜻입니다. 그러나 부처님께서 이승이나 삼승을 방편으로 설하신 것은 예외라 말씀하고 있습니다. 부처님은 삼승이나 이승이라는 이름을 빌려서 중생들을 일불승으로 인도하기 위한 것이며 또한 부처님의 지혜를 말씀하기 위해 방편(方便)으로 말씀한 것입니다. 이렇게 부처님들은 예전이나 지금 세상이나 불자들에게 부처님의 지혜를 설하고 알게 하기 위하여 출현하였다는 것입니다.

이렇게 깨달은 부처님이라면 오직 한뜻, 즉 대승법(大乘法)으로 중생들을 깨우쳐 모두 일불승을 만드는 것이 진실한 부처이며 그 외의 다른 목적을 가지고 있다면 그는 진실한 부처가 아니라는 것입니다. 그러므로 부처님들은 소승법으로서는 중생들을 제도하지 않는다는 것입니다. 왜냐하면 소승법은 불

교의 교리(敎理)나 규범(規範) 혹은 각종 의식(儀式)이나 제
도(制度)들을 말하고 있기 때문입니다. 이와 같이 부처님께서
이 한 가지는 진실이라고 강조하시는 것은 무명(無明)의 중생
들을 제도(濟度)하고 살리는 법(法)은 오직 대승법(大乘法),
즉 부처님의 입에서 나오는 말씀이지 소승(小乘)의 법을 가지
고 있는 비구나 비구니들은 중생들을 제도(濟度)하거나 영원
한 생명을 주지 못한다는 것입니다.

76. 佛自住大乘하시고 如其所得法하야
　　　불자주대승　　　여기소득법,
　　　定慧力莊嚴으로 以此度衆生이니
　　　정혜력장엄　　　이차도중생
　　　自證無上道 大乘平等法하고
　　　자증무상도　대승평등법
　　　若以小乘化하야 乃至於一人이면
　　　약이소승화　　　내지어일인
　　　我則墮慳貪이라 此事爲不可니라
　　　아즉타간탐　　　차사위불가

[번역] 부처님은 스스로 대승법에 머물러 있고 그 얻은 법과도
같으니라. 선정과 지혜의 힘으로 장엄하여 이로써 중생들을

제도하는데 스스로는 최상의 도인 대승의 평등한 법을 얻고서 만일 한 사람이라도 소승법으로써 교화한다면 나는 곧 간탐죄에 떨어지리니 그것은 옳지 못한 일이니라.

[해설] 부처님은 자신이 대승법(大乘法)에 머물러 있기에 그 얻은 법과 같다고 말씀하시는데 이는 부처님 자신이 곧 법신불(法身佛)이며 진리라는 뜻입니다. 부처님은 선정(禪定)과 지혜(智慧)의 힘이 장엄(莊嚴)하여 중생들을 제도(濟度)하는데 자신이 최상의 도인 대승(大乘)의 법을 얻었다고 하면서 만일 단 한사람이라도 소승법으로 교화(敎化)를 한다면 그는 곧 간탐죄(慳貪罪)에 떨어진다는 것입니다. 왜냐하면 소승법은 불교에서 교리로 만들어낸 불교가 정한 법과 각종제도(各種制度)와 각종의식(儀式)으로 불자들을 교화(敎化)하여 일불승을 만들지 못하는 것은 물론 성불(成佛)의 길을 가는 자들에게 오히려 방해(妨害)가 되기 때문입니다. 그러므로 부처님께서 불자들을 소승법으로 교화하는 것은 옳지 못한 일이라 말씀하신 것입니다. 문제는 부처님의 이러한 말씀에도 불구하고 오늘날 불교와 스님들은 대승법(大乘法)을 외면하고 소승법(小乘法)으로 불자들을 가르치고 있는 것입니다.

　즉 부처님께서 불자들에게 성불(成佛)을 위해 지키라고 주신 계율(戒律)을 세상의 윤리도덕(倫理道德)으로 가르치고 있

324

다는 것입니다. 예를 들면 부처님께서 도적질 하지 말라는 계율(戒律)의 뜻은 부처님의 말씀을 도적질하여 영리를 위해 사용하지 말라는 것인데 남의 물건을 훔치지 말라고 가르치며 또한 사람의 영혼을 죽이지 말라는 계율을 산목숨, 즉 산 짐승이나 곤충을 죽이지 말라고 가르치고 있다는 것입니다.

77. 若人信歸佛하면 如來不欺誑하며
　　　약인신귀불　　여래불기광
　　　亦無貪嫉意라 斷諸法中惡일새
　　　역무탐질의　　단제법중악
　　　故佛於十方에 而獨無所畏니라
　　　고불어시방　이독무소외

[번역] 만약 어떤 사람이 부처님께 귀의하면 여래는 그를 속이지 않으며 탐욕과 미워하는 생각도 없느니라. 그것은 모든 나쁜 일을 다 끊었기 때문이니라. 그래서 부처님은 시방세계에서 홀로 두려움이 없다는 것이니라.

[해설] 만약 어떤 사람이 부처님께 귀의(歸依)하면 여래는 그를 속이지 않고 진실만을 가르치며 또한 그에게 욕심을 내거나 미워하는 생각도 하지 않는 다는 것입니다. 왜냐하면 부처

님은 삼독(三毒)인 탐(貪), 진(瞋). 치(癡)를 모두 벗고 악한 일을 모두 끊었기 때문이라는 것입니다. 그래서 부처님의 마음은 언제나 평온하며 시방세계에 무유공포(無有恐怖), 즉 두려움이 없다는 것입니다.

78. 我以相嚴身하며 光明照世間하야
　　아이상엄신　　광명조세간

　　無量衆所尊일새 爲說實相印이니라
　　무량중소존　　위설실상인

[번역] 나는 상호(相好)로써 몸은 장엄(莊嚴)하며 광명으로 온 세간(世間)을 비추느니라. 한량없는 대중들의 존경을 받고 제법(諸法)실상(實狀)의 진실을 설해 주느니라

[해설] 부처님께서 나는 상호와 장엄한 몸을 가지고 온 세간을 광명, 즉 진리의 빛을 비추고 있다는 것입니다. 그러므로 부처님은 한량없는 대중들에게 항상 존경을 받는 것이며 또한 부처님은 모든 법의 실상을 대중들에게 설해 준다는 것입니다. 법의 실상(實相)은 부처님의 말씀을 모두 화두(話頭)로 말씀 속에 모두 감추어져 있기 때문에 부처님께서 풀어 주시지

않으면 알 수가 없는 것입니다. 때문에 부처님께서 화두(話頭)의 비밀들을 방편(方便)이나 비유(譬喻)를 들어서 말씀하고 있는 것입니다.

79. 舍利弗當知하라 我本立誓願은

　　사리불당지　　아본립서원

　　欲令一切衆으로 如我等無異라

　　욕령일체중　　여아등무이

　　如我昔所願을 今者已滿足하니

　　여아석소원　　금자이만족

　　化一切衆生하야 皆令入佛道니라

　　파일체중생　　개영입불도

[번역] 사리불이여 마땅히 알아라 내가 본래 세운 서원은 모든 중생으로 하여금 나와 똑같게 하려고 한 것이니라. 내가 세운 옛날의 서원처럼 오늘날 이미 만족하여 모든 중생들을 교화하여 부처님의 도에 들게 하노라

[해설] 부처님은 사리불에게 너는 분명히 알아야 한다고 말씀하시면서 내가 본래 세운 서원(誓願)은 모든 중생들을 제도(濟度)하여 나와 같은 부처, 즉 일불승을 만들려고 한 것이라

고 말씀하십니다. 그러므로 내가 옛날에 세운 서원(誓願)과 같이 지금 모든 중생들을 충분히 교화(教化)하여 이미 부처님의 도(道)에 들게 하고 있다고 말씀하시는 것입니다. 이렇게 부처님은 오직 시대신(是大神)이신 반야(般若)의 뜻에 따라 자리(自利)와 이타(利他)를 모두 행하여 삼세제불(三世諸佛)로 완성되신 것입니다.

80. 若我遇衆生하야 盡教以佛道언마는
    약아우중생   진교이불도
    無智者錯亂하야 迷惑不受教니라
    무지자착란   미혹불수교
    我知此衆生이 未曾修善本일새
    아지차중생   미증수선분
    堅著於五欲하야 癡愛故生惱하며
    견착어오욕   치애고생뇌
    以諸欲因緣으로 墜墮三惡道하며
    이제욕인연   추타삼악도
    輪廻六趣中하야 備受諸苦毒하며
    윤회육취중   비수제고독
    受胎之微形으로 世世常增長하야
    수태지미형   세세상증장

薄德少福人이라 衆苦所逼迫하며

박덕소복인　　중고소핍박

入邪見調林 若有若無等일새

입사견조림 약유약무등

依止此諸見하야 具足六十二하며

의지차제견　　구족육십이

深著虛妄法하야 堅受不可捨하며

심착허망법　　견수불가사

我慢自矜高하야 諂曲心不實하며

아만자긍고　　첨곡심불실

於千萬億劫에 不聞佛名字하고

어천만억겁　　불문불명자

亦不聞正法하나니 如是人難度니라

역불문정법　　　여시인난도

[번역] 내가 만약 중생들을 만나면 모두 부처님의 도로써 가르치건만 지혜가 없는 사람들은 잘못 알고 미혹하여 그 가르침을 받아들이지 않네. 이러한 중생들은 일찍이 선행의 근본을 심지 못한 줄을 나는 아노라. 그들은 다섯 가지 욕락에 집착하며 어리석음과 애착으로 번민하여 온갖 애욕의 인연으로 세 가지 나쁜 길에 떨어지고 여섯 갈래로 윤회하면서 온갖 고통

을 다 받느니라. 어머니의 태중에서 미미한 형상으로 시작하여 세세생생 항상 더불어 나서 박덕하고 복이 없어 온갖 괴로움에 시달리느니라.

나쁜 소견의 빽빽한 숲인 있음과 없음의 편견에 들어가서 이러한 온갖 견해에 의지하여 육십이(六十二)소견을 골고루 갖췄느니라. 허망한 법에 깊이 집착하여 굳게 믿고 버리지 못하며 아만과 자긍심이 너무 높아서 굽고 뒤틀린 마음은 진실성이 전혀 없네. 그들은 천만 억 겁을 지내도록 부처님의 이름도 듣지 못하고 정법도 또한 듣지 못하나니 이러한 사람들은 제도하기 어려우니라.

[해설] 부처님은 이어서 사리불에게 내가 만약 중생들을 만나면 모두 부처님의 도(道)로 올바르게 가르쳐 주건만 지혜가 없는 사람들은 소승(小乘)법에 미혹되어 나를 잘못 알고 나의 가르침을 받아들이지 않는다는 것입니다. 이러한 중생들은 일찍이, 즉 전생에 선의 근본(根本)을 심지 않았다는 것을 나는 알고 있다는 것입니다. 그들은 다섯 가지 욕락(慾樂), 즉 오관(五官)의 욕망(慾望)과 탐욕(貪慾)과 열락(悅樂)인 안(眼), 이(耳), 비(鼻), 설(舌), 신(身)에 집착하여 어리석음과 애착(愛着)으로 번민(煩悶)하며 온갖 애욕(愛慾)의 인연(因緣)으로 세 가지 나쁜 길에 떨어지고 여섯 갈래로 윤회(輪廻)하면서 온갖

고통을 모두 받는다는 것입니다.

세 가지 나쁜 길은 삼악도(三惡道), 즉 지옥(地獄), 아귀(餓鬼), 축생(畜生)을 말하며 윤회(輪廻)하는 여섯 갈래는 해탈의 길인 육바라밀(六波羅蜜)을 말하고 있습니다. 중생들은 어머니의 태중에서 미미한 형상으로 시작하여 세세생생(世世生生) 항상 더불어 나서 박덕(薄德)하고 복이 없어 온갖 괴로움에 시달리는 것이라 말씀하십니다. 이런 자들은 나쁜 소견의 빽빽한 숲인 있음과 없음의 편견(偏見)에 들어가서 이러한 온갖 견해(見解)에 의지하여 육십이견(六十二見)을 골고루 갖추고 있다는 것입니다.

부처님이 말씀하시는 나쁜 소견의 빽빽한 숲과 육십이견(六十二見)은 소승법(小乘法)에 의해 인식(認識)된 육십두(六十二)가지 그릇된 고정관념(固定觀念)을 말하고 있습니다. 때문에 이들은 허망한 법에 깊이 집착하여 굳게 믿고 버리지 못하며 아만(我慢)과 자긍심(自矜心)이 너무 높아서 굽고 뒤틀린 마음은 진실성이 전혀 없다는 것입니다. 때문에 이런 자들은 천만 억 겁을 지나도록 부처님의 이름도 듣지 못하고 정법(正法) 또한 듣지 못하니 이러한 사람들은 부처님도 제도(濟度)하기 어렵다는 것입니다.

81. 是故舍利弗아 我爲設方便하야

　　　시고사리불　　아위설방편

　　　說諸盡苦道하야 示之以涅槃호니

　　　설제진고도　　　시지이열반

　　　我雖說涅槃이나 是亦非眞滅이어니와

　　　아수설열반　　　시역비진멸

[번역] 그러므로 사리불이여 내가 편리하고 알맞은 방법으로 온갖 괴로움이 없어짐을 설하여 열반의 길을 보였으니 내가 비록 열반을 말했으나 이것은 진실한 열반은 아니니라.

[해설] 부처님은 사리불에게 그러므로 내가 무명의 중생들에게 편리하고 알맞은 방법, 즉 방편(方便)과 비유(譬喩)로 온갖 괴로움이 없어짐을 설(說)하여 열반(涅槃)의 길을 보여 주었다는 것입니다. 그런데 부처님은 내가 중생들에게 비록 열반(涅槃)을 말했으나 이것은 진실한 열반(涅槃)은 아니라고 말씀하십니다. 왜냐하면 진실한 열반(涅槃)은 삼승(三乘)인 보살(菩薩)들에게 전하는 법문(法門)을 말하는 것이며 일승인 성문(聲聞)들에게 진실한 열반(대승법)을 전하면 들을 수 없기 때문입니다.

82. 諸法從本來로 常自寂滅相이니

　　제법종본래　　상자적멸상

　　佛子行道已하면 來世得作佛이니라

　　불자행도이　　　내세득작불

[번역] 모든 법은 본래부터 언제나 저절로 적멸한 모습이니 불자들이 이러한 도를 행하면 오는 세상에 부처님이 되리라.

[해설] 부처님은 이어서 부처님이 전하는 모든 법(대승법)은 본래부터 언제나 스스로 적멸(寂滅), 즉 평안하고 고요한 모습이니 불자들이 이러한 도(대승법)를 행하면 오는 세상에 반드시 부처님이 될 것이라 말씀하십니다. 문제는 적멸한 대승(大乘)의 법은 일승(一乘)인 성문(聲聞)에서 벗어나 이승인 연각(緣覺)을 거쳐 삼승인 보살(菩薩)이 되어야 들을 수 있고 행할 수 있다는 것입니다. 만일 오늘날 불자들도 부처님이 전하는 대승(大乘)의 법을 듣고 법대로 행한다면 오는 세상에 반드시 부처가 된다는 것입니다.

83. 我有方便力하야 開示三乘法호니

　　아유방편력　　　개시삼승법

一切諸世尊이 皆說一乘道니라

일체제세존　개설일승도

今此諸大衆은 皆應除疑惑이니

금차제대중　개응제의혹

諸佛語無異라 唯一無二乘이니라

제불어무이　유일무이승

[번역] 나에게 방편의 힘이 있어서 삼승법을 열어 보였으나 일체 모든 세존들은 일승법만을 설하느니라. 이제 여기 모인 대중들은 모두 다 의혹을 풀도록 하라. 모든 부처님의 말씀은 다르지 않아서 오직 일승뿐이고 이승은 없느니라.

[해설] 부처님은 내게 방편(方便)의 힘이 있어서 삼승(三乘)의 법을 열어 보여주었으나 일체 모든 세존(世尊)들 역시 일불(一佛)의 도(道)인 일불승(一佛乘)을 설했다고 말씀하고 있습니다. 즉 내가 지금까지 대중들의 근기(根基)에 따라 삼승(三乘)법을 가지고 방편(方便)과 비유(譬喩)를 들어 설하였으며 또한 세존들이 지금까지 설한 것도 모두 일불승(一佛乘), 즉 성불(成佛)하여 부처님과 같이 한 몸이 되어 모두 부처가 되라고 설(說)한 것이라는 것입니다. 그러므로 이제 내가 설하는 말을 들은 여기 모인 대중들은 이제 모두 의혹(疑惑)을 풀

도록 하라고 말씀하시면서 모든 부처님의 말씀은 다르지 않고 오직 일불승(一佛乘) 뿐이며 다른 법은 없다는 것입니다. 즉 부처님이 불자들을 향한 마음과 뜻은 오직 하나, 즉 무명(無明)의 중생들이 부처님의 말씀을 듣고 깨달아서 해탈(解脫)하여 모두 부처가 되라는 것입니다.

84. 過去無數劫에 無量滅度佛이
　　　과거무수겁　　무량멸도불
　　　百千萬億種이라 其數不可量커든
　　　백천만억종　　　기수불가량
　　　如是諸世尊이 種種緣譬喩와
　　　여시제세존　　　종종연비유
　　　無數方便力으로 演說諸法相하시
　　　무수방편력　　　연설제법상
　　　是諸世尊等이 皆說一乘法하사
　　　시제세존등　　　개설일승법
　　　化無量衆生하야 令入於佛道니라
　　　화무량중생　　　영입어불도

[번역] 지나간 세상 수없는 겁에 열반하신 무량한 부처님이 백천만 억인지라 그 수효 헤아릴 수 없네. 이러한 여러 세존들이

갖가지 인연과 비유와 무수한 방편의 힘으로 온갖 법을 연설하시느니라. 이러한 여러 세존들이 모두 다 일승법을 설해서 한량없는 중생들을 교화하여 부처님의 도에 들게 하시니라.

[해설] 부처님께서 지나간 세상 수없는 겁(劫)동안 열반(涅槃)하신 무량(無量)한 부처님이 백 천만 억이기 때문에 그 수를 헤아릴 수조차 없이 많았다는 말씀은 이해하기 어렵습니다. 왜냐하면 부처님은 삼천년에 한번 피는 우담바라(優曇波羅) 꽃과 같이 성불(成佛)하여 부처가 되신 분은 매우 희귀(稀貴)하다고 말씀하셨는데 지금 열반(涅槃)하신 부처님이 백 천만 억 명이나 있었다고 말씀하시기 때문입니다. 부처님은 이렇게 열반(涅槃)하신 여러 세존(世尊)들은 갖가지 인연(因緣)과 비유(譬喻)와 무수한 방편(方便)의 힘으로 중생들에게 온갖 법을 연설하신다고 말씀하고 있습니다. 그런데 이러한 여러 세존들은 모두 한결같이 일승법(一乘法)을 설해서 한량없는 중생들을 교화(敎化)하여 부처님의 도(道)에 들게 하신다는 것입니다. 왜냐하면 부처님들이 하시는 일은 모두 무명의 중생들을 부처님의 법으로 교화(敎化)시켜 부처님을 만드는 것이기 때문입니다.

85. 又諸大聖主가 知一切世間 天人群生類의 深心之所欲하사

336

우제대성주   지일체세간 천인군생류   심심지소욕
更以異方便으로 助顯第一義니라
갱이이방편   조현제일의

[번역] 또 여러 거룩하신 성인들께서 일체 세간의 천신과 인간 여러 중생들의 마음속의 욕망을 아시고, 또 다른 방편으로 제일가는 도리를 드러내시니라.

[해설] 부처님은 이어서 여러 거룩하신 성인(聖人)들께서 세간(世間)에 존재하는 모든 천신(天神)과 인간과 여러 중생들의 마음속에 있는 욕망을 아시고, 또 다른 방편(方便)으로 제일가는 도리(道理)를 드러내신다고 말씀하고 있습니다. 부처님이 말씀하시는 제일가는 도리(道理)는 중생들을 부처님의 말씀으로 일불승(一佛乘)을 만드는 부처의 법을 말하고 있습니다. 그런데 만일 부처님의 법이나 말씀이라 해도 중생들을 교화(敎化)시켜 일불승을 만들지 못한다면 진정한 부처님의 법이라 할 수 없는 것입니다.

86. (萬善成佛障)

若有衆生類가 値諸過去佛하야
약유중생류   치제과거불

若聞法布施하며 或持戒忍辱과

약문법보시   혹지계인욕

精進禪智等하야 種種修福慧하면

정진선지등   종종수복혜

如是諸人等은 皆已成佛道니라

여시제인등   개이성불도

諸佛滅度已 若人善軟心 如是諸衆生 皆已成佛道

제불멸도이 약인선연심 여시제중생 개이성불도

[번역] 만약 어떤 중생들이 지난 세상에서 부처님을 만나 뵈옵고 법문 듣고 보시를 행하며, 계행을 갖고 인욕을 행하며 정진도 하고 선정과 지혜를 행하여 갖가지 복과 지혜를 닦았으면 이러한 사람들은 모두 이미 성불하였느니라. 부처님께서 열반하신 후에 만약 어떤 사람들이 마음이 착하고 부드러우면 이와 같은 여러 중생들은 모두 이미 성불하였느니라.

[해설] 부처님은 지금 사리불에게 만약 어떤 중생들이 지난 세상, 즉 전생에서 부처님을 만나 뵈옵고 법문(法門)을 듣고 보시(布施)를 행하며, 계행(戒行)을 가지고 인욕(忍辱)을 행하며 정진(精進)도 하고 선정(禪定)과 지혜(智慧)를 행하여 갖가지 복과 지혜를 닦았으면 이러한 사람들은 모두 이미 성불하였다

고 말씀하십니다. 그리고 부처님께서 열반하신 후에 만약 어떤 사람들이 마음이 착하고 부드러우면 이와 같은 여러 중생들도 모두 이미 성불(成佛)하였다고 좀 의아스러운 말씀을 하고 있습니다.

왜냐하면 부처님은 무량의 겁을 윤회(輪廻)하시며 수많은 부처님을 모시고 공양(供養)을 하며 온갖 고행과 인욕정진(忍辱精進)을 수없이 행하며 육바라밀의 과정을 통해 천상에 올라 성불(成佛)하여 부처가 되셨는데 지금 부처님께서는 사람의 마음이 착하고 부드러운 사람은 모두 이미 성불(成佛)하여 부처가 되었다고 말씀을 하고 있기 때문입니다.

87. 諸不滅度已에 供養舍利者가
　　제불멸도이　　공양사리자
　　起萬億種塔호대 金銀及玻瓈와
　　기만억종탑　　　금은급파리
　　硨磲與瑪瑙와 玫瑰琉璃珠로 淸淨廣嚴飾하야
　　차거여마노　　매괴유리주　　청정광엄식
　　莊校於諸搭하며 或有起石廟호대 栴檀及沈水와
　　장교어제탑　　　혹유기석묘　　　전단급침수
　　木楛幷餘材와 甎瓦泥土等하며
　　목밀병여재　　전와니토등

若於曠野中에 積土成佛廟호대

약어광야중　적토성불묘

乃至童子戲로 聚沙爲佛搭한이는

내지동자희　취사위불탑

如是諸人等이 皆已成佛道니라

여시제인등　개이성불도

[번역] 여러 부처님이 열반에 드신 후 사리에 공양하는 사람이 천만 억의 탑을 세울 때 금과 은과 파리와 차거와 마노와 매괴와 유리와 진주 등으로 만들고 아름답고 훌륭한 장엄거리로서 찬란하게 탑을 꾸미며, 또는 석굴을 파서 불당을 짓기도 하고, 전단향과 침수향으로 짓기도 하고, 목밀 나무나 다른 재목이나 벽돌이나 진흙으로 짓기도 하고, 넓은 벌판에 흙을 쌓아서 불당을 짓거나, 또는 아이들이 장난으로 모래를 쌓아 불탑을 만든다면 이런 사람들은 모두 이미 성불하였느니라.

[해설] 부처님은 이어서 사리불에게 여러 부처님이 열반(涅槃)에 드신 후 부처님 사리(舍利)에 공양(供養)하는 사람이 천만 억의 탑(塔)을 세울 때 금과 은과 파리와 차거와 마노와 매괴와 유리와 진주 등으로 만들고 또 아름답고 훌륭한 장엄(莊嚴)거리로서 찬란하게 탑을 꾸미며, 또한 석굴을 파서 불당을

짓기도 하고, 전단향(栴檀香)과 침수향(沈水香)으로 짓기도 하고, 목밀 나무나 다른 재목이나 벽돌이나 진흙으로 짓기도 하고, 넓은 벌판에 흙을 쌓아서 불당(佛堂)을 짓거나, 또는 아이들이 장난으로 모래를 쌓아 불탑(佛塔)을 만든다면 이런 사람들은 모두 이미 성불(成佛)하였다고 말씀하십니다.

부처님께서 지금까지 중생들이 성불하려면 수억 겁의 윤회(輪廻)를 거쳐 육바라밀(六波羅蜜)의 과정인 지옥(地獄), 아귀(餓鬼), 축생(畜生), 수라(修羅), 인간(人間)의 인욕정진(忍辱精進)의 수행(修行)을 통해 천상(天上)에 오를 때 비로소 성불(成佛)하여 부처가 된다고 말씀하셨는데 부처님께서 갑자기 불자들이 탑(塔)을 세우거나 불당(佛堂)을 건축하거나 심지어 아이들이 장난삼아 모래를 쌓아 모래로 탑(塔)을 만들어도 성불(成佛)하였다고 말씀하고 있습니다.

이런 말씀 때문에 불자들이 경쟁이라도 하듯이 곳곳 마다 불당(佛堂)을 짓고 탑(塔)을 세우고 있는 것입니다. 그런데 불당(佛堂)을 짓고 탑(塔)을 세워 성불(成佛)하여 부처가 된 불자(佛子)는 지금까지 단 한명도 없었다는 것입니다. 성불(成佛)은 부처님과 같이 자신 안에 부처님의 말씀으로 불당(佛堂)을 건축 할 때만이 성불(成佛)하여 부처가 되는 것입니다.

88. 若人爲佛故로 建立諸形像하며

　　약인위불고　건립제형상

　　刻雕成衆相한이는 皆已成佛道니라

　　각조성중상　　　개이성불도

[번역] 만약 어떤 사람이 부처님을 위해서 부처님의 형상을 조성하거나 불상의 여러 가지 모양들을 조각한 이들도 모두 이미 성불하였느니라.

[해설] 부처님은 이어서 만약 어떤 사람이 부처님을 위해서 부처님의 형상을 조성하거나 불상의 여러 가지 모양들을 조각(彫刻)한 이들도 모두 이미 성불하였다고 말씀하십니다. 부처님의 말씀대로 부처님의 형상을 조성하거나 불상을 조각한 사람들이 성불하여 부처가 된다면 부처님의 형상들을 만드는 자들이나 부처님의 모양을 조각하는 석공들은 모두 부처가 되어 있어야 합니다. 그러나 부처님의 형상을 만들거나 부처님 모양을 조각(彫刻)하는 석공(石工)들이 부처가 된 사람은 단 한 사람도 없다는 것입니다. 지금까지 부처님께서 성불(成佛)하여 부처가 되는 것은 우담화(優曇華)가 삼천년에 한번 피어나듯이 힘들고 어렵다고 말씀하셨는데 무엇 때문에 또한 무슨 이유로 성불(成佛)하기가 이렇게 쉽다고 말씀하시는지 이해

가 되지 않습니다. 그러나 불자들이 진리를 깨달아 부처님의 마음을 알게 된다면 부처님이 이렇게 말씀하시는 이유를 알게 될 것입니다.

89. 或以七寶成하며 鍮鉐赤白銅과
　　　혹이칠보성　　유석적백동
　　　白鑞及鉛錫과 鐵木及與泥하며
　　　백랍급연석　　철목급여니
　　　或以膠漆布로 嚴飾作佛像하면
　　　혹이교칠포　　엄식작불상
　　　如是諸人等은 皆已成佛道니라
　　　여시제인등　　개이성불도

[번역] 칠보로 부처님의 형상을 조성하거나 황동이나 백동이나 함석이나 납이나 주석이나 철 나무 진흙으로 만들거나 아교나 옷칠과 천으로 불상을 조성한 이들도 이러한 여러 사람들은 모두 이미 성불하였느니라.

[해설] 부처님은 계속해서 칠보(七寶)로 부처님의 형상(形象)을 조성(造成)하거나 황동이나 백동이나 함석이나 납이나 주석이나 철 나무 진흙으로 만들거나 아교나 옷칠과 천으로 불

상(佛像)을 조성(造成)한 사람들은 모두 이미 성불(成佛)하였다고 말씀하고 있습니다. 그러나 부처님의 형상을 만들거나 돌을 조각하여 부처님을 만드는 행위나 또한 조각해서 만든 부처님을 부처님과 동일하게 섬기는 것은 우상(偶像)을 섬기는 행위입니다. 왜냐하면 불자들이 이렇게 만들어 섬기는 우상 부처님들 때문에 오늘날 살아계신 부처님을 몰라보고 오히려 이단처럼 배척(排斥)하며 멸시(蔑視) 천대(賤待)를 하는 것입니다. 그런데 부처님께서 이렇게 우상단지를 만든 자들이 이미 성불(成佛)을 하였다고 말씀하시는 것은 언어도단(言語道斷)이라 생각합니다.

90. 彩畫作佛像하야 百福莊嚴相호대
　　채화작불상　　　백복장엄상
　　自作若使人하면 皆已成佛道니라
　　자작약사인　　　개이성불도

[번역] 채색으로 불상을 그려서 일백 가지 복이 원만하게 장엄한 탱화를 만들 때 제가 스스로 하거나 남을 시켜 하더라도 이러한 이들 모두 이미 성불하였느니라.

[해설] 부처님은 이어서 일백 가지 채색을 가지고 불상(佛像)을 그려서 복이 원만하고 장엄(莊嚴)하게 탱화를 만들 때 자

신이 스스로 불상(佛像)을 만들거나 시간이 없어 남을 시켜서 만든다 해도 이러한 사람은 모두 이미 성불(成佛)하였다고 말씀하고 있습니다. 그러면 탱화를 직접 그리는 사람이나 혹은 탱화를 그리도록 사주(使嗾)를 한 사람도 모두 성불(成佛)하여 부처가 되었다는 것입니다. 그러나 탱화를 그리거나 탱화를 수백 장 그리도록 사주한 불자가 성불한 사람은 단 한 사람도 없다는 것입니다.

91. 乃至童子戱로 若草木及筆이나

　　　내지동자희　　약초목급필

　　　或以指爪甲으로 而畫作佛像하면

　　　혹이지조갑　　　이화작불상

　　　如是諸人等이 漸漸積功德하야

　　　여시제인등　　점점적공덕

　　　具足大悲心일새 皆已成佛道니

　　　구족대비심　　　개이성불도

　　　但化諸菩薩하야 度脫無量衆이니라

　　　단화제보살　　　도탈무량중

[번역] 어린아이들이 소꿉장난으로 나무 꼬챙이나 붓이나 또는 손가락이나 손톱 따위로 불상을 그린다 해도 이와 같은 이

들이 점점 공덕을 쌓으며 큰 자비심을 갖추어서 모두 이미 성
불하였느니라. 다만 여러 보살이 되어 한량없는 중생들을 제
도하여 해탈케 하였느니라.

[해설] 부처님은 이어서 철모르는 어린아이들이 소꿉장난으
로 나무 꼬챙이나 붓이나 또는 손가락이나 손톱 따위로 불상
을 그린다 해도 이런 어린이들은 점점 공덕을 쌓아 큰 자비심
을 갖추어 모두 이미 성불했다고 말씀하십니다. 그런데 이렇
게 성불한 자들은 보살이 되어 한량없는 중생들을 제도(濟度)
하여 해탈(解脫)시킨다는 것입니다.
상기의 말씀들은 불자들이 부처님의 탑이나 불당(佛堂)을 조
성(造成)하거나 혹은 부처님의 형상을 만들거나 부처님의 장
신구(裝身具)를 만들거나 부처님 그림만 그려도 성불(成佛)하
여 부처가 된다는 것입니다. 그러면 오늘날 수많은 불자들이
이미 부처가 되어 있어야 합니다. 그런데 지금까지 부처님의
탑(塔)을 조성하고 불당(佛堂)을 조성(造成)하고 부처님의 형
상을 만들고 부처님의 장신구(裝身具)를 만들고 부처님 그림
을 그려서 성불(成佛)하여 부처가 된 사람은 단 한사람도 없
다는 것입니다. 그런데 부처님께서 지금까지 시방세계에는 성
불(成佛)한 부처님이 없는 것이 아니라 삼승(三乘)인 보살(菩
薩)이나 이승(二乘)인 연각(緣覺)도 없고 모두 일승인 성문(聲

聞)들 뿐이라고 말씀하셨는데 무엇 때문에 갑자기 이렇게 말씀하시는지 모르겠습니다.

　그러면 오직 진실이요 진리이신 부처님께서 일구이언(一口二言)을 하셨다고 생각할 수 있습니다. 왜냐하면 부처님께서 성불하여 부처가 되는 것이 너무 어렵기 때문에 부처님의 제자들이 성불하는 것은 물론 부처님의 말씀을 듣기도 어렵다고 말씀하셨기 때문입니다. 그러므로 부처님께서 이렇게 중생들이 불사(佛舍)를 건축하고 탑(塔)을 세우고 불상(佛像)을 만드는 공덕을 쌓으면 앞으로 성불할 수 있는 가능성이 있다는 뜻으로 말씀하신 것이지 이미 성불했다고 말씀하신 것이 아닙니다. 그리고 부처님께서 이러한 공덕을 쌓아야 복을 받을 수 있고 앞으로 성불도 될 수 있다고 말씀을 해야 불자들이 그 말씀을 믿고 복도 받고 성불도 하기 위해 열심을 내어 시주(施主)도 하고 보시(布施)도 하기 때문입니다.

　만일 불자들이 시주(施主)나 보시(布施)를 하지 않는다면 스님들은 불사(佛舍)를 건축할 수 없고 탑(塔)이나 불상(佛像)을 만들어 법당(法堂)에 모실 수가 없는 것입니다. 때문에 부처님께서 아직 신심(信心)이 적고 신앙이 어린 불자들을 제도(濟度)하기 위해 방편(方便)을 써서 이렇게 말씀하신 것이라 사료(思料)되는 것입니다.

92. 若人於塔廟와 寶像及畫像에

　　　약인어탑묘　　보상급화상

　　　以華香幡蓋로 敬心而供養커나

　　　이화향번개　　경심이공양

　　　若使人作樂호대 擊鼓吹角貝하며

　　　약사인작락　　　격고취각패

　　　簫笛琴箜篌와 琵琶鐃銅鈸과

　　　소적금공후　　비파요동발

　　　如是衆妙音으로 盡持以供養하며

　　　여시중묘음　　　진지이공양

　　　或以歡喜心으로 歌唄頌佛德호대

　　　혹이환희심　　　가패송불덕

　　　乃至一小音이라도 皆已成佛道니라

　　　내지일소음　　　　개이성불도

[번역] 만약 어떤 사람이 탑이나 등상불이나 탱화에 꽃과 향과 깃발과 일심으로써 공경하고 공양하였거나 또는 남을 시켜 풍악을 울리고 북 치고 소라 불고 퉁소와 피리와 거문고와 공후와 비파와 징과 요령 등 이러한 여러 가지 아름다운 음악으로 불상에 공양하였거나, 또는 환희한 마음으로 부처님의 공덕을 노래하건, 내지 아주 작은 음성으로 공양하더라도 이러한 이

들 모두 이미 성불하였느니라.

[해설] 부처님은 이어서 만약 어떤 사람이 탑이나 등상불이나 탱화에 꽃과 향과 깃발을 가지고 일심으로 공경(恭敬)하고 공양(供養)을 하였거나 또는 자신이 할 수 없어 남을 시켜 풍악 올리고 북 치고 소라 불고 퉁소와 피리와 거문고와 공후와 비파와 징과 요령 등 이러한 여러 가지 아름다운 음악으로 불상(佛像)에 공양(供養)하였거나, 또는 즐거운 마음으로 부처님의 공덕(功德)을 노래하거나, 혹은 아주 작은 음성으로 부처님께 공양(供養)을 하더라도 이러한 이들 모두 이미 성불(成佛)하였다고 말씀하십니다. 부처님께서 이렇게 말씀을 하시는 것은 일승들, 즉 아직 부처님의 법에 대해 아무것도 모르는 성문(聲聞)들에게 성불(成佛)의 소망을 주시기 위해서 방편(方便)으로 말씀하신 것이라 생각합니다.

왜냐하면 아직 철모르는 어린 유치원생들은 유치원 선생님이 가르치는 것을 잘 듣고 좋아하지 대학교수가 가르치는 수준 높은 가르침은 듣지 못할 뿐만 아니라 원하지도 않고 좋아하지도 않는 것과 같습니다. 때문에 부처님께서 아직 신앙이 어린 자들에게 성불의 소망을 주시기 위해서 방편으로 말씀하신 것입니다.

93. 若人散亂心으로 乃至以一華를

　　　약인산란심　　　내지이일화

　　　供養於畫像하면 漸見無數佛하며

　　　공양어화상　　　점견무수불

　　　或有人禮拜커나 或復但合掌커나

　　　혹유인예배　　　혹부단합장

　　　乃至擧一手하며 或復小低頭하야

　　　내지거일수　　　혹부소저두

　　　以此供養像하면 漸見無量佛하야

　　　이차공양상　　　점견무량불

　　　自成無上道하고 廣度無數衆하야

　　　자성무상도　　　광도무수중

　　　入無餘涅槃호대 如薪盡火滅이니라

　　　입무여열반　　　여신진화멸

[번역] 만약 어떤 사람이 산란한 마음으로라도 꽃 한 송이를
불상에 공양하면 점점 무수한 부처님을 친견하느니라. 혹 어
떤 사람이 절을 한 번 하거나, 합장만 한 번 하거나 손만 한
번 들거나, 머리만 조금 숙이어도, 이러한 일로 불상에 공양
하면 점점 한량없는 부처님을 친견하고 스스로 최상의 도를
이루고는 무수한 중생들을 널리 제도하여 무여열반에 들게 하

法華經

기를 마치 나무가 다 타고 불이 꺼지듯 하느니라.

[해설] 부처님은 이어서 만약 어떤 사람이 산란한 마음으로라도 꽃 한 송이를 불상에 공양하면 차차 무수한 부처님을 친견(親見)하게 된다고 말씀하고 있습니다. 부처님께서 어떤 사람이 불상을 공양하면 무수한 부처님을 친견할 수 있다고 말씀하시는 것은 지금 살아계신 부처님들이 수없이 많다는 뜻입니다. 그런데 부처님은 살아계신 부처님을 공경하고 공양(供養)을 하라 하시지 않고 사람들이 만들어 놓은 불상을 공양하라는 것은 신심(信心)이나 근기가 없고 아직 부처님의 말씀을 모르는 어린 자들은 생불보다 불상을 더 잘 알고 공경하고 있기 때문입니다. 이것은 부처님을 모르기 때문입니다. 이것은 어린아이들은 실제보다 장난감을 더 좋아하는 것과 같습니다. 또 어떤 사람이 불상에 절을 한 번 하거나, 합장만 한 번 하거나 손만 한 번 들거나, 머리만 조금 숙여 공양을 하면 점점 한량없는 부처님을 친견하고 스스로 최상의 도를 이루어 무수한 중생들을 널리 제도하여 무여열반(無餘涅槃)에 들게 하기를 마치 나무가 다 타고 불이 꺼지듯 한다는 것입니다. 부처님께서 말씀하시는 무여열반(無餘涅槃)은 온전한 그리고 완전한 열반을 말합니다.

그런데 사람이 불상에 한 번 절을 하거나 합장을 한 번 하거나 불상에 손을 한 번 들거나 머리만 조금 숙여 공양을 해도 무수한 부처님을 만나 최상의 도, 즉 무상정등정각(無上正等正覺)을 이루어 무수한 중생들을 제도(濟度) 할 수 있으며 이런 자들은 모두 무여열반에 들어가기가 마치 불이 꺼지듯 한다는 것입니다. 이렇게 부처님이 하신 이런 말씀 때문에 오늘날 불자들은 사찰에 다니며 공양을 하거나 합장(合掌)을 하고 불상에 절을 하여 나는 이미 부처가 되었다고 생각하는 자들도 있습니다. 그보다 스님들이 불자들에게 중생들은 본래 부처라고 가르치기 때문에 불자들은 행위에 관계없이 이미 부처가 되어 있다는 것입니다.

94. 若人散亂心으로 入於塔廟中하야
　　　약인산란심　　입어탑묘중
　　　一稱南無佛하면 皆已成佛道니라
　　　일칭나무불　　개이성불도

[번역] 만약 또 어떤 사람이 산란한 마음으로 탑에 들어가서 '나무불' 하고 염불 한 번 하더라도 모두 다 이미 성불하였느니라.

[해설] 이제 부처님은 만약 어떤 사람이 산란한 마음으로 탑(塔)에 들어가서 "나무아미타불" 하고 염불(念佛)을 한 번 하

더라도 모두 이미 성불(成佛)하였다고 말씀 하고 있습니다. 성불(成佛)을 하였다는 것은 부처가 되었다는 것입니다. 그런데 정말 부처님의 말씀대로 탑(塔)에 들어가 나무아미타불이라고 염불을 한 번 하고 부처가 된다는 것이 사실이라면 불자들은 지금 모두가 부처님이 되어 있어야 합니다. 그런데 부처님은 방금 전에 이 세상에 삼승(三乘)인 보살(菩薩)이 없는 것이 아니라 이승(二乘)인 연각(緣覺)도 없다고 한탄 하듯이 말씀하셨습니다.

그러면 이렇게 두서(頭緖)없이 말씀하시는 부처님을 오늘날 불자들은 어떻게 믿어야 할까요? 그런데 불자들이 부처님께서 방편(方便)으로 말씀하시는 의도(意圖)나 그 뜻을 이해하고 안다면 조금도 이상할 것이 없습니다. 예를 들면 부모가 어린자식의 사기(士氣)를 높여주기 위해 착한 일을 하거나 부모님의 말만 잘 들어도 우리 아들은 "장군이다 혹 왕이다"라고 칭찬을 하여주듯이 부처님도 아직 신심(信心)이 적은 어린 불자들에게 소망을 주기 위해 염불(念佛)을 한번하거나 불상(佛像)에 절을 한번해도 성불(成佛)했다고 말씀하시는 것입니다. 이렇게 부처님의 말씀은 부처님의 마음이나 부처님께서 의도(意圖)하시는 진정한 뜻을 알면 모두 이해 할 수 있는 것입니다.

95. 於諸過去佛의 在世或滅後 若有聞是法하면

어제과거불　재세혹멸후 약유문시법

皆已成佛道니라

개이성불도

[번역] 지나간 세상의 부처님들이 혹 생존해 계실 때나 열반에 드신 뒤에 이러한 법문을 들은 이들은 모두 다 이미 성불하였느니라.

[해설] 부처님은 이제 지나간 세상의 부처님들이나 혹은 생존해 계실 때나 혹은 열반(涅槃)에 드신 뒤에도 부처님의 법문을 들은 이들은 모두 이미 성불하였다고 말씀하고 있습니다. 문제는 부처님의 법문을 수 없이 듣고 공양을 하고 절을 수천 번을 하고 염불(念佛)을 날마다 수만 번을 해도 성불하여 부처가 된 사람은 단 한사람도 없다는 것입니다. 그러므로 부처님은 부처님 앞에 염불을 한 번한 사람이 이미 성불하여 부처가 되었다는 말이 아니라 성불할 가능성이 있다는 뜻으로 말씀하신 것입니다. 그런데 이러한 말씀 때문에 오늘날 부처님께 염불을 한 번하거나 부처님께 절을 한 번 올리고 이미 성불하였다는 부처님들이 존재하고 있는 것입니다.

　그러나 부처님께서는 반야심경(般若心經)을 통해서 지옥계

(地獄界)의 중생이 천상계(天上界)에 올라 부처가 되려면 육
바라밀(六波羅蜜)의 과정을 거쳐야 성불(成佛)하여 부처가 된
다고 말씀하고 있습니다. 왜냐하면 부처님께서 해탈(解脫)하
여 부처가 되신 것은 행심반야바라밀다시(行深般若波羅蜜多
時)에 조견오온개공(照見五蘊皆空)하여 도일체고액(度一切苦
厄)을 하시어 부처가 되셨다고 말씀하고 있기 때문입니다. 그
런데 염불을 한 번하고 부처님의 말씀을 한 번 듣는다고 성불
하여 부처가 된다는 것은 어불성설(語不成說)입니다.

때문에 불자들은 부처님의 말씀을 통해서 무명의 중생들이
해탈하여 부처가 되는 과정과 그 길을 분명하고 확실하게 알
아야 합니다. 부처님께서 불자들에게 가르쳐주신 해탈의 길은
육바라밀(六波羅蜜)입니다. 왜냐하면 부처님께서 반야심경(般
若心經)을 통하여 자신이 해탈(解脫)하여 부처가 된 것은 바
로 육바라밀의 과정을 통해서 되었다고 말씀하고 있기 때문입
니다. 그러므로 이제 부처님께서 반야심경(般若心經)을 통해
서 가르쳐주신 육바라밀(六波羅蜜), 즉 무명(無明)의 중생(衆
生)들이 육계(六界)에서 벗어나 해탈(解脫)하여 부처가 되는
길을 자세히 알아보기로 하겠습니다.

해탈(解脫)의 길 :
육계(六界)와 육바라밀(六波羅蜜)

① 지옥계(地獄界) : 지옥에서 벗어나는 첫째길 - 보시(布施)

지옥(地獄)이라는 단어를 문헌(文獻)에서 찾아보면 "지하에 있는 감옥, 고통이 가득한 세계, 현생에 악업(惡業)을 행한 자들이 사후에 고통 받는 곳" 등으로 나타나 있습니다. 이 때문에 오늘날 불교인들이나 기독교인들이나 한결같이 지옥은 이 생에서 죄를 범한 사람들이 죽은 후에 고통 받는 곳으로 알고 있습니다. 즉 지옥은 뜨거운 불가마 속과 같은 곳으로 귀신들이나 독사 같은 뱀들이 사람들에게 고통을 주는 곳으로 알고 있다는 것입니다. 그러나 부처님은 지옥을 장소적 개념보다 존재적 개념으로 말씀하고 있습니다. 지옥은 중생들의 탐, 진, 치(貪,瞋,癡)로 인한 악업에 의해서 육신의 고통과 정신적 고통을 받고 살아가는 존재들을 말씀하고 있습니다. 이렇게 지옥(地獄)은 내생에는 물론 현생에도 분명히 존재하고 있습니다.

결국 지옥(地獄)이나 극락(極樂)은 전생이나 현생이나 그리고 내생에도 동일하게 존재하고 있다는 것입니다. 그런데 부처님께서 말씀하시는 지옥은 삼악도(三惡道)의 하나로서 자신이 지은 악업 때문에 온갖 고통을 받으며 살아가는 존재들을 말하고 있습니다. 부연(敷衍)하면 지옥(地獄)은 땅의 감옥에 갇혀 있다는 말인데 부처님께서 말씀하시는 지옥의 진정한 의미는 사람의 영혼이 육신 안에 갇혀 있다는 것입니다. 왜냐하면 인간의 존재는 본래 흙으로 창조된 땅, 즉 지수화풍(地水火風)의 존재이기 때문에 지옥에 갇혀 있다는 것은 육신 안에 영혼이 갇혀 있다는 뜻입니다. 이렇게 지옥은 자신의 영혼이 욕심 때문에 육신에 사로 잡혀서 육신에 종노릇 하고 살아가는 자들을 말합니다. 그러므로 해탈(解脫)은 욕심으로 인해 육신 안에 갇혀있는 영혼이 육신 속에서 벗어나 자유(自由)로운 상태에서 육신을 정복하고 다스리는 존재를 말하는 것입니다. 결국 해탈은 육신에 갇혀있던 영혼이 육신으로부터 벗어나 자유자재(自由自在)하는 존재들을 말합니다.

중생들은 자신 안에 있는 욕심, 즉 탐(貪), 진(瞋), 치(癡) 때문에 항상 번뇌망상(煩惱妄想)의 고통과 생로병사(生老病死)의 윤회(輪廻) 속에서 살고 있습니다. 이렇게 현생의 지옥은 전생에 지은 악업(惡業)과 현생에서 짓는 악업으로 인하여 지옥과 같은 고통을 받으며 살아가고 있는 사람들을 말합니다. 이런 자들이 현생에서 선업(善業)을 쌓아 지옥에서 벗어나지 못하고 죽는다면 그 영혼은 내생(來生)에 더 깊은 지옥으로 떨어져 더 큰 고통을 받고 살게 됩니다.

즉 이 세상을 살면서 지옥에서 벗어나지 못하고 죽는 사람은 내생에도 다시 지옥과 같은 열악(劣惡)한 환경에서 태어나거나 지체부자유자와 같은 육신의 몸속으로 들어가 태어나게 된다는 것입니다. 그런데 만일 현생에서 육바라밀(六波羅蜜)을 열심히 행하여 해탈이 된다면 현생에서도 극락(極樂)과 같은 삶을 살 뿐만 아니라 내생에 다시 윤회(輪廻)하지 않는 천상(天上)으로 올라가 부처님들과 함께 영원히 살게 되는 것입니다. 이렇게 지옥은 욕심 때문에 육신의 고통과 번뇌망상(煩惱妄想)의 고통을 받고 살아가는 존재들을 말하며 극락(極樂)은 현생에서 육바라밀의 과정을 모두 마치고 해탈하여 성불(成佛)한 부처님을 극락(極樂)이라 말씀하고 있는 것입니다.

결국 부처님께서 육계(六界)를 통해서 말씀하고 계신 지옥(地獄)은 육신의 고통과 정신적인 고통 속에서 죽지 못해 살아가는 자, 즉 현생에서 지옥과 같은 삶을 살고 있는 존재들을 말씀하고 있습니다. 그런데 지옥(地獄)도 다 같은 지옥이 아니라 사람의 상태와 차원에 따라 각기 다른 지옥으로 구분되고 있습니다. 즉 지옥은 사람들이 지은 죄의 양과 질에 따라 상 지옥, 중 지옥, 하 지옥으로 구분된다는 것입니다.

고통이 심한 하 지옥은 태어날 때부터 기형아나 저능아로 태어나 평생을 멸시와 천대를 받으며 고통 속에서 살아가는 사람들을 말하며, 중 지옥은 종이나 노동자의 신분으로 태어나 평생을 육적인 고통을 받고 살아가는 자들을 말하며, 상 지옥은 정신적인 고통은 받으나 비교적 편안한 삶을 살아가는 자들을 말합니다. 현생에 지옥 속에서 살아가는 자들은 전생에서 탐, 진, 치(貪, 瞋, 癡)로 인한 욕심 때문에 악업을 쌓고 살다가 이생에 다시 태어난 자들입니다. 결국 중생들은 전생(前生)에 지은 죄업(罪業)을 이생에서 받고 이생에서 지은 악업은 내생(來生)에서 받게 되는 것입니다. 이렇게 지옥계는 중생들 안에 자리 잡고 있는 삼독(三毒), 즉 탐(貪), 진(瞋), 치(癡)의 척도(尺度)에 따라 결정되어지는데 탐, 진, 치(貪, 瞋, 癡)란 사람이 가지고 있는 욕심과 분 냄과 어리석음을 말합니다. 사람들이 세상을 살아가면서 괴로움과 고통을 받는 근원적 원인은 모두가 탐, 진, 치(貪, 瞋, 癡) 때문입니다. 그러므로 중생들이 받는 삼재(三災), 즉 수재(水災) 화재(火災) 풍재(風災)로 인한 불의의 사고나 질병이나 기근과 같은 재앙들은 모두 탐, 진, 치(貪, 瞋, 癡)로 인해 발생되는 것입니다. 이렇듯 지옥 속에 살고 있는 중생들은 탐, 진, 치(貪, 瞋, 癡)로 인한 삼재(三災)의 고통 속에서 지옥을 오르락내리락 하면서 윤회(輪廻)하고 있는 것입니다.

그러므로 지옥의 고통에서 영원히 벗어나려면 먼저 자신 속에 자리 잡고 있는 탐, 진, 치(貪, 瞋, 癡)를 알아야 합니다. 그런데 불행한 것은 불자들도 악업(惡業)의 근원이 되는 탐, 진, 치(貪, 瞋, 癡)를 분명하게 모르는 상태에서 신행생활을 하고 있는 것입니다. 탐(貪)이란 인간내면에 자리 잡고 있는 욕심을 말씀하는 것이며 진(瞋)이란 사람들의 성급한 성격, 즉 혈기로 인한 분 냄을 말합니다. 그런데 욕심이 생겨나고 혈기가 일어나는 이유는 치(癡) 때문입니다. 왜냐하면 모든 고통과 괴로움은 탐심과 분 냄 때문에 일어나는데 탐(貪), 진(瞋)의 근원이 바로 치(癡)이기 때문입니다.

치(癡)란 인간의 어리석음을 가리키는 말인데 어리석음은 인간의 무지(無知), 즉 무식(無識)을 말합니다. 결국 중생들이 부처님의 뜻이나 진리를 모르는 무지 때문에 욕심을 내고 혈기를 부린다는 것입니다. 그러므로 부처님께서 이렇게 무지(無知)한 중생들을 가리켜 무명(無明)의 중생이라 말씀하시는데, 무명(無明)이란 빛이 없다는 말이며 빛이 없다는 말은 곧 부처님의 말씀이 없다는 말입니다. 결국 지옥이란 진리의 빛이 없는 어둠 속에서 악업으로 인해 고통을 받고 살아가는 중생들의 세계를 말합니다.

그러므로 무명(無明)의 중생들이 지옥의 고통에서 벗어나려면 탐, 진, 치(貪, 瞋, 癡)를 버리고 자비심(慈悲心)을 가져야 합니다. 자비심이란 상대방을 이해하고 감싸며 긍휼과 사랑으로 가난한 이웃에게 베푸는 것입니다. 이렇게 중생들이 고통의 지옥에서 벗어나려면 취하려는 욕심을 버리고 항상 베풀며 살아가야 합니다. 왜냐하면 전생과 현생에서 불의(不義)로 취한 업(業)만큼 베풀고 살아야 지금까지 지은 죄업들이 모두 상쇄(相殺)되기 때문입니다. 때문에 부처님께서 지옥에서 벗어나는 길을 보시(布施)라 말씀하신 것입니다. 그런데 욕심으로 가득 차있는 중생들이 보시(布施)를 행하며 살아간다는 것은 그리 쉬운 일이 아닙니다. 왜냐하면 지금까지 도적 같은 심보로 남의 것을 취하고 살았지 베풀며 살지 않았기 때문입니다. 또한 보시(布施)를 행하려면 반드시 자신의 헌신과 희생이 따라야 하기 때문입니다. 그러나 소수의 불자들이지만 지금도 불쌍한 이웃이나 수행자들을 찾아서 보시(布施)를 행하면서 살아가는 자들이 있습니다. 결국 지옥에서 나올 수 있는 길은 지옥계에서 선한 마음을 가지고 고통 받는 이웃을 돌보며 보시(布施)를 행하는 것입니다.

이렇게 중생들이 지옥에서 벗어나는 길은 육바라밀(六波羅蜜)의 첫 단계이며 첫 관문인 보시 행을 끊임없이 행해야 하는 것입니다. 그런데 부처님께서 말씀하고 있는 보시(布施)는 자신이 복을 받기 위하여 욕심을 가지고 행하는 보시가 아니라 아무런 조건이나 사심(私心)없이 진실한 마음으로 베푸는 것을 말합니다. 이렇게 부처님의 뜻에 따라 진실한 마음으로 가난한 이웃들이나 수행자들을 도우며 보시 행으로 공덕을 쌓은 자들이 지옥에서 벗어나 아귀계(餓鬼界)로 들어가게 되는 것입니다.

② 아귀계(餓鬼界) : 아귀에서 벗어나는 둘째길 － 지계(持戒)

아귀계(餓鬼界)란 어떤 세계를 말하며 아귀란 무슨 뜻일까? 아귀(餓鬼)란 단어의 뜻은 굶주려 음식물을 찾는 자, 기갈로 고통을 받고 있는 자, 음식에 걸신들린 자 등의 의미입니다. 며칠 굶은 사람이 미친 듯이 밥 먹는 것을 보면 아귀같이 먹는다는 말을 합니다. 이렇게 먹을 것을 탐(貪)하는 자, 즉 식탐이 많은 자들을 가리켜 아귀라 말합니다. 그런데 지옥에서 보시행(布施行)을 마치고 아귀계(餓鬼界)로 나온 자들이 다시 식탐(食貪)을 한다면 전혀 이치에 맞지 않습니다. 그러므로 부처님께서 말씀하신 아귀(餓鬼)의 진정한 뜻은 육신의 양식에 굶주린 자들을 가리키는 말이 아니라 진리에 굶주린 자, 즉 부처님의 말씀에 갈급한 자들을 말합니다.

　왜냐하면 이들이 지옥에서 아귀계(餓鬼界)로 나온 것은 육신의 양식이 없어 나온 것이 아니라 부처님의 말씀을 찾아 나왔기 때문입니다. 이렇게 아귀계에 있는 자들은 육신의 양식에 굶주린 자들이 아니라 부처님의 말씀이 없어 걸신들린 귀신처럼 갈급한 마음으로 부처님의 진리를 찾아 헤매는 자들을 말합니다. 이렇게 진리에 걸신들린 아귀들을 성경에서는 나그네, 고아, 과부라고 말합니다. 그러므로 아귀계(餓鬼界)는 지옥에서 벗어난 자들이 천상에 오르기 위해 부처님의 계율(戒律)을 열심히 지키며 수행하는 자들을 뜻합니다. 이와 같이 아귀(餓鬼)들이 원하고 찾는 것은 육신의 양식이나 혹은 이 세상의 지식이나 부귀영화가 아니라 오직 부처님께서 주시는 계율이며 부처님의 가르침을 받아 그의 뜻대로 수행하는 것입니다. 아귀(餓鬼)들이 축생(畜生)계로 나아가려면 부처님의 계율(戒律)을 받아 열심히 정진수행(精進修行)을 해야 합니다. 왜냐하면 부처님의 계율(戒律)에 따라 강도 높은 훈련과 연단을 받지 않으면 지옥계에서 탐(貪), 진(瞋), 치(癡)로 굳어진 마음이 절대로 부서지지 않기 때문입니다. 이렇게 아귀들은 삼독(三毒)인 탐(貪), 진(瞋), 치(癡)를 날마다 버리고 부처님의 계율에 따라 수행정진(修行精進)을 하며 살아가는 자들입니다.

때문에 부처님께서 아귀계(餓鬼界)에서 축생계(畜生界)로 나가는 길을 지계(持戒)라고 말씀하신 것입니다. 그러므로 아귀들은 오직 부처님의 계율(戒律)를 받아서 지키며 부처님의 계율에 따라 끊임없이 수행정진을 하고 있는 것입니다. 그런데 부처님의 계율(戒律)을 지키기 위해서는 먼저 삼귀의(三歸

依)를 해야 합니다.

삼귀의(三歸依)

　삼귀의란? 삼보(三寶)이신 불(佛:부처님), 법(法:계율), 승(僧:승려)께 귀의 하여 삼보를 믿고 의지하며 신앙생활을 받는 것을 말합니다.

첫째 : 승려(스님)가 계신 승단, 즉 스님이 계신 단체나 모임, 즉 사찰(절)에　귀의하여 신행생활을 하며 마음의 수련을 해야 합니다.
둘째 : 부처님의 법(法:계율)에 귀의하여 부처님이 주신 계율에 따라서 수행　정진을 해야 합니다.
셋째 : 부처님(佛:불)께 귀의하여 부처님을 믿고 공경하며 부처님의 가르침을　받아야 합니다.

　상기와 같이 삼귀의(三歸依)는 부처님과 계율과 승단에 귀의하여 삼보를 믿고 공경하며 그의 가르침을 통해서 수행정진을 하는 것입니다. 그런데 삼귀의를 한 불자는 수행의 순서에 따라 승(僧), 법(法), 불(佛)로 단계적으로 수행을 해야 합니다. 이것은 학생이 처음에 들어가는 곳은 초등학교이며, 초등학교의 과정을 모두 마쳐야 중학교에 입학할 수 있고, 중학교를 졸업해야 고등학교로 들어갈 수 있는 것과 같습니다. 이렇게 중생들이 처음 귀의하는 곳은 승려가 계신 승단이며 승단에서 신행생활을 모두 마친 자가 계율(戒律)을 지키며 수행을 할 수 있고 계율에 따라 수행을 모두 마친 자가 부처님의 가르침을 받게 되는 것입니다.

이렇게 지옥계(地獄戒)에서 나와 부처님께 삼귀의(三歸依)를 하여 수행정진을 하고 있는 아귀들은 반드시 부처님의 계율(戒律)에 따라서 수행정진을 해야 합니다. 아귀(餓鬼)들이 지켜야 할 부처님의 계율은 모두 십계(十戒)로 되어 있는데 이것은 성경에 기록되어 있는 십계명과 동일한 것입니다.

성경에 기록된 십계명은 석가모니 부처님이 태어나시기 약 천 년 전에 하나님께서 모세를 통해서 주신 것입니다. 부처님이 불자들에게 주신 십계는 지옥계를 벗어나 아귀계로 나온 아귀들은 물론 모든 불자들이 지켜야 할 부처님의 법이며 명령입니다. 이제 십계(十戒)에 대해서 좀 더 구체적으로 살펴보기로 하겠습니다.

십 계 (十戒)

첫 째 : 불살생계(不殺生戒) – 산목숨을 죽이지 말라.

부처님께서 산목숨을 죽이지 말라는 말씀은 살아있는 생물은 모두 죽이지 말라는 뜻입니다. 이 말은 동물이나 곤충들에게 국한된 것이 아니라 생명을 가진 식물도 죽이지 말라는 뜻으로 생각할 수도 있습니다. 왜냐하면 식물도 살아있는 생명체이기 때문입니다. 이 때문에 스님들이나 수행불자들은 이 계율을 지키기 위해 살아 있는 짐승들은 물론 파리나 모기 한 마리도 죽이지 않고 있습니다. 그런데 스님들이 살아있는 채소나 나물들은 마음대로 채취하여 먹고 있습니다. 이러한 행위는 부처님의 계율을 반쪽만 지키는 것이라 생각할 수도 있습니다.

그러나 부처님께서 산목숨을 죽이지 말라는 진정한 뜻은 생명을 가진 곤충이나 짐승 혹은 식물들을 죽이지 말라는 뜻이 아니라 사람의 영혼(靈魂)을 죽이지 말라는 뜻으로 하신 말씀입니다. 이 때문에 성경에 기록된 십계명에는 "살생하지 말라"가 아니라 "살인하지 말라"로 기록되어 있는 것입니다. 그러므로 이 계명에 숨겨진 화두(話頭)의 비밀은 사람들의 영

혼을 죽이지 말고 구원(救援)하고 살려서 모두 부처를 만들라
는 뜻입니다.

둘 째 : 불투도계(不偸盜戒) – 도둑처럼 훔치지 말라.

 오늘날 스님들이나 불자들은 부처님께서 훔치지 말라는 둘째
계율의 뜻을 단순히 세상에 있는 다른 사람의 물건이나 돈을
도적질 하지 말라는 의미로 알고 있습니다. 그러나 부처님께
서 남의 것을 훔치지 말라는 진정한 뜻은 세상에 속한 물건이
나 재물을 훔치지 말라는 것이 아니라 부처님의 말씀을 도적
질하여 자기 것으로 만들지 말라는 뜻입니다. 그런데 어떤 몰
지각한 스님들은 부처님의 말씀을 도적질하여 자기의 것으로
만들어놓고 도적질한 말씀을 가지고 불자들의 재물을 탈취(奪
取)하고 영혼(靈魂)까지 죽이고 있는 것입니다. 이 때문에 부
처님은 지금도 너희는 나의 것을 도적질 하지 말라고 명하고
계신 것입니다. 성경 십계명에는 이 계율이 "도적질 하지 말
라"로 기록되어 있는데 이는 "훔치지 말라"는 말씀과 동일한
것입니다.

셋 째 : 불음계(不淫戒) - 음행하지 말라.

부처님께서 음행(淫行)을 하지 말라는 뜻은 간음을 하지 말라는 의미입니다. 부처님의 이 계율을 지키기 위해 신실한 스님들이나 수행을 하는 불자들은 끓어오르는 정욕도 참아가며 음행을 하지 않으려고 많은 노력을 하고 있습니다. 그러나 부처님이 불자들에게 음행을 하지 말라는 진정한 뜻은 여자를 취하여 간음(姦淫)을 하지 말라는 뜻이 아니라 부처님의 말씀을 취하여 자기 사리사욕(私利私慾)을 채우지 말라는 뜻입니다. 그럼에도 불구하고 오늘날 일부의 패역한 스님들은 부처님의 말씀을 취하여 자신의 사리사욕을 취하려고 얼마나 애를 쓰고 있습니까?

오늘날 부패한 스님들이 영혼을 구제(救濟)한다는 명목으로 사찰이나 선원 혹은 포교당들을 세워 놓고 자기 욕심을 채우기 위해 부처님의 말씀을 팔아서 사찰을 대형화해가며 심지어 기업화 해가고 있는 것을 볼 수 있습니다. 이러한 스님들이 바로 음행을 하는 자들입니다. 이 때문에 부처님께서 음행을 하지 말라는 뜻은 부처님의 말씀을 취하여 자기 욕심을 채우지 말라는 뜻입니다. 성경에 기록된 십계명에는 이 계율이 "너희는 간음하지 말라"고 기록되어 있습니다.

넷 째 : 불망어계(不妄語戒) – 거짓을 말하지 말라.

오늘날 불자들은 부처님께서 거짓말하지 말라는 계율을 단순히 사람들 간에 거짓말을 하지 말라는 정도로 알고 있습니다. 그러나 부처님께서 거짓말을 하지 말라는 진정한 의미는 부처님의 말씀을 더하고 감하여 만든 비 진리, 즉 왜곡(歪曲)된 교리(敎理)나 계율(戒律)을 가지고 거짓증거를 하거나 불자들을 가르치지 말라는 뜻입니다. 이 말씀의 진정한 뜻은 부처님의 말씀으로 죽어가는 영혼들을 구제하고 살려서 생로병사(生老病死)의 윤회(輪廻)에서 벗어나게 하여 모두 부처를 만들라는 것인데 이러한 부처님의 뜻을 망각하고 부처님의 말씀을 모두 기복으로 바꾸어 불자들에게 오히려 욕심을 불어넣고 있는 것입니다.

오늘날 스님들이 신도들에게 부처님을 잘 믿고 시주를 많이 하면 부처님으로부터 많은 복을 받아 잘살 수 있고 모든 일도 잘된다고 미혹(迷惑)하며 운수대통(運數大通) 만사형통(萬事亨通)의 복을 빌어주는 것이 바로 부처님의 말씀을 왜곡하여 거짓증거를 하는 행위입니다. 부처님은 이러한 행위를 하는 자들에게 "거짓말을 하지 말라"고 엄히 명하시는 것입니다. 성경에는 이 계율을 "너희는 거짓증거 하지 말라"로 기록되어 있는데 이는 동일한 말씀입니다. 하나님께서 하나님의 백성들에게 거짓증거를 하지 말라고 명하시는 것은 오늘날 목회자들도 거짓증거를 하고 있기 때문에 하시는 말씀입니다.

다섯째 : 불음주계(不飮酒戒) – 술을 마시지 말라.

다섯째 계율은 부처님께서 불자들에게 술 마시지 말라는 말씀입니다. 이 때문에 스님들은 술을 마시지 않는데 어떤 스님은 술은 마시지 않아도 곡차(곡주)는 마시는 분들이 있습니다. 그런데 부처님께서 마시지 말라는 술은 세인들이 즐겨 마시는 술을 말씀하신 것이 아닙니다. 부처님이 말씀하시는 술은 누룩이 섞여 있는 말씀, 즉 부처님의 정확무오(正確無誤)한 말씀을 가감시켜 만들어 놓은 오염된 비 진리를 받아먹지 말라는 뜻입니다. 왜냐하면 수행불자들이 오염된 비 진리를 먹으면 비 진리에 의식화되어 부처님의 말씀을 받아들일 수 없고 해탈에도 이를 수 없기 때문입니다.

이 때문에 마시는 술은 먹어도 큰 문제가 없지만 가감된 비 진리를 먹으면 영원히 구제받지 못하고 멸망하게 됩니다. 이 때문에 부처님은 술을 먹지 말라는 뜻은 오염된 비 진리(非眞理)를 받아먹지 말라는 뜻입니다. 이렇게 부처님께서 말씀하시는 술은 부처님의 말씀을 가감시켜 만든 비 진리, 즉 사람들이 영리를 취하기 위해서 부처님의 말씀을 가감시켜 만들어놓은 각종 교리나 규범 혹은 제도나 각종 의식들을 말합니다. 그러므로 오늘날 불자들은 오직 부처님의 말씀과 율례만을 받아 마음속에 간직하고 부처님의 말씀에 따라서 신앙생활을 해야 합니다.

여섯째 : 불도식향만계(不塗飾香鬘戒) – 치장을 하거나 향을 바르지 말라.

여섯째 계율은 치장을 하거나 향을 바르지 말라는 말씀입니다. 이 말씀은 수행불자에게 화려한 옷을 입거나 장신구(裝身具)를 달아 몸을 꾸미지 말며 얼굴이나 머리에 향이나 기름을 바르지 말라는 뜻으로 생각할 수 있습니다. 그러나 부처님은 그러한 뜻으로 말씀하신 것이 아니라는 것입니다.

불자들이 반드시 알아야 할 것은 부처님이 하신 모든 말씀들은 세상의 일들을 말씀하시는 것이 아니라 모두 진리와 관계되어 있다는 것을 알아야 합니다. 왜냐하면 부처님은 진리이시고 또한 부처님은 오직 시대신(是大神) 이신 반야의 뜻을 행하고 이루시는 분이시기 때문입니다. 이 때문에 부처님께서 치장을 하거나 향을 바르지 말라는 것은 불자들이 부처님의 몸을 치장을 하거나 부처님의 얼굴이나 머리에 향을 바르지 말라는 뜻입니다.

그런데 부처님의 몸은 진리이시기 때문에 부처님의 몸을 치장하거나 향을 바르지 말라는 것은 곧 부처님의 말씀을 가감(加減)하거나 왜곡(歪曲)하여 중생들을 미혹(迷惑)하지 말고 부처님의 말씀을 미화(美化)시키지 말라는 뜻입니다. 그럼에도 불구하고 오늘날 스님들은 부처님의 각종 형상들을 만들어 금과 보석으로 장식하고 있으며 또한 스님들은 부처님의 말씀을 화려하게 미화시켜 불자들에게 설법을 하고 있는 실정입니다. 이러한 행위들은 모두 부처님의 계율을 범하는 행위입니다.

일곱째 : 불가무관청계(不歌舞觀聽戒) – 노래하는 것이나 춤추는 것을 보거나 듣지 말라.

부처님께서 노래하는 것이나 춤을 추는 것은 보지도 말고 듣지도 말라고 말씀하십니다. 왜 그럴까? 오늘날 사람들의 세상사는 즐거움은 음악회나 가요프로 등을 통해서 노래를 듣는 것이며 텔레비전이나 극장을 통해 무희들의 춤추는 것을 보고 즐거워하는 것입니다. 그러면 이 계율은 수행불자들에게만 국한해서 하시는 말씀이라 생각할 수 있습니다. 그러나 부처님께서 노래하는 것이나 춤추는 것을 보거나 듣지 말라는 뜻은 세상 사람들이 하는 노래나 춤을 보거나 듣지 말라는 뜻이 아니라 부처님이 가르쳐주신 말씀의 의미나 뜻도 모르고 제멋대로 설법을 하거나 그 잘못된 설법을 듣고 즐겁다고 춤을 추는 사람들을 보지 말고 그들이 전하는 말도 절대로 듣지 말라는 뜻입니다. 왜냐하면 잘못된 설법을 듣거나 그들이 행하는 의식에 따라 신앙생활을 하면은 영혼이 병들어 멸망(滅亡)하게 되기 때문입니다.

여덟째 : 불좌고광대상계(不坐高廣大牀戒) – 높고 넓고 큰 평상에 앉지 말라.

부처님은 여덟째 계율을 통해서 높고 넓고 큰 평상에 앉지 말라고 하십니다. 부처님이 말씀하시는 큰 평상은 커다란 식탁을 말하는 것이 아니라 사람이 앉기도 하고 누워 잠을 잘 수도 있는 평상을 말하고 있습니다. 그러면 부처님께서 말씀하시는 높고 넓고 큰 평상은 어떤 상을 말하는 것일까? 높은 것은 교만을 나타내고 넓은 것은 욕심을 말하며 평평한 큰상은 안일함이나 안주하는 것을 말하고 있습니다. 그러므로 부처님께서 높고 넓은 큰 평상에 앉지 말라는 진정한 뜻은 해탈을 위해 수행을 하는 불자들은 교만(驕慢)하지 말고, 욕심을 내지 말고, 지금 머물고 있는 곳에서 편안히 안주(安住)하지 말라는 뜻으로 하신 말씀입니다.

왜냐하면 수행불자들이 마음이 교만해지거나 탐심을 가진 다면 지옥으로 떨어지게 되고 마음이 편안하면 나태(懶怠)하 게 되어 수행의 길을 갈 수가 없기 때문입니다. 수행 불자들 이 마음을 닦는다는 것은 곧 부처님의 말씀이나 법을 통해서 날마다 교만하고 강퍅한 마음을 깨고 부수어 겸손하게 만드는 것입니다. 이 때문에 성경에도 마음이 교만한 자는 패망의 선 봉에 있는 자라 말씀하고 있습니다.

아홉째 : 불비시식계(不非時食戒) ― 때가 아니면 먹지 말라

부처님은 때 아니면 밥을 먹지 말라고 말씀하고 있습니다. 불자들은 이 말씀을 단순히 식사는 정해진 시간에 맞추어 하 라는 뜻으로 알고 있습니다. 왜냐하면 식사를 제시간에 하지 않으면 소화불량이 생길 수 있고 식사를 준비하는 사람도 힘 들어지기 때문입니다. 그런데 부처님께서 과연 식사를 제 시 간에 맞추어 하라는 것을 계율로 말씀을 하셨을까 하는 것입 니다. 왜냐하면 식사를 제때에 하라는 말은 자라면서 부모님 으로부터 항상 들어온 말이며 병원의 의사들도 위장병이 있는 환자에게 자주 하는 말이기 때문입니다. 이 때문에 부처님께 서 때가 아니면 식사를 하지 말라는 말씀은 그러한 의미가 아 니라 화두(話頭)로 말씀하셨다는 것을 알아야 합니다. 왜냐하면 무명의 중생들이 먹는 양식은 밥이지만 수행불자들이 먹는 양식은 밥이 아니라 부처님의 말씀이기 때문입니다. 이 때문에 성경에도 하나님의 백성들이 먹고 사는 양식은 떡이 아니라 하나님의 입에서 나오는 말씀으로 사는 것이라 말씀하고 있습니다. 이와 같이 부처님께서 먹지 말라는 양식은 밥이 아니라 부처님의 입에서 나오는 말씀을 뜻하고 있는 것입니다.

그러므로 부처님께서 때가 아니면 먹지 말라는 말씀의 진정한 뜻은 부처님의 말씀이나 법이 아닌 비 진리(非 眞理)는 먹지 말라는 것입니다. 수행불자들이 만일 가감된 비 진리, 즉 오염된 말씀을 먹으면 멸망을 받아 지옥으로 들어가게 됩니다. 이 때문에 부처님은 아홉째 계율을 통해서 부처님의 말씀이 아닌 것, 즉 오염된 부처님의 말씀이나 변질된 말씀은 절대로 먹지 말라는 뜻으로 말씀하신 것입니다.

열 째 : 불축금은보계(不蓄金銀寶戒) – 금, 은, 보석을 모으지 말라.

부처님께서 수행불자들에게 마지막으로 지키라고 주신 계율(戒律)은 "금이나, 은이나, 보화(보화)를 모으거나 쌓지 말라"는 것입니다. 부처님께서 금, 은, 보화를 쌓지 말라는 것은 불자들이나 스님들은 물론 수행자들의 마음속에도 금은보화(金銀寶貨)를 쌓으려는 욕심이 있기 때문입니다. 그러므로 수행자들은 절대로 금은보화에 탐(貪)을 내거나 축적(蓄積)하지 말라는 것입니다. 그런데 부처님께서 말씀하신 금이나 은이나 보화는 실제 금은보화를 말씀하신 것이 아니라 부처님의 말씀과 계율(戒律)을 모두 화두(話頭)로 말씀하신 것입니다.

그러므로 수행자나 스님들은 그 말씀과 계율을 받아서 쌓아만 둘 것이 아니라 진리에 비추어 자신의 상을 깨고 부수면서, 또한 무지(無智)에서 벗어나지 못하는 무명의 중생들에게 부처님의 말씀과 계율을 나누어 주어 죽어가는 영혼들을 구제하는 이타 행(利他 行)을 해야 하는 것입니다. 다시 말해서 법보시를 행할 때 공덕이 쌓여 자신의 업을 상쇄 시킬 수 있기 때문입니다. 그런데 부처님의 말씀과 법을 가감하여 만든 불교의 교리와 각종 제도를 머리에 쌓아 상을 만들어 가지고 있는 스님이나 불자들은 부처님의 뜻에 따라 해탈(解脫)하여 부처가 되려는 마음보다 부처님의 말씀을 이용하여 재물을 쌓아 세상에서 부귀영화(富貴榮華)를 누리려는 마음이 더 크기 때문입니다.

오늘날 사찰들이 점차 세속화(世俗化)되고 기업화(企業化)되어 가고 있는 것은 스님들 안에 욕심이 자리 잡고 있다는 것을 말해주는 것입니다. 때문에 옛 말에 스님이 염불에는 생각이 없고 잿밥에 가있다는 말이 있는 것입니다. 그러므로 부처님께서 마지막 계율을 통해서 수행불자들에게 금은보화를 쌓지 말라고 명하시는 것은 세속의 금은보화는 물론 부처님의 말씀으로 만들어 놓은 각종교리나 제도(制度)들을 쌓아 자기 안에 상을 만들지 말라는 것입니다.

이상과 같이 부처님께서 수행불자들에게 말씀하신 십계는 세상의 윤리도덕이나 세상의 법을 잘 지키라는 것이 아니라 부처님의 진리를 올바로 알고 올바로 지키며 수행을 하라는 뜻입니다. 오늘날 아귀계(餓鬼界)의 상태에서 수행을 하고 있는 스님들이나 수행불자들은 부처님의 계율(戒律)을 지키기 위해서 많은 노력을 하고 있습니다. 이렇게 부처님의 계율에 따라 수행을 하고 있는 자들은 살생하지 말라는 계명 때문에 파리나 모기 한 마리도 죽이지 않으며 남의 물건을 훔치지 말라는 계명을 지키기 위해 땅에 떨어져 있는 동전 하나도 취하지 않습니다. 또한 음행하지 말라는 계명을 지키기 위해 끓어오르는 정욕도 참고 살아가는데 어떤 수행자들은 여자들의 얼굴을 보지 않으려고 아예 땅만 보고 걷는 사람도 있습니다. 그럼에도 불구하고 일부 패역한 스님들은 거짓말을 수시로 하며 육류도 거침없이 먹고 또 어떤 스님들은 술은 물론 간음도 불사하는 분들도 있습니다. 왜냐하면 이들은 부처님의 뜻을 이루려는 것이 아니라 자신의 욕심과 탐심(貪心)을 채우기 위해서 스님노릇을 하는 자들이기 때문입니다. 오늘날 스님들이 점점 부패해 가는 것은 부처님의 가르침에 따라 욕심을 버리려는 것이 아니라 오히려 욕심을 채우려 하기 때문입니다. 이런 자들은 부처님이 말씀하신 인과응보(因果應報)나 부처님의 계율(戒律)을 범한 죄의 형벌이 얼마나 무섭고 크다는 것을 모르기 때문입니다. 이들은 부처님께서 가르쳐 주신 계율(戒律)을 세상의 법이나 윤리도덕(倫理道德) 정도로 생각하고 있습니다. 그러나 부처님께서 말씀하시는 계율은 위에 설명한 바와 같이 모두 화두(話頭)로 되어 있는 것입니다.

이상과 같이 부처님께서 말씀하신 십계의 말씀들은 표면에 나타난 문자 그대로 본다면 누구나가 쉽게 알 수 있는 평범한 말씀 같으나 모두 화두(話頭)로 되어있기 때문에 말씀 속에 감추어져 있는 비밀들은 무명의 중생들이 알 수가 없는 것입니다. 이 때문에 오늘날 스님들이나 불자들은 혜안(慧眼)이 없어 부처님께서 하신 말씀들을 문자적으로 해석하여 지킬 수밖에 없는 것입니다.

이렇게 오늘날 불자들은 부처님의 계율(戒律)을 세상의 법이나 윤리도덕(倫理道德) 차원의 교리로 지키고 있기 때문에 평생 동안 수행을 해도 해탈이 되지 않는 것입니다. 그러므로 불자들이 성불하여 부처가 되려면 반드시 오늘날 살아계신 부처님을 찾아 그의 가르침에 따라 수행을 해야 합니다. 왜냐하면 부처님의 말씀은 모두 화두(話頭)로 되어 있기 때문에 혜안(慧眼)이 없는 스님들은 부처님의 뜻이나 천상으로 가는 길을 알지 못하기 때문입니다. 그러나 소수의 무리지만 지금도 깨달으신 부처님을 모시고 그의 가르침에 따라 올바른 수행(修行)을 하는 자들도 있습니다.

이런 자들은 세상을 돌아보거나 세상을 생각할 겨를도 없이 오직 부처님의 말씀과 계율만을 생각하며 강도 높은 훈련을 받고 있는 자들인데 이러한 수행의 과정을 모두 마친다는 것은 여간 힘들고 어려운 일이 아닙니다. 이렇게 아귀(餓鬼)의 세계를 벗어나기 위해서는 부처님의 계율(戒律)을 통하여 그동안 세상에서 쌓아 놓은 탐, 진, 치(貪, 瞋, 癡)와 번뇌망상(煩惱妄想)을 모두 버려야 합니다. 이러한 수행과 훈련의 모든 과정을 마쳤을 때에 아귀계에서 벗어나 축생계로 들어가게 되는 것입니다.

③ 축생계(畜生界) : 축생의 탈을 벗는 셋째길 − 인욕(忍辱)

축생(畜生)이라는 말은 소나 돼지나 양과 같은 짐승들을 가리키는 말인데 부처님께서 말씀하시는 축생은 실제 짐승들이 아니라 축생의 상태에 있는 중생들을 말합니다. 지금까지 지옥에 있는 중생들이 지옥에서 벗어나려면 보시(布施)를 열심히 행하여야 한다는 것과 아귀계로 나온 불자들은 부처님의 계율(戒律)인 십계(十戒)를 열심히 지키며 수행을 해야 아귀계(餓鬼界)에서 벗어나 축생(畜生)계로 들어갈 수 있다는 것입니다. 불자들은 이 말씀을 통해서 중생들이 한 세대를 살아가면서 깨달아 부처가 되는 것이 아니라 지옥계(地獄界)에서 벗어나 아귀계(餓鬼界)로 진입한다는 것도 얼마나 힘들고 어렵다는 것을 알아야 합니다.

이렇게 불자들이 천상에 올라 부처가 되려면 육바라밀(六波羅蜜)을 통해서 죄업을 씻으며 전생에 자신의 쌓아놓은 잘못된 고정관념(固定觀念)과 더러운 마음을 한 꺼풀씩 모두 벗어야 합니다. 이러한 과정을 통해서 전생과 현생의 악업(惡業)을 하나하나 벗고 부처님과 같이 정결한 마음이 될 때 천상(天上)에 올라 부처가 되는 것입니다. 그런데 안타까운 것은 대부분의 사람들이 지옥세계에서 아귀계로 한번 나와 보지도 못한 채 수 억겁을 지옥에서 오르락내리락 하면서 윤회(輪廻)하고 있는 것입니다. 이렇게 중생들이 아귀(餓鬼)나 축생(畜生)의 상태에 이르기 위해서도 수많은 세대를 윤회(輪廻)하면서 힘든 수행의 과정을 거쳐야 하는 것입니다.

부처님께서는 축생(畜生)의 상태까지를 삼악도(三惡道)라고 말씀하시는데 삼악도란 삼악(三惡)과 삼도(三道)를 말합니다. 삼악(三惡)은 지옥의 악과 아귀(餓鬼)의 악과 축생(畜生)의 악을 말하며 삼도(三道)는 삼악에서 벗어나는 세 길을 말합니다. 삼도(三道)는 부처님께서 말씀하신 보시(布施), 계율(戒

律), 인욕(忍辱)을 말하는데, 중생들이 삼악(三惡)에서 벗어나려면 삼도(三道)를 통해서 끊임없이 정진해야 하는 것입니다. 그런데 축생(畜生)계에 머물고 있는 수행자들이 축생계에서 벗어나려면 무엇보다 오래 참고 인내하는 인욕(忍辱)의 수행을 끊임없이 행해야 합니다. 그러므로 부처님께서 축생계에서 벗어나는 길을 인욕(忍辱)이라 말씀하신 것입니다. 축생(畜生)들이 받는 인욕(忍辱)은 수행과정에서 발생되는 각종 치욕과 모욕을 참고 견디는 것인데 이것은 마치 주인의 명령과 지시에 따라서 무조건 순종하며 살아가는 머슴이나 종과 같이, 혹은 군인이 되기 위하여 훈련소에서 모진 훈련을 받고 있는 훈련병과 같이 부처님의 계율(戒律)과 명령에 절대 복종을 하면서 모든 고통과 괴로움을 참는 것입니다. 축생(畜生)계에서 인욕(忍辱)의 과정을 받고 있는 수행자들은 실제의 축생들과 같이 때로는 주인의 무거운 짐을 등에 지고 열심히 걸어가는 나귀와 같이 혹은 멍에를 씌워놓은 소가 묵묵히 밭을 가는 것과 같이 그리고 사람을 등에 싣고 채찍을 맞아 가며 정신없이 달려가는 말과 같이 무조건 순종하는 자들입니다.

또한 이들은 자기 주인의 식탁을 위하여 자신의 몸을 희생(犧牲)하는 돼지나 닭과 같이 그리고 제사상 위에 오르는 각종 해산물이나 과일과 같이 아무런 불평 없이 순종을 하며 제물(祭物)까지 되어야 하는 것입니다. 이렇게 축생의 탈(脫)을 벗기 위해서는 수많은 치욕(恥辱)을 참으면서 인내(忍耐)해야 합니다. 짐승의 탈을 벗고 인간이 된다는 것은 무척이나 힘들고 어려운 일입니다. 결국 축생(畜生)의 상태에서 인간(人間)이 되기 위해서는 이러한 과정의 훈련을 통과하여 축생(畜生)의 속성(屬性)과 성품(性品)이 모두 죽어 없어질 때 부처님의 속성과 성품으로 다시 태어나게 되는데 이것을 부분적인 해탈이라 말합니다.

이와 같이 축생들이 축생의 탈을 벗고 인간이 되려면 반드시 인욕(忍辱), 즉 모든 굴욕을 참고 견디는 인내심(忍耐心)이 있어야만 합니다. 그런데 오직 육바라밀(六波羅蜜)을 따라 수행하고 있는 축생들이 참고 인내해야 할 인욕(忍辱)은 그 무엇보다 오염된 비 진리를 가지고 신앙생활을 하고 있는 불자들로부터 오는 비난(非難)과 핍박(逼迫)을 견디어 내는 일입니다. 왜냐하면 부처님의 오류 없는 진리는 불교의 전통과 교리로 만들어진 비 진리와 항상 대적관계에 있기 때문입니다. 이렇게 오직 부처님의 말씀만을 붙잡고 천상을 향해 달려가는 수행자들은 육신적인 고통을 참는 것보다 비 진리를 소유하고 있는 자들로부터 오는 각종 핍박과 유혹(誘惑)을 참아 내기가 더 어렵고 힘든 것입니다.

이러한 인욕(忍辱)의 과정을 모두 마친 자라야 비로소 축생의 탈(脫)을 벗고 수라(修羅)의 세계에 이르게 되는 것입니다.

이렇게 축생들이 수라계(修羅界)에 들어가기도 힘들고 어렵지만 천상에 올라 부처가 되려면 축생계에서 받는 고통보다 더 큰 고통들을 모두 참고 이겨내야 하는 것입니다.

④ 수라계(修羅界) : 인간으로 해탈하는 넷째길 – 정진(精進)

육바라밀(六波羅蜜) 중에 지옥, 아귀, 축생의 삼계를 형이하학적(形而下學的)인 육신과 정신세계라면 수라, 인간, 천상의 삼계는 형이상학적(形而上學的)인 정신과 마음의 세계라 할 수 있습니다. 이 말은 지옥, 아귀, 축생의 존재들은 육신과 생각을 정결케 하는 세계이며 수라계(修羅界)부터는 정신과 마음을 정결케 하는 세계라는 말입니다. 그러므로 삼악도(三惡道)에서 벗어나 수라계(修羅界)에 있는 수행자들은 날마다 더러운 마음을 깨끗하게 씻어 부처님의 마음과 같이 정결케 되어야 합니다. 수라(修羅)라는 말은 아수라(阿修羅)라는 단어의 준말로 단어의 뜻은 "싸우기를 좋아하는 귀신"이라는 말입니다. 아수라(阿修羅)라는 단어는 사람들이 많이 모인 장소에서 갑자기 화재나 폭발사고가 발생했을 때 출입구를 향해 속히 빠져 나오려고 정신없이 아우성치며 서로 뒤엉켜 몸싸움을 할 때 사용하는 말입니다.

그런데 부처님께서 말씀하시는 수라(修羅)의 뜻은 이러한 몸싸움이 아니라 수행자들이 전도된 몽상과 탐, 진, 치(貪, 瞋, 癡)로 인해 일어나는 번뇌망상(煩惱妄想)에서 하루속히 벗어나기 위해 자신과 싸우고 있는 자들을 가리키는 말입니다. 이렇게 천상을 향해 가는 수행자들은 자신 안에서 일어나는 갈등과 더불어 세상으로부터 오는 각종 유혹과 싸우기 위해 항상 전쟁을 하게 됩니다. 그런데 만일 수행자가 이러한 싸움에서 패배하게 되면 파계승이 되어 속세로 돌아가게 되는 것입니다. 사람들이 십년공부 나무아미타불이라고 하는 말은 바로 이 싸움에서 패배한 파계승들의 입에서 나온 말입니다. 이렇게 마음을 닦는 수행자들은 자신 안에 자리 잡고 있는 욕심과 속세의 미련을 버리기가 힘들고 어렵다는 것입니다.

그런데 그동안 잘못된 불교의 교리와 제도의 틀 속에서 의식화(意識化)된 고정관념(固定觀念)으로부터 벗어나기는 더욱 힘든 것입니다. 이렇게 오온(五蘊)으로 구성된 자신의 존재, 즉 이 세상으로부터 지금까지 배우고 경험한 것들로 쌓아놓은 자신의 존재를 부수고 버리기가 어렵고 힘들다는 것입니다. 그러므로 부처님께서 수라계(修羅界)에서 벗어나기 위해 자신과 싸우고 있는 수행자들에게 가르쳐주신 길이 바로 정진(精進)입니다. 정진(精進)이라는 단어의 뜻은, "정력을 다하여 나아가는 것, 열심히 노력하는 것, 악을 버리고 선을 닦는 것, 앞만 보고 달려가는 것" 등의 의미입니다. 그런데 부처님께서 말씀하시는 정진(精進)의 뜻은 모든 생각과 마음을 모두 내려놓고 오직 한 생각과 한 마음으로 천상을 향해 전심으로 달려가라는 것입니다. 병들어 죽어가는 환자들에게 가장 중요하고 시급한 일은 병원으로 달려가 치료를 받는 것입니다. 이렇게 병들어 죽어가는 사람은 만사를 제쳐놓고 오직 살려는 일념(一念)으로 병원을 찾아가 의사에게 살려달라고 애원을 합니다. 왜냐하면 자신의 생명이 경각(頃刻)에 있기 때문에 아무리 중요한 일이나 약속이 있어도 안중에 없기 때문입니다. 이와 같이 수라계(修羅界)에 있는 수행자들은 속세의 미련을 모두 버리고 오직 천상을 향해 일심전력(一心專力)으로 정진(精進)하는 자들입니다. 일심전력(一心專力)이라는 말은 자신의 목적을 이루기 위해서 오직 한 마음을 가지고 최선의 노력을 다한다는 말입니다.

이렇게 수라계(修羅界)에서 정진(精進)을 하고 있는 수행자들의 소망과 목적은 오직 천상에 올라 부처가 되는 것인데 천상에 오르기 위해서는 먼저 수라계(修羅界)에서 벗어나 인간계로 들어가야 합니다. 그런데 수라계를 벗어나려면 그 무엇보다도 부처님의 말씀이 있어야 합니다. 왜냐하면 어둠 속을 항해하는 배가 등대의 불빛이 없으면 향방을 모르듯이 무명(無明) 가운데 있는 수행자들은 부처님의 말씀이 없으면 아무리 몸부림을 쳐도 그곳에서 나올 수가 없기 때문입니다. 그러므로 수라계(修羅界)에 머물고 있는 수행자들은 부처님의 말씀을 붙잡고 전심을 다해 인간계를 향해 정진해야 하는 것입니다.

⑤ 인간계(人間界) : 인간계에서 천상에 오르는 길 – 선정(禪定)

인간이라는 단어는 사전에 "사람사이, 사람들이 사는 곳, 중생들이 윤회(輪廻)하는 곳, 사람의 세계" 등으로 설명되어 있습니다. 이렇게 인간이란 사람을 말하며 인간계란 사람들이 모여 사는 세계를 말하고 있습니다. 그러나 부처님이 말씀하시는 인간이나 인간계는 사람들이 살고 있는 이 세상을 말하는 것이 아니라, 지옥, 아귀, 축생, 수라의 세계를 벗어나 인간으로 해탈(解脫), 즉 중생(重生)한 자들의 세계를 말합니다. 역학(易學)자들은 사람들이 이 세상에 태어날 때 각기 자신의 띠 (十二支 : 子丑寅卯辰巳午未申酉戌亥)를 가지고 태어나는데 모두 짐승의 띠를 가지고 태어나며 사람의 띠를 가지고 태어나는 사람은 한 사람도 없다고 합니다.

이것은 이 세상에 태어나는 인간들의 외형은 모두 사람의 탈을 쓰고 있으나 인간내면의 상태는 짐승들과 같다는 것을 말해 주는 것입니다. 그런데 열두 띠 중에 상징적 동물이 하나 있는데 바로 용(龍)이란 짐승입니다. 용(龍)은 사람들의 눈에 보이지 않는 추상적 짐승 혹은 상징적인 동물 정도로 생각하고 있습니다. 그런데 이 용이 바로 천상에 올라 부처님으로 성불(成佛)할 수 있는 인간의 존재입니다. 수많은 짐승들 중에서 성불하여 부처가 될 수 있는 짐승은 오직 용뿐인데 부처님은 용의 상태에 있는 존재들을 육바라밀(六波羅蜜)을 통해서 인간(人間)이라 말하는 것입니다. 이렇게 부처님께서 말씀하시는 인간은 짐승의 탈을 벗고 중생(重生)한 영적인 존재들을 말합니다. 이 말씀을 통해서 불자들은 짐승의 상태에서 벗어나 진정한 인간(人間)이 된다는 것도 얼마나 힘들고 어렵다는 것을 알아야 합니다. 그런데 이런 과정을 통해서 인간으로 중생(重生)하였다 해도 성불(成佛)하여 부처가 되려면 다시 인간계에서 벗어나 천상(天上)계로 올라가야 하는 것입니다.

이렇게 부처님께서 말씀하시는 인간은 수라(修羅)와 천상(天上) 사이에서 수행하고 있는 수행자들을 가리키는 말입니다. 그러면 인간계에 있는 인간들이 천상에 오르려면 어떻게 해야 합니까? 그 길이 바로 부처님께서 말씀하시는 선정(禪定)입니다. 그러면 선정은 무슨 의미입니까? 선정(禪定)이라는 단어의 뜻은 "차분한 마음으로 명상하는 것, 마음의 번뇌(煩惱)를 가라앉히는 것, 사념(思念)을 없애는 것, 마음을 동요시키지 않는 것" 등으로 기록되어 있습니다.

그런데 부처님께서 말씀하시는 선정(禪定)의 진정한 뜻은 부처님의 마음에 이르기 위해 자신의 생각과 마음을 한 곳으로 집중하여 고요하고 청정(淸淨)한 상태가 되는 것을 말합니다. 이렇게 선정은 정신을 통일하여 삼매경(三昧境), 즉 무아(無我)의 경지에 들어가는 것입니다. 수도승이나 수행자들이 가부좌(跏趺坐) 자세로 벽을 향해 날마다 참선(參禪)을 하는 것은 오직 삼매경(三昧境)에 이르기 위해서입니다. 그런데 아무리 참선(參禪)을 해도 삼매경(三昧境)에 이르기가 쉽지 않고, 혹 잠시 삼매의 경지에 이른다 해도 지속이 되지 않습니다. 그 이유는 부처님께서 말씀하시는 선정(禪定)의 의미를 잘 모르기 때문이라 생각합니다.

선정(禪定)은 조용히 앉아서 참선(參禪)을 한다 해서 번뇌망상(煩惱妄想)이 떠나가고 마음이 청정(淸淨)해지는 것이 아니라 진리의 빛, 즉 부처님의 말씀과 그의 가르침에 의해서 조금씩 닦아져 청결(淸潔)하게 되어지는 것입니다. 그러므로 진정한 선정(禪定)은 부처님의 말씀을 화두(話頭)로 삼고 주야로 묵상을 하면서 자신이 지금까지 가지고 있던 잘못된 생각과 마음을 부처님의 생각과 마음으로 하나하나 바꾸어 나가는 것입니다. 이런 과정을 통해서 지금까지 자신이 소유하고 있던 생각과 마음을 모두 버리고 부처님의 생각과 마음으로 변화될 때 삼매(三昧)의 경지에 이르게 되는 것입니다. 불자들이 이런 수행의 과정을 통해서 삼매의 경지에 들어가면 반드시 해탈(解脫)이 됩니다. 스님들이 도(道)를 닦는다는 말은 곧 마음(心)을 닦는다는 말인데, 이 말은 인간의 더러워진 마음을 진리(眞理)를 통해서 깨끗하게 씻는다는 말입니다. 이렇게 수라(修羅)의 상태에 있는 사람이 부처님의 말씀을 통해서 마음을 깨끗이 닦아서 청정심(淸淨心)이 된다면 곧 성불하여 부처가 되는 것입니다. 그러므로 인간의 상태에서 마음을 닦는다는 것은 매우 중요한 일입니다. 이렇게 인간계에서 벗어나 천상에 올라 부처가 되려면 부처님의 가르침을 받아서 마음을 닦아 부처님의 마음에 이르는 수행의 과정을 통과해야 합니다. 그런데 인간의 상태에서 부처가 되려면 무엇보다 부처님께서 가르쳐 주신 삼학(三學)을 지켜 행해야 합니다. 왜냐하면 인간들이 천상에 올라 부처가 되려면 반드시 삼학(三學)을 통하여 부처님의 자비(慈悲)와 지혜(智慧)를 갖추어야 하기 때문입니다. 자비(慈悲)는 심적(心的) 측면에서의 사랑과 긍휼의 품성을 갖추는 것이며 지혜(智慧)는 정신적이며 지적(知的)인 능력을 갖추는 것입니다.

삼 학(戒,定,慧)

첫째-계학(戒學):불자들이 지켜야 할 부처님의 계율

둘째-정학(定學):모든 생각을 버리고 마음을 닦아서 고요하고 평안한 경지에 이르게 하는 부처님의 가르침

셋째- 혜학(慧學):부처님의 지혜를 통해서 진리를 깨달아 견성에 이르는 가르침

인간계에 있는 인간들이 천상에 올라 부처가 되려면 반드시 삼학(三學)을 통한 자리(自利)와 이타행(利他行), 즉 상구보리(上求菩提)와 하화중생(下化重生)을 행해야 합니다. 상구보리(上求菩提)는 자신이 성불하기 위해 정진하는 것이며 하화중생(下化衆生)은 아귀(餓鬼)계와 축생(畜生)계와 수라(修羅)계에 머물고 있는 자들을 가르치고 훈련시켜 인간으로 중생(重生)시키는 것을 말합니다. 이렇게 인간들이 천상(天上)에 올라 부처가 되려면 아귀와 축생(畜生)과 수라(修羅)계에 있는 자들을 부처님의 자비심(慈悲心)으로 열심히 가르치고 도와주는 이타(利他)를 행해야 합니다.

그런데 인간들이 천상에 오르기 위해서는 그 무엇보다 반야(般若)를 전적으로 의지해야 합니다. 왜냐하면 석가모니 부처님께서도 행심반야바라밀다시(行深般若波羅蜜多時)에 해탈하

여 관자재보살(觀自在菩薩)이 되셨기 때문입니다. 행심반야
바라밀다(行深般若波羅蜜多)라는 뜻은 부처님께서 피안(彼岸)
(천상)에 오르기 위해서 오직 반야(般若)를 의지하며 열심히
육바라밀(六波羅蜜)을 행하였다는 말입니다. 이렇게 반야(般
若)를 믿고 의지하며 이타(利他)를 행할 때에 반야(般若)의 도
우심으로 천상계인 부처님의 세계로 들어가게 되는 것입니다.
이와 같이 인간들이 해탈하여 부처가 되는 것은 인간의 노력
이나 자신의 의지만으로 되는 것이 아니라 반야(般若)의 전적
인 도움이 있어야 된다는 것을 명심해야 합니다. 이렇게 인간
들은 반야(般若)의 존재를 절대 신으로 믿고 의지하며 부처님
의 자비심(慈悲心)으로 날마다 이타(利他)를 행할 때 해탈이
되어 천상에 올라 부처가 되는 것입니다.

⑥ 천상계(天上界) : 지혜의 본체가 되는 길 ― 지혜(智慧)

천상계(天上界)란 하늘의 세계 또는 신(부처님)들의 세계라
는 말인데, 부처님께서 말씀하시는 천상계는 반야(般若)의 세
계, 즉 무상정등정각(無上正等正覺)의 세계를 말합니다. 이렇
게 천상의 세계는 육바라밀(六波羅蜜)을 통해서 해탈하여 성
불하신 부처님들의 세계를 말하고 있습니다. 그런데 부처님들
이 계신 천상의 세계도 모두 동일한 것이 아니라 깨달음의 상

태와 그 차원에 따라 각기 그 위(位)가 다르다는 것을 알아야 합니다. 즉 부처님이 계신 열반의 세계에 1차원에는 관자재보살(觀自在菩薩) 부처님이 계시고 2차원에는 보리살타(菩提薩陀) 부처님이 계시며 3차원에는 삼세제불(三世諸佛)이 계신다는 것입니다.

이것은 기독교에서 말하는 삼위(三位)의 하나님, 즉 성부(聖父)하나님, 성령(聖靈)하나님, 성자(聖子)하나님과 동일한 것입니다. 이것은 부처님의 세계와 하나님의 세계는 용어만 다를 뿐 모두 동일한 세계라는 것입니다. 단지 무지한 중생들이 혜안(慧眼)이 없고 영안이 없어 다르게 보고 다르게 말할 뿐입니다. 그러므로 인간계에서 천상계에 들어와 관자재보살(觀自在菩薩) 부처님이 된다 해도 2차원의 보리살타(菩提薩陀) 부처님이 되기 위해서는 지혜(智慧), 즉 반야(般若)의 지혜(생명)를 가지고 오계(五界)에서 고통 받고 있는 중생들을 구제하여 성불(成佛)을 할 수 있도록 이타행(利他行)인 하화중생(下化衆生)을 끊임없이 행해야 합니다.

이렇게 오계(五界)에서 생노병사의 윤회(輪廻) 속에서 고통 받고 있는 중생들을 구제하여 성불을 시키면 보리살타(菩提薩陀) 부처님이 되는 것입니다. 그런데 이타를 행하여 보리살타(菩提薩陀)부처님이 된 후에도 무상정등정각(無上正等正覺)인 삼세제불(三世諸佛)로 완성되기 위해서는 반드시 반야(般若)를 의지해야하며 반야(般若)의 지혜를 가지고 끊임없이 이타(下化衆生)를 행해야 합니다. 왜냐하면 보리살타(菩提薩陀) 부처님이 이타를 행치 않으면 구경열반(究境涅槃)에 이르러 삼세제불(三世諸佛)이 될 수 없기 때문입니다. 이 때문에 석가모니 부처님께서 해탈을 하여 부처님이 되신 후에 그의 여생을 자신의 몸을 불태우며 하화중생을 하신 것입니다. 석가모니 부처님은 그 결과 구경열반(究境涅槃)에 들어가 무상정등정각(無上正等正覺)의 지혜에 이르러 삼세제불(三世諸佛)이 되신 것입니다. 이와 같이 해탈하여 관자재보살이 되었다 하여도 삼세제불(三世諸佛)로 완성되기 위해서는 끊임없이 하화중생(下化衆生)을 계속해야 합니다. 천상의 세계는 반야(般若)의 세계이며 무상정등정각(無上正等正覺)의 세계입니다. 이 세계는 근원적 반야(般若)의 지혜를 말하는데 이 지혜를 가리켜 아뇩다라삼먁삼보리(阿耨多羅三邈三菩提)라 말합니다. 그러므로 부처님은 반야(般若)를 가리켜 시대신주(是大神呪)요 시대명주(是大明呪)요 시무상주(是無上呪)요 시무등등주(是無等等呪)라 말씀하시는 것인데, 주(呪)라는 뜻은 진언(眞言－진리의 말씀)이라는 것입니다.

이렇게 반야(般若)는 이 우주 만물을 초월하여 계신 제일 큰 신(是大神呪)으로 한없이 밝고 깨끗하시며(是大明呪) 반야(般若) 이상의 신이나 지혜(是無上呪)는 존재하지 않으며 이 말씀과 비교할 어떤 말씀도 없다(是無等等呪)는 것을 알아야 합니다. 또한 삼세제불(三世諸佛) 부처님은 중생들을 모든 괴로움과 고통 속에서 건져주시는 무한한 원력을 가지고 계시기 때문에 반야(般若)는 곧 능제일체고(能除一切苦)라 말씀하고 있습니다. 또한 반야(般若)는 진실불허(眞實不虛), 즉 반야의 본체는 진실이시며 영원히 변치 않는 진리로서 그 안에는 거짓이나 가식이 전혀 없다는 말입니다. 이렇게 석가모니 부처님은 반야(般若)를 신이라고 분명하고도 확실하게 말씀하고 있습니다. 그런데도 불구하고 지금까지 스님들이나 불자들은 불교의 교리로 인한 전도몽상(顚倒夢想) 때문에 불교에는 신이 존재하지 않는다고 신을 전적으로 부정해 온 것입니다.

그러나 신이 없는 신앙은 죽은 신앙이며 마치 생명이 없는 쭉정이와 같은 신앙입니다. 이 때문에 출가승이나 수행자들이 그토록 열심히 마음을 닦으며 수행을 하고 고행을 해도 해탈이 되지 않는 것입니다. 그러므로 불자들이 무엇보다 시급한 일은 불교가 말살해 버린 반야(般若)의 신을 다시 되찾아 불자들의 신으로 모셔 들여야 합니다.

왜냐하면 불자들이 반야(般若)를 신으로 모시지 않으면 예불시간이나 법회시간에 반야심경(般若心經)을 아무리 독경(讀經)을 하고 법문을 들어도 그것은 공염불에 지나지 않으며 헛된 지식과 의식에 불과하기 때문입니다. 이렇게 불자들이 지금까지 반야(般若)를 모르는 것은 마치 자기 손에 보화(寶貨)를 쥐고 있으면서도 그 보화를 보지 못하는 것과 같은 형상(形象)입니다. 그러므로 오늘날 불자들은 반야심경(般若心經)의 육바라밀(六波羅蜜)을 통해서 반야(般若)를 신으로 받아들여야 하며 반야를 믿고 의지하여 성불(成佛)에 이르도록 힘써야 합니다. 또한 불자들은 육바라밀(六波羅蜜)을 통해서 자신이 육계(六界) 중 어느 세계에 머물고 있는지를 확실히 알아야 합니다. 그리고 이 세상사는 동안에 혜안(慧眼)이 열린 부처님을 찾아서 그의 올바른 가르침을 받아야 합니다.

이렇게 지옥계에 있는 무명의 중생이 성불하여 부처가 되는 것은 육바라밀(六波羅蜜)의 과정을 통해서 올바른 수행정진(精進修行)의 결과로 완성되는 것이지 염불(念佛)을 한 번 한다거나 가르침을 한 번 받는다거나 혹은 부처님께 공양(供養)을 하거나 보시(布施)를 한다 해서 되는 것이 아닙니다. 왜냐하면 석가모니께서 부처가 되신 것은 염불(念佛)을 한 번하고 가르침을 한 번 받아서 부처가 되신 것이 아니라 지옥계로부터 육바라밀의 과정을 한 단계 한 단계 벗어나 천상계(天上界)에 올랐을 때 성불(成佛)하여 부처님이 되셨기 때문입니다.

이렇게 무명(無明)의 중생들이 해탈하여 부처가 되는 길이나 과정은 예전이나 지금이나 앞으로도 영원토록 동일하며 다른 길이나 다른 방법이 없다는 것을 명심해야 합니다. 이렇게 석가모니 부처님은 성불의 길을 분명하고도 확실하게 말씀하고 있습니다. 그런데 지금 부처님이라는 분이 염불을 한 번하거나 가르침 한 번을 받거나 부처님의 그림만 그려도 성불(成佛)이 된다고 말씀하고 있습니다. 이렇게 성불을 아주 쉽고 간단하게 말씀하시는 부처님은 자신도 염불 한 번 하고 부처가 되었거나 부처님의 말씀을 한 번 듣고 부처님이 되신 분이라 생각합니다. 왜냐하면 오늘날 깨달았다는 거짓 부처도 많고 예수를 믿음으로 하나님의 아들이 되었다는 거짓 예수도 많기 때문입니다. 오늘날 어떤 스님들은 중생이 본래 부처라고 말씀하는 분들이 있습니다.

그런데 부처님께서는 중생들이 불성(佛性)을 가지고 있다는 말씀은 하셨으나 중생이 본래 부처라는 말씀은 단 한 번도 하신 적이 없습니다. 그러므로 오늘날 불자들이나 수행자들이 해탈(解脫)을 하려면 반드시 오늘날 살아계신 부처님(생불)의 말씀을 듣고 그의 가르침에 따라 수행을 해야 합니다. 왜냐하면 오늘날 부처님이라 하는 분들은 모두 부처님이 아니고 스님들도 모두 진실한 스님들이 아니기 때문입니다.

96. 未來諸世尊이 其數無有量이라

　　미래제세존　기수무유량

　　是諸如來等이 亦方便說法하리

　　시제여래등　역방편설법

[번역] 오는 세상의 여러 세존들 그 수효 한량이 없어 이 모든 여래들도 또한 방편으로 설법 하셨느니라

[해설] 부처님은 오는 세상의 여러 세존들이 무수히 많은데 이 모든 여래들도 모두 방편으로 설법(說法)하셨다고 말씀하고 있습니다. 왜냐하면 무명(無明)의 중생들은 방편(方便)이나 비유(譬喩)를 들어서 설(說)하지 않으면 알아듣지 못하기 때문입니다.

97. 一切諸如來가 以無量方便으로

　　일체제여래　이무량방편

　　度脫諸衆生하야 入佛無漏智케하나니

　　도탈제중생　　입불무루지

　　若有聞法者는 無一不成佛하리라

　　약유문법자　무일불성불

[번역] 일체 모든 여래께서도 한량없는 방편으로 설법하여 모든 중생들을 제도하여 부처님의 무루 지혜에 들어가게 하느니라. 만약 이러한 법을 들은 이들은 누구도 성불하지 못할 이가 없느니라.

[해설] 부처님은 사리불에게 일체(一切)의 모든 여래께서도 수없는 방편(方便)으로 설법(說法)하여 무명의 중생들을 제도(濟度)하여 부처님의 무루(無漏-번뇌가 없음)의 지혜(智慧)에 들어가게 한다는 것입니다. 그런데 만일 여래께서 설하시는 법을 들은 이들은 누구도 성불하지 못할 이가 없다고 말씀하고 있습니다. 부처님이 말씀하시는 여래는 오늘날 살아계신 생불(生佛)을 말하고 있습니다. 그러므로 이 말씀은 만일 오늘날 생불이 계셔서 불자들이 생불의 설법(說法)을 직접 듣게 된다면 성불(成佛)하지 못할 이가 없다는 것입니다. 문제는 오늘날 생불(生佛)이 존재하느냐 하는 것과 또한 생불이 계셔서 생불의 설법을 한두 번 듣는다고 아무런 수행의 과정이 없어도 누구나 성불이 될 수 있느냐 하는 것입니다.

98. 諸佛本誓願은 我所行佛道를

제불본서원　　아소행불도

普欲令衆生으로 亦同得此道니라

보욕령중생　　역동득차도

[번역] 모든 부처님들의 근본 서원은 내가 행하는 부처님의 도를 똑같이 여러 중생들에게 이 도를 얻게 하는 것이니라.

[해설] 부처님은 사리불에게 모든 부처님들이 원하시는 근본(根本) 서원(誓願)은 내가 지금까지 행한 부처님의 도(道)를 동일(同一)하게 여러 중생들에게 설법(說法)하여 중생들도 이 도(道)를 얻어 성불(成佛)하게 하려는 것이라고 말씀하고 있습니다. 왜냐하면 부처님은 물론 부처님의 가르침을 받고 깨달아 부처가 되신 분들의 소망(所望)도 당연히 부처님과 같이 무명(無明)의 중생들을 제도(濟度)하여 성불(成佛)하도록 만드는 것이기 때문입니다.

99. 未來世諸佛이 雖說百千億 無數諸法門이나

미래세제불　수설백천억 무수제법문

其實爲一乘이니라

기실위일승

[번역] 오는 세상의 모든 부처님들이 비록 백 천억의 무수한 법문을 설하더라도 그 진실은 오직 일불승을 위한 것뿐이니라.

[해설] 부처님은 이어서 오는 세상의 모든 부처님들이 비록 백 천억의 무수한 법문(法門)을 설(說)한다 해도 부처님들이 법문(法門)을 설(說)하는 목적과 뜻은 오직 일불승(一佛乘) 곧 무명의 중생들을 제도(濟度)하여 부처를 만들기 위함이라는 것입니다. 이렇게 성불한 부처님들이 바라고 원하시는 것은 오직 무명의 중생들을 깨우쳐 부처를 만드는 것입니다.

100. 諸佛兩足尊이 知法常無性이언만은

　　　제불양족존　　지법상무성

　　　佛種從緣起일새 是故說一乘하시나니

　　　불종종연기　　　시고설일승

　　　是法住法位하며 世間相常住하니

　　　시법주법위　　　세간상상주

　　　於道場知已하고 導師方便說이니라

　　　어도량지이　　　도사방편설

[번역] 부처님 양족존께서 법은 항상 일정한 성품이 없음을 알지만 부처님의 종자는 인연으로부터 생기므로 일불승을 설하느니라. 이 법이 법의 자리에 머물러서 세간의 모양이 항상 있음을 보리도량에서 이미 알았지마는 도사께서 방편으로 설할 뿐이니라.

[해설] 상기의 말씀은 양족존(兩足尊)이신 부처님께서 법은 항상 일정하고 성품(性品)이 없음을 알지만 부처님의 종자(씨)는 인연(因緣)으로부터 생기기 때문에 모두 일불승(一佛乘)만 설(說)하신다는 것입니다. 양족존(兩足尊)은 부처님을 존경하는 존칭(尊稱)이며 부처님의 종자(種子)는 부처님의 법으로 낳음을 받은 부처님들을 말하고 있습니다. 부처님은 이어서 이 법이 법의 자리에 머물러서 세간(世間)의 모양이 항상 있음을 나는 보리도량에서 이미 알았지만 도사는 모두 방편(方便)으로 설(說)할 뿐이라는 것입니다. 도사(道士)는 곧 성불(成佛)하신 부처님을 말하는데 도사(道士)가 오직 방편(方便)으로 설한다는 것은 무명의 중생들에게는 방편(方便)으로 설(說)할 수밖에 없기 때문입니다.

101. 天人所供養인 現在十方佛이

　　　천인소공양　　현재시방불

　　　其數如恒沙라 出現於世間하사

　　　기수여항사　　출현어세간

　　　安隱衆生故로 亦說如是法이시

　　　안은중생고　　역설여시법

　　　知第一寂滅이언 以方便力故로

　　　지제일적멸　　　이방편력고

　　　雖示種種道하시나 其實爲佛乘이니라

　　　수시종종도　　　　기실위불승

[번역] 천신과 인간의 공양을 받는 현재의 시방에 계시는 부처
님들도 그 수가 항하 강의 모래와 같은 부처님들이 모두들 이
세상에 출현하시어 중생들을 편안케 하기 위하여 이러한 법을
설하시느니라. 제일가는 적멸의 법인 줄 아시지만 오직 방편
의 힘을 쓰는 까닭에 비록 갖가지 길을 보이나 그 진실은 일
불승을 위한 것이니라.

[해설] 부처님은 천신(天神)과 인간의 공양(供養)을 받는 현재
의 시방에 계시는 부처님들도 그 수가 항하 강의 모래와 같은
부처님들이 모두들 이 세상에 출현(出現)하시어 중생들을 편

안케 하기 위하여 이러한 법을 설하신다고 말씀하고 있습니다. 문제는 현재의 시방세계는 바로 오늘날 현재를 말하는데 항하강(恒河江)의 모래 수와 같이 많은 부처님들이 지금 이 세상에 나와서 중생들의 마음을 편안하게 하기 위하여 법을 설하신다는 것은 이해 할 수가 없다는 것입니다. 왜냐하면 오늘날 살아계신 부처님이 항하의 모래 수와 같이 많다는데 오늘날 살아계신 생불(生佛)은 단 한분도 찾아보기 어렵기 때문입니다. 그러므로 이 말씀은 법화경을 기록하는 자가 항하(恒河)의 모래수와 같은 불자들을 부처님으로 잘못 기록하였다고 간주할 수밖에 없습니다.

 부처님들이 설하시는 법문(法門)은 제일가는 적멸(寂滅)법인 줄은 알지만 오직 방편(方便)의 힘을 쓰는 까닭에 비록 여러 길을 보여주고 있으나 그 진실과 목적은 오직 일불승(一佛乘)을 위한 것이라 말씀하고 있습니다. 즉 부처님들이 방편으로 여러 가지로 말씀을 하시지만 그 목적과 뜻은 일불승, 즉 모두 부처님을 만들기 위함이라는 것입니다. 일불승(一佛乘)이란 성경에 예수님께서 이웃을 네 몸과 같이 사랑하여 네 몸과 같이 하나님의 아들을 만들라는 계명(戒名)과 동일한 뜻입니다.

102. 知衆生諸行의 深心之所念과 過去所習業의 欲性精進力과
　　지중생제행　심심지소념　과거소습업　욕성정진력
　　及諸根利鈍하시고 以種種因緣과 譬喻亦言辭로
　　급제근이둔　　　이종종인연　　비유역언사
　　隨應方便說이시니라
　　수응방편설

[번역] 중생들의 모든 행과 마음으로 생각하는 것과 과거에 익힌 업과 욕망과 성품과 정진의 힘과 근성이 총명하고 둔함을 알고 갖가지 인연과 비유와 말로써 방편을 알맞게 설 하느니라

[해설] 부처님은 이미 중생들의 모든 행함과 마음으로 생각하는 것과 과거에 익힌 업(業)들과 욕망(慾望)과 성품(性品)과 정진(精進)의 힘과 총명(聰明)하고 둔(鈍)함을 아시기 때문에 중생들의 근기(根基)에 따라 갖가지 인연(因緣)과 비유(譬喻)와 말과 방편(方便)을 가지고 사람들의 듣는 수준에 맞게 설(說)하신다는 것입니다. 왜냐하면 부처님께서 무명의 중생들에게 대승경(大乘經)이나 무량경(無量經)의 말씀을 설하시면 단 한마디도 알아들을 수 없기 때문입니다.

103. 今我亦如是하야　安隱衆生故로

　　　금아역여시　　　안은중생고

　　　以種種法門으로 宣示於佛道니라

　　　이종종법문　　　선시어불도

[번역] 지금 나도 또한 그와 같아서 중생들을 편안하게 하려고 갖가지 법문으로서 불도를 설하여 보이느니라.

[해설] 부처님은 나도 그 부처님들과 같아서 지금 중생들의 마음을 편안하게 하려고 갖가지 법문(法門)과 방편(方便)으로서 불도(佛道)를 설하고 있다고 하십니다. 즉 대학생들에게는 최고의 학문을 가르치는 대학교수라 해도 초등학생들에게는 초등학생들의 수준에 맞는 학문을 가르칠 수밖에 없는 것과 같이 부처님도 무명의 중생들에게는 수준이 낮은 법문(法門)이나 방편(方便)을 들어서 설(說)할 수밖에 없는 것입니다.

104. 我以智慧力으로 知衆生性欲하야

　　　아이지혜력　　　지중생성욕

　　　方便說諸法하야　皆令得歡喜니라

　　　방편설제법　　　개령득환희

[번역] 나는 지혜로써 중생들의 성품과 욕망을 알고 방편으로 여러 가지 법을 설하여 그들을 모두 기쁘게 하느니라.

[해설] 부처님은 이어서 나는 지혜로써 중생들의 성품과 욕망을 알고 방편으로 여러 가지 법을 설하여 그들을 모두 기쁘게 한다는 것입니다. 왜냐하면 부처님은 천수천안(千手千眼)을 가지고 계시기 때문에 중생들의 성품(性品)과 욕망(慾望)을 모두 아시고 방편(方便)과 여러 가지 법으로 설(說)하여 중생들의 마음을 즐겁게 하신다는 것입니다.

105. 舍利弗當知하라 我以佛眼觀호니

　　　 사리불당지　　　아이불안관

　　　 見六道衆生이 貧窮無福慧하야

　　　 견육도중생　　　빈궁무복혜

　　　 入生死險道하야 相續苦不斷하며

　　　 입생사험도　　　상속고부단

　　　 深著於五欲호대 如犛牛愛尾하야

　　　 심착어오욕　　　여모우애미

　　　 以貪愛自蔽하야 盲瞑無所見하며

　　　 이탐애자폐　　　맹명무소견

不求大勢佛과　及與斷苦法하고
불구대세불　　급여단고법

深入諸邪見하야　以苦欲捨苦할새
심입제사견　　　이고욕사고

爲是衆生故로　而起大悲心호라
위시중생고　　이기대비심

[번역] 사리불이여 마땅히 알라. 내가 부처님의 눈으로서 관찰해 보니 육도 중생들이 빈궁하여 복과 지혜가 없어 나고 죽는 험한 길에 들어가서 계속되는 고통은 멈추지 않고 다섯 가지 욕락에 집착한 것이 마치 검은 물소가 자신의 꼬리를 아끼듯 하며 탐욕과 애착에 스스로 가리워져 캄캄하여 아무것도 보지 못하고 큰 힘을 갖추신 부처님께 고통을 끊는 법을 구하지 않으며 온갖 삿된 소견에 깊이 빠져서 괴로움으로써 괴로움을 버리려 하느니라. 이러한 중생들을 위한 까닭에 크게 가엾이 여기는 마음을 내었느니라.

[해설] 부처님은 사리불에게 너는 마땅히 알라고 하시면서 지금 내가 부처님의 눈, 즉 혜안(慧眼)으로 중생들을 관찰(觀察)해 보니 육도(六道)의 중생들이 빈궁(貧窮)하여 복과 지혜가 없어 생사(生死) 험한 길에 들어가서 계속되는 고통은 멈추지

않는다는 것입니다. 복과 지혜는 부처님의 법과 말씀을 말하고 있습니다. 때문에 다섯 가지 욕락(慾樂)인 오욕(五慾), 즉 안(眼).이(耳), 비(鼻), 설(舌), 신(身)이 색(色)성(聲)향(香)미(味)촉(觸)과 맛났을 때 발생되는 다섯 가지 욕심에 집착한 것이 마치 검은 물소가 자신의 꼬리를 아끼듯 하며 탐욕(貪慾)과 애착(愛着)에 스스로 가려져 캄캄하여 아무 것도 보지 못하고 큰 힘을 갖추신 부처님께 고통을 끊는 법을 구하지 않으며 온갖 삿된 소견에 깊이 빠져서 괴로움으로써 괴로움을 버리려 한다는 것입니다. 부처님은 이러한 무명의 중생들을 위한 까닭에 크게 가엾이 여기는 마음, 즉 자비심(慈悲心)을 내었다고 말씀하시는 것입니다.

106. 我始坐道場하야 觀樹亦經行하며

　　　　아시좌도량　　관수역경행

　　　於三七日中에 思惟如是事호대

　　　　어삼칠일중　　사유여시사

　　我所得智慧는 微妙最第一이언만은

　　　　아소득지혜　미묘최제일

　　衆生諸根鈍하야 著樂癡所盲이라

　　　　중생제근둔　　착락치소맹

如斯之等類를 云何而可度어뇨
여사지등류   운하이가도

[번역] 내가 처음 도량에 앉아 나무를 바라보고 거닐면서 삼칠일 동안 이렇게 생각하였느니라. 내가 얻은 이 지혜는 미묘하기가 제일 최상이지만 중생들의 근기가 둔하여 어리석은데 눈이 어두워 즐거운 일에 집착하는 지라 이러한 무리들을 어떻게 제도할 수 있을까? 라고 생각하였느니라.

[해설] 부처님은 처음 보리도량에 앉아서 나무를 바라보고 거닐면서 삼칠일 동안 생각을 하였다고 말씀하고 있습니다. 내가 얻은 지혜는 미묘(微妙)하기가 제일이며 최상이지만 중생들은 근기(根基)가 둔(鈍)하여 어리석고 눈 어두운 일에만 집착을 하며 즐기고 있다는 것입니다. 때문에 부처님은 언제나 이렇게 탐(貪), 진(瞋), 치(癡)에 잡혀서 죽어가는 영혼들을 어떻게 하면 구원할 수 있을까? 하는 고민을 늘 하셨다는 것입니다.

107. 爾時諸梵王과 及諸天帝釋과 護世四天王과 及大自在天과
　　이시제범왕　급제천제석　호세사천왕　급대자재천
　　并餘諸天衆의 眷屬百千萬이 恭敬合掌禮하고
　　병여제천중　권속백천만　공경합장례

請我轉法輪커늘

청아전법륜

[번역] 이때에 여러 범천왕과 제석천왕들과 이 세상을 보호하는 사천왕과 대자재천왕과 여러 하늘의 대중들과 그 권속 백천만이 공경히 합장하고 예배하면서 나에게 법륜 굴리기를 청하였느니라.

[해설] 부처님께서 중생들을 바라보며 저들을 어떻게 제도할까? 하며 생각하고 있을 때 여러 범천(梵天)왕과 제석천(帝釋天)왕들과 세상을 보호하는 사천왕(四天王)과 대자재천(大自在天)왕과 하늘의 모든 대중들과 그 권속 백 천만이 공경합장하고 예를 올리면서 나에게 법륜(法輪) 굴리기를 청하였다고 말씀하고 있습니다. 여러 왕들과 여러 대중들과 그 권속들이 부처님께 법륜(法輪)굴리기를 청하였다는 것은 부처님의 입에서 나오는 진리의 말씀을 들으려고 부처님께 청(請)하였다는 것입니다.

108. 我即自思惟호대　若但讚佛乘이면

　　아즉자사유　　　약단찬불승

　　衆生沒在苦하야　不能信是法일새

　　중생몰재고　　　불능신시법

破法不信故로 墜於三惡道리니

파법불신고　　추어삼악도

我寧不說法하고 疾入於涅槃이라하다가

아녕불설법　　질입어열반

尋念過去佛의 所行方便力하고

심념과거불　　소행방편력

我今所得道도 亦應說三乘이로다

아금소득도　　역응설삼승

[번역] 내가 스스로 생각하기를 만약 일불승만 찬탄하면 괴로움에 빠져 있는 저 중생들은 이 법을 믿을 수 없어서 법을 파괴하고 믿지 않는 까닭에 삼악도에 떨어질 것이니 내가 차라리 설법하는 일을 그만두고 빨리 열반에 들어버릴까 하였느니라. 마침내 과거 부처님께서 행하신 방편의 일을 생각하고 내가 지금 얻은 도에 대해서도 삼승을 알맞게 말하리라 하였느니라.

[해설] 부처님은 여러 왕들과 여러 대중들과 그 권속(眷屬)들이 부처님께 법륜(法輪) 굴리기를 청(請)함으로 말씀을 시작하셨습니다. 내가 스스로 생각하기를 만약 일불승(一佛乘)만 찬탄(贊嘆)하면 괴로움에 빠져 있는 저 중생들은 이 법을 믿

을 수 없어서 법을 파괴하고 믿지 않는 까닭에 삼악도(三惡道)에 떨어질 것이니 그러면 내가 차라리 설법(說法)하는 일을 그만두고 속히 열반(涅槃)에 들어버릴까 하는 생각을 하였다는 것입니다. 그러나 부처님은 마침내 과거에 계셨던 부처님께서 행하신 방편(方便)의 일들을 생각하고 내가 지금 얻은 도는 최상의 도이지만 이제 나는 중생들의 근기에 따라 삼승(三乘)을 알맞게 설할 것이라고 말씀하고 있습니다.

109 作是思惟時에 十方佛皆現하사

　　　작시사유시　　시방불개현

　　　梵音慰喻我하사대 善哉釋迦文

　　　범음위유아　　　선재석가문

　　　第一之導師여 得是無上法하고

　　　제일지도사　　득시무상법

　　　隨諸一切佛하야 而用方便力이로다

　　　수제일체불　　　이용방편력

[번역] 이렇게 생각할 때에 시방세계의 부처님이 모두 나타나서 아름다운 음성으로 나를 위로하며 깨우치시기를 선재라 석가모니불 제일가는 도사(導師)여 최상의 법을 얻어서 다른 여러 부처님이 행하신 것처럼 방편의 이치를 쓸지니라.

[해설] 내가(부처님) 이렇게 생각하고 있을 때에 시방세계의 여러 부처님들이 모두 나타나서 아름다운 음성으로 나를 위로하시며 깨우쳐 주시기를 "훌륭하다"고 하시면서 석가모니불(釋迦牟尼佛)아 제일가는 도사(導師)여 최상의 법을 얻어서 다른 여러 부처님이 행하신 것처럼 방편(方便)의 이치를 사용하라고 말씀을 하셨다는 것입니다. 왜냐하면 전에 계셨던 부처님들도 중생들을 방편(方便)을 사용하여 제도(濟度)하셨기 때문입니다.

110. 我等亦皆得 最妙第一法이언만은
　　　아등역개득 최묘제일법
　　　爲諸衆生類하야 分別說三乘호라
　　　위제중생류　　분별설삼승

[번역] 우리 부처님들도 또한 가장 미묘한 제일의 법을 얻었지만 여러 종류의 중생들을 위하여 나누고 쪼개어서 삼승법을 설하노라.

[해설] 석가모니 부처님께 나타나서 말씀하신 부처님들은 이어서 전에 있던 우리 부처님들도 모두 가장 미묘(微妙)한 제일의 최상의 법을 얻었지만 여러 종류의 중생들을 제도(濟度)

하기 위하여 법을 나누고 쪼개어서 삼승(三乘)법을 설하였다고 말씀하고 있습니다. 이렇게 부처님들이 얻은 법은 최고의 미묘한 법이지만 아무것도 모르는 무명의 중생들에게는 아무런 소용이 없기 때문에 부처님들은 법을 쪼개고 나누어 중생들의 눈높이와 수준에 맞추어 여러가지 방편(方便)과 비유(譬喩)를 들어서 제도(濟度) 하셨다는 것입니다.

111. 小智樂小法하야 不自信作佛일새

　　　소지락소법　　　부자신작불

　　　是故以方便으로　分別說諸果호니

　　　시고이방편　　　분별설제과

　　　雖復說三乘이나 但爲敎菩薩이니라

　　　수부설삼승　　　단위교보살

[번역] 작은 지혜를 가지고 소승법을 좋아하여 스스로 성불할 것을 믿지 않는 까닭에 하는 수 없이 방편을 써서 나누고 쪼개어서 여러 가지 인과를 설하느니라. 비록 삼승을 말했으나 오직 보살들을 교화하기 위함이니라.

[해설] 부처님은 이어서 말씀하시기를 무명의 중생들은 작은 지혜를 가지고 있기 때문에 소승법(小乘法)을 좋아하며 스스

로 성불(成佛)할 것을 믿지 않는 까닭에 부처님들은 하는 수 없이 방편(方便)을 써서 법(法)을 나누고 쪼개어서 여러 가지 인과(因果)를 설(說)하였다는 것입니다. 그러나 부처님들이 비록 삼승(三乘)을 말했으나 그것은 오직 보살들을 교화(敎化)하여 일불승을 만들기 위함이라고 말씀하고 있습니다.

112. 舍利弗當知하라 我聞聖師子의

　　　사리불당지　　　아문성사자

　　　深淨微妙音하사옵 稱南無諸佛하며

　　　심정미묘음　　　칭나무제불

　　　復作如是念호대 我出濁惡世호니

　　　부작여시념　　　아출탁악세

　　　如諸佛所說하야 我亦隨順行하리라

　　　여제불소설　　　아역수순행

[번역] 사리불이여 마땅히 알아라 거룩한 사자 같은 부처님들의 깊고 깨끗하고 미묘하신 말씀을 내가 듣고 나무제불을 불렀고 다시 생각하기를 내가 홀로 흐린 세상에 출현하였으니 다른 부처님이 말씀하신 일과 같이 나도 또한 따라서 하리라 하였느니라.

[해설] 부처님은 사리불에게 너는 마땅히 알라고 하시면서 거룩한 사자(師子) 같이 부처님들의 깊고 깨끗하고 미묘(微妙)하신 말씀을 내가 듣고 나서 나무제불(南無諸佛)을 부르고 다시 생각하기를 내가 홀로 혼탁하고 악한 세상에 출현하였으니 다른 부처님이 행하신 일과 같이 나도 따라서 그와 같이 행할 것이라고 말씀하셨다는 것입니다. 이렇게 부처님들은 법통(法統)을 이어받아 선배(先輩) 부처님들이 행하신 일들을 따라서 행하시는 것입니다.

113. 思惟是事已하고 卽趣波羅奈호니

　　　사유시사이　　　즉취바라나

　　　諸法寂滅相을 不可以言宣이언만은

　　　제법적멸상　　　불가이언선

　　　以方便力故로 爲五比丘說호니

　　　이방편력고　　위오비구설

　　　是名轉法輪이라 便有涅槃音과

　　　시명전법륜　　　변유열반음

　　　及以阿羅漢과 法僧差別名호라

　　　급이아라한　　　법승차별명

[번역] 이러한 일을 생각하고 나서 곧 바라나시로 갔느니라.

모든 법의 적멸한 모양을 말로는 형용할 수 없지만 편리한 방편을 써서 다섯 비구들을 위하여 연설했느니라. 이 이름이 법륜(法輪)을 굴린 일이며 열반(涅槃)이라는 법과 아라한이라는 이름과 법보와 승보라는 차별의 이름도 있게 되었느니라.

[해설] 부처님은 이러한 일들을 생각하고 나서 곧 바라나시로 가셨다고 말씀하고 있습니다. 부처님은 모든 법의 적멸(寂滅)한 모양을 말로는 형용할 수 없지만 편리한 방편(方便)을 써서 다섯 비구들을 위하여 연설하였다는 것입니다. 이일이 바로 법륜(法輪)을 굴린 일이며 이것이 곧 열반(涅槃)이라는 법인데 아라한이라는 이름과 법보와 승보라는 차별의 이름도 있게 되었다는 것입니다.

부처님께서 다섯 비구니를 찾아간 곳은 녹야원이며 최초로 설하신 법은 사성제(四聖諦)제를 말하고 있습니다. 부처님께서 행하신 일이 법륜(法輪)을 굴린 일이며 이때부터 열반(涅槃)이라는 법과 아라한(阿羅漢)이라는 법과 법보(法寶)와 승보(僧寶)라는 차별의 법도 있게 되었다고 말씀하고 있습니다.

114. 從久遠劫來로 讚示涅槃法호대
　　　종구원겁래　　찬시열반법

生死苦永盡이라하야 我常如是說호라

생사고영진　　　아상여시설

[번역] 오랜 세월을 두고두고 열반의 도리를 찬탄하여 생사의
고통이 아주 없어진다고 나는 항상 이렇게 말하였느니라.

[해설] 나는 오랜 세월을 두고두고 열반(涅槃)의 도리(道理)를
찬탄(贊嘆)하며 중생들에게 너희도 진리를 깨달아 일불승(一
佛乘)이 되면 생로병사(生老病死)의 윤회(輪廻)에서 벗어나
모든 고통이 모두 없어진다고 나는 항상 말했다는 것입니다.

115. 舍利弗當知하라 我見佛子等의

　　　사리불당지　　　아견불자등

　　　志求佛道者가 無量千萬億이

　　　지구불도자　　　무량천만억

　　　咸以恭敬心으로 皆來至佛所하니

　　　함이공경심　　　개래지불소

　　　曾從諸佛聞 方便所說法이라

　　　증종제불문　　　방편소설법

我卽作是念호대 如來所以出은

아즉작시념   여래소이출

爲說佛慧故니 今正是其時로다

위설불혜고   금정시기시

[번역] 사리불이여 마땅히 알아라 나는 여러 불자들이 부처님의 도를 구하는 한량없는 천만 억 사람들이 모두 다 공경하는 마음으로 부처님이 계신 곳에 와서 일찍이 부처님께서 방편으로 말씀하신 법문을 듣는 것을 보고 나는 곧 생각하기를 여래가 세상에 출현하신 것은 부처님의 지혜를 설하기 위함이니 지금이 바로 그때이니라 라고 하였느니라.

[해설] 부처님은 사리불에게 너는 마땅히 알라고 하시면서 나는 여러 불자들이 부처님의 도를 구하는 한량없는 천만 억 사람들이 모두 공경하는 마음으로 부처님이 계신 곳에 와서 일찍이 부처님께서 방편으로 말씀하신 법문을 듣는 것을 보았다고 말씀하십니다. 그러므로 "나는 곧 생각하기를 여래가 세상에 출현하신 까닭은 부처님의 지혜를 불자들에게 설하여 모두 제도하기 위함이니 지금이 바로 그때라"라고 말씀하고 있습니다. 이와 같이 불자들은 부처님의 도를 구하여 부처가 되기 위해서 부처님을 찾아야 하고 부처님이나 스님들은 진리를

찾는 불자들을 올바로 제도하여 부처를 만들기 위해서 불자들을 가르쳐야 하는 것입니다.

116. 舍利弗當知하라 鈍根小智人과

　　　사리불당지　　　둔근소지인

　　　著相憍慢者는 不能信是法일새

　　　착상교만자　　　불능신시법

　　　今我喜無畏하야 於諸菩薩中에

　　　금아희무외　　　어제보살중

　　　正直捨方便하고 但說無上道호라

　　　정직사방편　　　단설무상도

[번역] 사리불이여 마땅히 알아라 근기가 둔하고 지혜가 적은 이들과 현상에 집착하여 교만한 사람들은 이 법을 믿을 수 없느니라. 나는 이제 기쁘고 두려움이 없어 여러 보살들에게 곧바로 방편을 버리고 다만 최상의 도를 설하리라.

[해설] 부처님은 이어서 사리불에게 너는 마땅히 알라고 하시면서 근기(根基)가 둔하고 지혜가 적은 이들과 현실에 집착(執着)하여 교만(憍慢)한 사람들은 이 법을 믿을 수 없다고 말씀하십니다. 왜냐하면 부처님의 말씀을 모르는 자들은 탐

(貪), 진(瞋), 치(癡)로 말미암아 현실에만 집착을 하여 마음이 모두 교만하기 때문에 부처님을 믿지 않는다는 것입니다. 부처님은 지금까지 욕심 많고 교만한 중생들을 구원하기 위해서 여러 가지 방편(方便)을 써서 법을 설하였지만 무지한 중생들에게는 아무런 소용이 없다는 것을 알고 이제부터는 보살들에게 최상의 법만을 설하기로 결심을 하셨다는 것입니다. 왜냐하면 소중한 진주나 보석이 개나 돼지들에게는 아무런 소용이 없고 사람에게만 필요한 것처럼 부처님께서 말씀하시는 최상의 법은 삼승(三乘)인 보살(菩薩)들만이 소중함을 알고 듣기 때문입니다.

그러므로 나는 이제 이러한 사실을 알았고 내 마음은 기쁘고 두려움이 없기 때문에 이제 여러 보살들에게 곧바로 방편(方便)을 버리고 다만 최상의 도(道)를 설(說)할 것이라 말씀하시는 것입니다. 이렇게 부처님이 설하시는 최상의 도는 예전이나 지금이나 오직 보살(菩薩)들만이 들을 수 있으며 성문(聲聞)이나 연각(緣覺)은 들을 수 없는 것입니다.

117. 菩薩聞是法하고 疑網皆已除하며
　　　보살문시법　　　의망개이제
　　千二百羅漢도 悉亦當作佛이니라
　　천이백나한　　　실역당작불

[번역] 보살들이 이 법을 들으면 의심의 그물이 모두 없어지고 천 이백 아라한들도 모두 다 성불하리라.

[해설] 부처님은 이어서 사리불에게 보살(菩薩)들이 이 법(法)을 들으면 의심의 그물이 모두 없어지고 천 이백 아라한(阿羅漢)들도 모두 다 성불(成佛)할 것이라 말씀하고 있습니다. 왜냐하면 부처님의 법은 금강석(金剛石)과 같아서 아무리 강하게 굳어져 있는 고정관념(固定觀念)도 부술 수 있고 아무리 많은 의심도 모두 제거할 수 있기 때문입니다.

118. 如三世諸佛의 說法之儀式하야
　　　여삼세제불　　설법지의식
　　　我今亦如是하야 說無分別法호라
　　　아금역여시　　　설무분별법

[번역] 과거 현재 미래의 부처님들이 법을 설하신 의식대로 나도 지금 그분들과 같이 하나의 법만을 설하리라.

[해설] 부처님은 과거 현재 미래의 부처님들이 최상의 법을 오직 삼승(三乘)의 차원에 있는 보살(菩薩)들에게만 설(說)하셨

기 때문에 나도 지금 그분들이 설하신 대로 보살들에게 하나의 법인 일불승(一佛乘)만을 설하시겠다고 말씀하시는 것입니다. 왜냐하면 일승(一乘)이나 이승(二乘)들은 부처님이 전하시는 법문(法門)을 들을 수 없기 때문입니다.

119. 諸佛興出世는 懸遠値遇難이며

　　　제불흥출세　　현원치우난

　　　正使出于世라도 說是法復難이며

　　　정사출우세　　설시법부난

　　　無量無數劫에 聞是法亦難이며

　　　무량무수겁　　문시법역난

　　　能聽是法者가 斯人亦復難이니

　　　능청시법자　　사인역부난

[번역] 모든 부처님이 이 세상에 출현하신 것은 매우 드물어 만나기 어려우며 설사 세상에 출현하시더라도 이러한 법문을 설하기는 더욱 어려우니라. 한량없이 오랜 겁에 이러한 법문을 듣기는 어렵고 이러한 법문을 얻어들을 수 있는 사람 그러한 사람이 되기는 더욱 어려우니라.

[해설] 부처님은 이어서 부처님이 이 세상에 출현(出現)하신다

는 것은 매우 드물어 만나 뵙기가 어려우며 설사 부처님이 이 세상에 출현하시더라도 부처님께서 무명의 중생들에게 법문을 설하기는 더욱 어렵다는 것입니다. 왜냐하면 부처님의 법문(法門)은 삼승(三乘)인 보살(菩薩)의 차원에 이른 자들만이 들을 수 있기 때문입니다. 이렇게 일승이나 이승의 존재들은 한량없이 오랜 겁(劫)이 지나도 부처님이 직접 말씀하시는 법문(法門)을 듣기는 어렵고 또한 부처님이 설하시는 법문을 들을 수 있는 사람, 즉 삼승(三乘)인 보살(菩薩)이 되기도 어렵다는 것입니다.

　이와 같이 오늘날 불자들은 살아계신 부처님을 만나는 것은 불가능(不可能)하리 만치 어렵고 설령 부처님을 만난다 해도 부처님을 알아보거나 부처님의 말씀을 알아듣기는 더욱 어렵다는 것입니다. 그러므로 오늘날 불자들은 하루속히 일승인 성문(聲聞)에서 벗어나 연각(緣覺)이 되어야 하며 연각에 머물고 있는 자들은 연각(緣覺)에서 벗어나 보살(菩薩)이 되어야 하는 것입니다. 그런데 절에 가보면 스님들이 아직 성문(聲聞)도 아닌 불자들에게 보살님 보살님하고 부르고 있는 것입니다.

120. 譬如優曇華를　一切皆愛樂은

　　비여우담화　　일체개애락

天人所希有라 時時乃一出일새니라

천인소희유　시시내일출

聞法歡喜讚호대 乃至發一言이면

문법환희찬　　내지발일언

卽爲已供養 一切三世佛이라

즉위이공양　일체삼세불

是人甚希有는 過於優曇華니라

시인심희유　과어우담화

[**번역**] 마치 우담바라 꽃을 모든 사람들이 다 사랑하지만 천상과 인간에 매우 희유하여 때가 되어야 겨우 한번 피느니라. 이 법문을 듣고 기뻐하여 찬탄을 한 마디만 하더라도 그는 벌써 모든 삼세의 부처님께 공양한 것이니라. 이러한 사람은 매우 희유하여 우담바라 꽃이 핀 것보다 나으리라.

[**해설**] 부처님은 이어서 모든 사람들이 우담바라(優曇婆羅) 꽃을 모두 사랑하지만 천상과 인간에 매우 희귀(稀貴)하여 때가 되어야 겨우 한번 핀다는 것입니다. 우담바라(優曇婆羅)는 삼천년에 한번 피는 매우 희귀(稀貴)한 꽃으로 우담바라(優曇婆羅) 꽃은 곧 부처님을 이 세상에 출현하시는 것을 화두(話頭)로 말씀하는 것입니다. 즉 무명의 중생이 지옥계에서 나와 천

상계에 올라 성불하여 부처가 되려면 삼천년이 걸린다는 것을 비유하여 말씀하신 것입니다. 때문에 사람들이 부처님을 모두 사랑하지만 살아계신 부처님을 만난다는 것은 너무 힘들다는 것입니다. 그러나 부처님을 사랑하며 진리를 간절히 사모하는 자들에게는 반드시 부처님께서 찾아 오신다는 것입니다. 부처님은 이렇게 생불(生佛)의 입에서 나오는 법문(法門)을 듣고 기뻐하여 찬탄(贊嘆)을 한 마디만 하더라도 그는 벌써 모든 삼세(三世)의 부처님께 공양(供養)한 것이라 말씀하고 있습니다. 그러므로 부처님께서 이러한 사람은 매우 희유(稀有)하여 우담바라(優曇婆羅) 꽃이 핀 것보다 낫다고 말씀하시는 것입니다. 왜냐하면 오늘날 불자들은 생불(生佛)이 계신다 해도 믿지도 않고 생불(生佛)의 입에서 나오는 법문(法門)은 듣지도 않고 오히려 배척(排斥)하기 때문입니다.

121. 汝等勿有疑어다 我爲諸法王하야
　　　여등물유의　　　아위제법왕
　　　普告諸大衆하노니 但以一乘道로
　　　보고제대중　　　단이일승도
　　　敎化諸菩薩이요 無聲聞弟子니라
　　　교화제보살　　　무성문제자

[번역] 너희들은 의심하지 말아라. 나는 모든 법의 왕으로서 대중들에게 두루 선언하노니 나는 다만 일불승의 법으로서 보살들을 교화하나니 성문 제자는 있을 수 없느니라.

[해설] 부처님은 모든 대중들에게 너희들은 내가 하는 말을 의심하지 말고 들으라고 하시면서 나는 모든 법의 왕으로서 대중들에게 진실로 선언(宣言)하니 나는 오직 일불승(一佛乘)의 법으로 삼승(三乘)인 보살(菩薩)들만을 교화(敎化)할 것이며 앞으로 내게 성문(聲聞)의 제자는 있을 수 없다고 천명(天命)하시는 것입니다. 부처님의 이러한 말씀은 오늘날 불자들에게 큰 충격을 주고 있습니다. 만일 이 말씀이 사실이라면 오늘날 일승인 성문 차원에 있는 불자들은 생전에 부처님을 만날 수 없고 설령 부처님을 만난다 해도 아무런 소용이 없다는 것입니다. 그러나 오늘날 성문(聲聞)들도 일승에서 벗어나 이승이 되고 이승에서 벗어나 삼승인 보살(菩薩)이 되면 부처님을 만날 수 있는 것입니다. 문제는 오늘날 살아계신 부처님을 친견(親見)하려면 하루속히 일승인 성문(聲聞)에서 벗어나 이승인 연각(緣覺)으로 나아가야 한다는 것입니다.

122. 汝等舍利弗과 聲聞及菩薩이

　　여등사리불　　성문급보살

當知是妙法은 諸佛之秘要니라

당지시묘법　　제불지비요

[번역] 너희들 사리불과 성문과 보살들이여 마땅히 알아라 이 미묘한 법은 모든 부처님의 비밀하고 요긴한 법문이니라.

[해설] 부처님은 이어서 너희들 곧 사리불(舍利佛)과 성문(聲聞)과 보살(菩薩)들에게 마땅히 너희는 알아라 하시면서 이 미묘(微妙)한 법은 모든 부처님의 비밀하고 요긴한 법문(法門)이라고 말씀하고 있습니다. 때문에 부처님의 법문은 무상심심미묘법(無上甚深微妙法)이며 백천만겁난조우(百千萬劫難遭遇)라 말씀하시는 것입니다. 즉 부처님의 법문(法門)은 위가 없고 깊고 깊은 미묘한 법이기 때문에 백천만겁이 지나도 만나기가 어렵다고 말씀하시는 것입니다.

123. 以五濁惡世에 但樂著諸欲일새

　　이오탁악세　　단락착제욕

　　如是等衆生은 終不求佛道하며

　　여시등중생　　종불구불도

　　當來世惡人이 聞佛說一乘하고

　　당래세악인　　문불설일승

迷惑不信受하야 破法墮惡道하리니

미혹불신수　　파법타악도

有慚愧淸淨하야 志求佛道者어든

유참괴청정　　지구불도자

當爲如是等하야 廣讚一乘道호

당위여시등　　광찬일승도

[번역] 다섯 가지가 흐린 세상의 사람은 다만 여러 가지 욕락에만 즐겨 집착하니 이러한 중생들은 끝내 불도를 구하지 않네. 오는 세상의 악한 사람들은 부처님의 일승법을 들어도 미혹하여 믿지 않으며 법을 무너뜨리고 나쁜 갈래에 떨어지느니라. 부끄러움을 아는 청정한 사람들은 불도에 뜻을 두나니 마땅히 이런 이들을 위하여 일불승을 널리 찬탄하느니라.

[해설] 부처님은 사리불에게 오탁(五濁), 즉 다섯 가지가 흐린 세상의 사람은 다만 여러 가지 욕락(慾樂)에만 즐겨 집착하기 때문에 이러한 중생들은 끝내 불도(佛道)를 구하지 않는다는 것입니다. 오탁(五濁)은 육근(六根)인 안(眼)이(耳)비(鼻)설(舌)신(身)이 육경(六境)인 색(色)성(聲)향(香)미(味)촉(觸)을 접할 때 나타나는 것으로 다음과 같습니다.

1. 겁탁(劫濁)−시대가 혼탁해지는 것

2. 견탁(見濁)−사상이 혼탁 해지는 것

3. 번뇌탁(煩惱濁)−번뇌가 많아지는 것

4. 중생탁(衆生濁)−중생의 마음이 쇠퇴해 가는 것

5. 명탁(命濁)−중생의 명이 짧아지는 것

 부처님은 이어서 오는 세상의 악한 사람들은 부처님의 일승법(一乘法)을 들어도 미혹(迷惑)되어 있기 때문에 믿지 않으며 오히려 부처님의 법을 무너뜨리고 나쁜 곳에 떨어진다고 말씀하십니다. 그러나 부끄러움을 아는 청정한 사람들은 불도(佛道)에 뜻을 두나니 마땅히 이런 이들을 위하여 일불승(一佛乘), 즉 부처님의 법과 하나가 되어 부처가 되는 것을 널리 찬탄하신다는 것입니다.

124. 舍利弗當知하라 諸佛法如是하야

　　사리불당지　　제불법여시

　　以萬億方便으로 隨宜而說法하나니

　　이만억방편　　수의이설법

　　其不習學者는 不能曉了此니라

　　기불습학자　　불능효료차

[번역] 사리불이여 마땅히 알아라 모든 부처님의 법은 이와 같아서 천만 억 방편으로써 알맞게 법을 설하느니라. 배워 익히지 못한 이들은 이러한 도리를 모르느니라.

[해설] 부처님은 사리불에게 그대는 마땅히 알라고 하시면서 모든 부처님의 법은 이와 같아서 천만 억 방편(方便)으로써 알맞게 법을 설하시지만 배워 익히지 못한 무지(無知)한 자들은 이러한 도리(道理)를 모른다는 것입니다, 때문에 무지(無知)가 곧 죄라는 말을 하는 것입니다. 그런데 부처님께서 말씀하시는 무지(無知)는 곧 부처님과 부처님의 말씀을 모르는 것을 말합니다. 그러므로 오늘날 불자들은 복을 받기 위해 사찰(寺刹)에 가서 불공을 드리고 절만 할 것이 아니라 부처님의 말씀을 듣고 경을 날마다 밥을 먹듯이 지속적(持續的)으로 보고 깨달아야 하는 것입니다.

125. 汝等旣已知 諸佛世之師의
　　　여등기이지 제불세지사
　　　隨宜方便事하고 無復諸疑惑하며
　　　수의방편사　　무부제의혹
　　　心生大歡喜하야 自知當作佛이니라
　　　심생대환희　　자지당작불

[번역] 그대들은 이미 세상을 지도하는 부처님들이 알맞게 방편으로 하신 일을 잘 알고 조금도 의혹이 없나니, 그 마음 매우 환희하여 마땅히 성불할 줄을 스스로 아느니라.

[해설] 부처님은 이어서 그대들은 세상을 지도(指導)하는 부처님들이 알맞게 방편(方便)으로 하신 일을 이미 잘 알고 조금도 의심이 없는 자들로 마음이 항상 즐거워하고 있으니 너희는 당연히 성불(成佛)할 줄을 스스로 알고 있다는 것입니다. 부처님께 말씀하시는 그대들은 모든 사부대중들이나 오늘날 모든 불자들이 아니라 사리불(舍利佛)과 보살(菩薩)들을 말씀하고 있습니다. 이렇게 부처님의 뜻이나 마음을 알고 마음에 의혹(疑惑)이 조금도 없는 사리불(舍利佛)이나 보살(菩薩)들은 마음이 항상 기쁘고 평안하여 앞으로 성불(成佛)할 수 있다는 것을 자기 스스로 잘 알고 있다는 것입니다.

이상과 같이 부처님은 방편품을 마치면서 사리불(舍利佛)과 성문(聲聞)과 연각(緣覺)과 보살(菩薩)들에게 너희들은 마땅히 알아야 한다고 하시면서 이 묘(妙)한 법은 모든 부처님의 비밀하고 요긴한 법문(法門)이라고 말씀하십니다. 그런데 비밀에 가려있는 기묘(奇妙)한 법문(法門)은 따로 있는 것이 아니라 살아계신 부처님(生佛)의 입에서 나오는 말씀을 말하고 있습니다. 이렇게 부처님께서 무명의 중생들에게 여러 가지 방편(方便)과 비유(譬喩)를 들어서 설법(說法)을 하시고 법륜(法輪)을 계속해서 굴리시는 것은 오직 일불승(一佛乘), 즉 무명의 중생들을 가르치고 깨우치고 해탈(解脫)시켜 부처님과 같이 모두 부처가 되게 하려는 것입니다.

그러므로 오늘날 불자들이 서품(序品)과 방편품(方便品) 해설서를 통해서 부처님의 이러한 참뜻을 알았다면 하루속히 교리(敎理)와 기복(祈福)신앙의 틀에서 벗어나 부처님의 법문(法門)을 듣고 깨달아서 모두 성불(成佛)하여 부처가 되셔야 하는 것입니다.

이상과 같이 부처님께서 서품(序品)과 방편품(方便品)을 통해서 불자들에게 말씀하시는 참뜻은 부처님의 가르침을 올바로 듣고, 마음에 간직하고, 부처님의 뜻대로 행하여 말씀을 깨달아 일불(一佛), 즉 부처님과 하나가 되어 모두 부처가 되라는 것입니다.

저자는 법화경(法華經)해설서 제 1권을 마치면서 불자들에게 기원(祈願)하는 것은 본서를 봉독(奉讀)하신 분들은 하루속히 부처님의 말씀을 깨달아 성불(成佛)하시기를 바라는 것입니다.

도암(道岩)

법화경 제 2권은 곧 출간 할 예정입니다.

의증서원 도서안내

반야심경 (반야심경 해설서)
글 / 도암 336쪽 / 신국판 양장 정가 20,000원

금강경 (금강경 해설서)
글 / 도암 668쪽 / 신국판 양장 정가 30,000원

전생과 윤회 (부처님의 전생이야기)
글 / 도암 324쪽 / 신국판 정가 13,000원

사랑이 머무는 곳
글 / 이명자 195쪽 / 4x6(칼라)판 정가 9,000원

성경에 나타난 전생과 윤회
글 / 둘로스 데우.C 305쪽 / 신국판 정가 18,000원

영으로 기록한 답변서 (이병철 회장의 24가지 질문)
글 / 둘로스 데우.C 364쪽 / 신국판 정가 18,000원

도마복음 (도마복음 해설서)
글 / 둘로스 데우.C 563쪽 / 신국판 정가 30,000원

불교와 기독교의 허구와 진실
글 / 도암 / 시 / 이명자 394쪽 / 신국판 양장 정가 22,000원

法華經
법화경해설서

초판 1쇄 인쇄 2015. 1. 15
초판 1쇄 발행 2015. 1. 20

글쓴이 도암
펴낸이 이용재
발행처 의증서원
등록 1996. 1. 30 제5-524

도서출판 의증서원
서울시 동대문구 답십리5동 530-11 의증빌딩 4층
대표전화.02)2248-3563 팩스.02)2214-9452

정가 26,000원

우리은행 812-026002-02-101 예금주 이용재
www.bk96.co.kr